国家の「罪と罰」

intelligencedatabase
Sato Masaru

佐藤優

小学館

国家の「罪と罰」

佐藤優

国家の「罪と罰」目次

第2章　帝国の復活

第3章 亡国の組織

暴走する官僚たち

まえがき 「帝国主義のゲーム」のなかの日本

日本の外交は機能不全に陥っている。民主党が権力の座に就いてから2年以上が経つのに、この党の政治家は、未だに国際基準での外交ゲームのルールを体得していない。これに対して、野党の自民党も、外交を政争の具に使っているだけだ。仮に政権再交代が起きて自民党が権力の座についても、わが国益を十分に体現した外交ができるとは思えない。政争のレベルではなく、現下日本国家の「罪と罰」を深刻に捉えなくては、日本国家と日本人が生き残っていくことができなくなる。

外交には、外国語、各国・地域事情、国際関係、国際法などに関する専門知識が必要だ。外務省には、難しい試験を突破し、さらに外国の大学や大学院で研修を終えた日本のトップエリートが集まっている。それにもかかわらず、日本の外交力は減退しつつある。

「民主党政権は官僚を十分に使いこなすことができていない」という批判をよく耳にする。しかし、このステレオタイプの批判は、少なくとも外交に関してはあてはまらない。私は首相官邸や民主党の幹部と外交問題に関して忌憚《きたん》のない意見交換をすることがよくある。国際情勢認識や、外交懸案について、現政権の幹部たちは、問題の所在をよく理解している。しかし、それを解決する具体的手順がわからない。首相官邸の命令に基づいて具体的な外交戦術を構築するのは、専門家である外務官僚の仕事だ。現下の日本外交の停滞は、政権の要請に外務官僚が十分応えることができていないから生じているのである。

このような政治の要請に外務官僚が応えることができないという状況は、実は2001年に小泉純一郎政権が誕生したときから起きている。米海兵隊普天間飛行場の辺野古（沖縄県名護市）への移設は、小泉政権のときに決まった。そもそもこの決定自体に無理があった。その無理が、民主党への政権交代後、爆発したのだ。だった。北方領土に関しても、実質的な交渉が行なわれていたのは、森喜朗政権までだった。竹島問題について、自民党政権は触れようとさえしなかった。北朝鮮との関係に関しても、森喜朗政権までで北朝鮮との関係に関しても、小泉訪朝の結果、一部の拉致被害者とその家族の帰国が実現した。しかし、その後、拉致問題に関する日朝交渉は停滞している。さらに北朝鮮は、核兵器や弾道ミサイルなどの大量破壊兵器の開発と製造を進めている。日朝交渉の目的は拉致問題を解決するとともに、北朝鮮による大量破壊兵器の開発と拡散を阻止することだったはずだ。しかし、後者の目標はまったく達成されていない。

さらに小泉政権以後、日本はイランとの関係を急速に進めた。この大きなツケが日本に回ってきている。このまえがきを書いている2012年1月現在、イランの核開発が最終段階に至っている。2011年12月31日に、米国のオバマ大統領は、2012会計年度（11年10月〜12年9月）の国防権限法案に署名し、同法が成立した。この法律では、イランの核開発を阻止するための追加的な制裁措置が盛り込まれている。〈核開発問題をめぐるイランへの制裁強化のため、収入源である原油輸出に打撃を与えられる新たな措置が盛られており、大統領の判断で発動できる。／新たな制裁は、原油の輸出入でイラン中央銀行と取引する米国外の金融機関を、米国の金融システムから締め出す内容。原油取引でイラン中央銀を使う日本や中国、欧州各国にイラン産原油の輸入からの撤退を迫り、イランの収入源に打撃を与えることを狙う。／ただ、制裁の発動でイラン産原油の輸出量が急減した場合、輸入国が原油不足に陥ったり、油価が世界的に高騰したりしかねない。このため、米大統領が「米国の安全保障上不可欠」と判断すれば制裁を最大4カ月間停止できる運用上の余地も残した。また、イランとの原油取引に絡む決済を大きく減らした金融機関は制裁を免除される〉（2012年1月2日asahi.com）

イランは米国やEUの制裁を無視し、核開発を強行するであろう。近い将来にイランからの石油の全面禁輸を米国が諸外国に求めることになると思う。しかし、玄葉光一郎外相は事態の深刻さを理解していない。2011年12月16日の記者会見で玄葉外相は、イラン中央銀行と取引のある外国金融機関に制裁を米国が科す見通しとなったことについて、「日本経済、世界経済に与える影響もある。そういった懸念を外務省から米側に伝えている」と述べたが、もはやこのような釈明は通用しない。イランを抜きにした日本のエネルギー政策を早急に構築すべきだ。玄葉氏が「日本はイランと特別な関係なので勘弁してください」というような主張を続けると、日本は米国との間で普天間問題よりもはるかに深刻な懸案を抱えることになる。

さらに、イランと北朝鮮が緊密に提携していることも考慮しなくてはならない。この点に関しては、産経新聞がインテリジェンス機関を情報源とする興味深い以下の情報を掲載した。

〈北朝鮮技術者5人死亡　イランのミサイル基地での大爆発に巻き込まれ　金正恩体制でも協力継続

イランで11月に起きたミサイル基地の大爆発で、北朝鮮の技術者5人が巻き込まれて死亡したことが29日分かった。朝鮮半島情勢に詳しい情報筋が明らかにした。北朝鮮は12月にシリアで行われたミサイル実験にも技術者を派遣したという。さらに同筋によると、北朝鮮は金正恩体制下でも、イランとの協力関係を継続する考えを伝えた。新体制になっても、中東地域でのミサイル開発に密接に関与していくことを明確にしたといえる。

情報筋によると、11月12日にテヘラン南西にあるミサイル基地で起きた大爆発で、北朝鮮技術者5人が死亡したほか2人も重傷を負い、テヘラン市内の病院に搬送された。7人の氏名は明らかになっていないが、3人は北朝鮮の兵器開発の中心的な機関、第2自然科学院(国防科学院)の技術者だという。

爆発の詳しい原因は不明だが、衛星写真などによるとイランの固体燃料ミサイルの中心的な試験施設である基地はほとんど完全に破壊された。ミサイル開発を指揮していたハッサン・テヘラニ・モガダム氏らが死亡するなど、イランの弾道ミサイル開発が「大きく後退した」(米紙ニューヨーク・タイムズ)とされる。モガダム氏の葬儀には最高指導者ハメネイ師が参列した。

爆発の翌月、北朝鮮とイランのミサイル技術者ら数十人がシリアを訪れた。シリアで12月上旬に行われたミサイル実験を視察するためで、技術者たちは実験の結果を自国のミサイル開発に活用する目的があったという。情報筋は「3カ国の密接な協力関係を示している」と語る。

一方、同筋は北朝鮮がイランに対して、金正日総書記死去の通知を19日正午の公式発表の数時間前に行ったと指摘した。同筋によると、北朝鮮はイラン側に金正恩体制下でも「両国の特別な関係は継続する」と述べ、ミサイル開発などで引き続き協力していきたいと伝えたという。

イランは「北朝鮮との間には弾道ミサイルをはじめとするいかなる軍事協力関係も存在しない」〈在京イラン大使館〉としている〉（２０１１年12月30日ＭＳＮ産経ニュース）

現在、日本外交に必要とされるのは、民主党と自民党のどちらがよいかというような政局レベルの話ではない。日本国家と日本人が生き残るための焦眉《しょうび》の課題が何であるかを見極めて、それを着実に解決していくことだ。真理は具体的だ。米国やＥＵとの連携を強め、イランに対し圧力を強化することが日本の国益に適《かな》う。しかしそれができない。国際関係が大きな転換を遂げているという現実が外務官僚に見えていないから情勢の基本認識を誤るのだ。現在、主要国の外交政策が帝国主義的傾向を強めている。ここで帝国主義という言葉の悪魔払いが必要になる。「帝国主義は、植民地主義と結びつき、戦争を引き起こす悪だ」という類の道徳的基準をあえて括弧の中に入れ、帝国主義に内在する論理を捉える必要がある。レーニンは、帝国主義を資本主義の最高段階と規定したが、力をつけた資本主義国は例外なく帝国主義政策を取る。帝国主義の特徴は、内部と外部を分けることだ。そして、外部からの収奪と搾取を強化することによって、内部の生き残りを図る運動である。

19世紀から20世紀の古典的帝国主義は、宗主国（内部）が植民地（外部）を軍隊の力を背景に直接的に統治することで収奪と搾取を行なった。しかし、現地住民の反乱やサボタージュによって植民地をもつことにコストがかかるようになると帝国主義国は植民地を手放した。植民地争奪戦争よりも貿易や投資などの方が国益に適うならば、帝国主義国は平和的手段を選択する。しかし、「食うか、食われるか」という帝国主義の基本的なゲームのルールは変わらない。

イランは、身の丈に合わない帝国主義外交を展開しようとしている。それを米国やＥＵなどの老舗帝国主義国が力で叩き潰そうとしているのだ。この現実を冷静に見つめ、どう振る舞うのが日本の国益に適うかについて、自分の頭できちんと考えなくてはならない。

日本の政治エリート（政治家、官僚）には、ぼんやりしていると日本国家と日本人が他の帝国主義国に食われてしまうという危機意識があまりに薄い。読者とともに日本外交を立て直したい。「あいつらはダメだ」と政治家や外務官僚を突き放してしまうのではなく、建設的な批判によって日本外交を立て直したいという私の思いを読者に是非理解していただきたい。

2012年1月9日、曙橋の自宅にて

佐藤優

第1章　国家の無策

見逃された重大シグナル

プーチンの北方領土「引き渡し」シグナル

2011年3月11日の東日本大震災後、ロシアの対日政策が変化している。同年3月19日付東京新聞夕刊が興味深い記事を伝えた。

〈ロシア大衆紙「モスコフスキー・コムソモーレッツ」は十八日、東日本大震災を受け、人道的見地から「北方四島を日本へ引き渡さなければならない」とするコラムを掲載した。北方領土問題でロシアメディアが日本への返還を主張するのは極めて異例。／執筆したのはロシアジャーナリスト連盟の「黄金のペン」賞を受賞したこともある著名女性記者のユリヤ・カリニナ氏。／日本の領土返還要求の主張は認めていないが、日本の悲しみをやわらげるため「今すぐ無条件で渡そう」と提案。／福島第一原発の事故で人が住めない土地が増え「日本の小さな領土がさらに小さくなる」などとしたうえ、「(ロシアが) わずかな国土を慈善目的で寄付することは不可能だろうか」と訴えた。返還により、ロシアは奪い合いではない新時代の外交をアピールできるとメリットも説いている〉

「モスコフスキー・コムソモーレッツ」(MK) 紙は、大衆紙であるが、政局にも影響を与える重要な新聞だ。また気骨のある記者が多い。1994年10月、ドイツ駐在ロシア軍の大規模な汚職に関する調査報道を行なっていたホドロフ記者（ＭＫ紙副編集長。本項における肩書は出来事が起きた時点のものとする）が、暗殺された。ホドロフは、匿名の情報提供者から駅のダイヤル鍵のコインロッカーを通じて軍の内部資料を得ていた。情報源は機微に触れる情報をホドロフに渡して信用させた。そしてコインロッカーから取り出したアタッシェケースをホドロフがＭＫ編集部の執務室（個室）で開いたところ、プラスチック爆弾が爆発した。ホドロフの身体はバラバラになり、即死したが、建物は破壊されなかった。当時、筆者はモスクワの日本大使館に勤務していた。グーセフＭＫ編集長は筆者に「プロの仕業だ。ホドロフだけを殺すことができるように爆弾の調整がなされている」と述べた。その後、ロシアのジャーナリストが、政治的傾向を問わずに団結し、黒幕と見られたグラチョフ国防相を徹底追及した。その結果、１９９６年４月、エリツィン大統領はグラチョフを国防相から解任した。

グーセフ編集長はロシア社会院（有識者の代表からなる諮問機関）のメンバーで、メドベージェフ大統領、プーチン首相に意見具申することができる。さらに「クリル諸島（北方領土）を日本に引き渡さなければならない」という記事を書いたカレーニナ（カリニナ）記者も、有力な記者である。

「返還」と「引き渡し」の違い

ここで重要なのは、日本政府の北方領土返還要求は認めないが、善意の印としてクリル諸島を日本に引き渡すことが可能だという論理だ。これはプーチン首相の論理である。

プーチン首相は、２００１年３月、イルクーツクで森喜朗首相と会談したときに〈１９５６年の日本国とソヴィエト社会主義共和国連邦との共同宣言が、両国間の外交関係の回復後の平和条約締結に関する交渉プロセスの出発点を設定した基本的な法的文書であることを確認した〉と明記する「イルクーツク声明」に署名した。

　1956年の「日ソ共同宣言」は、日本では歯舞《はぼまい》群島と色丹《しこたん》島の2島返還をソ連（と継承国のロシア）が約束した外交文書と解説されることが多いが、これは正確でない。共同宣言9項後段では、

〈ソヴィエト社会主義共和国連邦は、日本国の要請にこたえかつ日本国の利益を考慮して、歯舞諸島及び色丹島を日本国に引き渡すことに同意する。ただし、これらの諸島は、日本国とソヴィエト社会主義共和国連邦との間の平和条約が締結された後に現実に引き渡されるものとする〉

と定められている。ここに「返還」という言葉はない。その代わり「引き渡すこと」という言葉が用いられている。

「返還」とは、日本の領土であったものをロシアが盗んだので、返すということだ。これに対して「引き渡し」は、ロシアから日本に歯舞群島と色丹島が移転するという事柄を価値中立的に示している。プーチン首相は、大統領時代から、第二次世界大戦の現実を変化させることはできないと繰り返している。しかし、日本の北方領土返還要求を拒絶するという態度は示していない。北方領土はロシア領だが、友情の印として日本に贈与することはできるというのがプーチンの立場だ。カレーニナ記者の主張はプーチンと軌を一にしている。

　外交の世界で、事態を玉虫色で処理することが時々ある。仮に日露首脳が歯舞群島、色丹島、国後《くなしり》島、択捉《えとろふ》島を日本に「引き渡す」ことについて合意したとする。日本政府は、ロシアによって不法占拠された4島が「返還」されたと説明する。クリル諸島は第二次世界大戦の結果、合法的にロシア領

になったが、日本と戦略的提携を進めることが国益に適うので、4島を日本に贈与したとロシア政府は説明する。そして、お互いに国内的説明については議論しない。「引き渡し」という言葉を用いれば、このような外交ゲームが可能になる。

「大統領専権事項」への意図的介入

2011年3月11日の東日本大震災をめぐり、メドベージェフ大統領とプーチン首相には温度差がある。プーチンの方が、対日関係改善に意欲的なのである。

大震災の翌12日、プーチン首相はセーチン副首相、ショイグ非常事態相、キリエンコ「ロスアトム（ロシア原子力）」総裁（元原子力相、元首相）を集め、対日支援についての臨時閣議を行なった。外国に対する支援でロシアが臨時閣議を行なったのは初めてのことだ。ここで重要なのがキリエンコ総裁だ。「ロスアトム」は2007年12月まで原子力庁という国家機関で、長官は閣僚の扱いを受けていた。キリエンコ総裁は、鈴木宗男元衆議院議員（本項執筆時点服役中、2011年12月6日に仮釈放）のロシア人脈の核になる1人だった。原発事故処理に関するノウハウ、チェルノブイリ原発事故による汚染した食料品を摂取した結果起きた体内被曝が健康にどのような影響を与えるかについての秘密情報を統括しているのがキリエンコ総裁だ。東日本大震災直後からプーチン首相は、日本の原発事故が深刻な事態に発展することを想定して戦略を練っている。

メドベージェフ大統領は出遅れた。大統領は2011年3月12日に電報で、同14日に電話で菅直人首相に支援の意向を伝えた。しかし、同12日の臨時閣議でプーチン首相が「われわれは日本の友人たちに対する援助を具体的に考える必要がある」と述べた様子がテレビで報道された。ロシア憲法で外交は大統領の専権事項である。プーチン首相は意図的に日本問題に関しては、メドベージェフ大統領の専権事項に介入している。２０１１年3月末、筆者のもとにモスクワからこんな情報が届いた。

《大統領府の複数の筋によれば、プーチンの地震外交はクレムリンの顰蹙《ひんしゅく》を買ったという。確かにそれは大統領の特権である外交への侵害だった。結局、大統領は震災の3日後、日本の首相に電話をしてロシア内閣が日本援助を決めたことを伝え、大統領報道局は内閣の決定は大統領自身の指示によるものだったと繰り返し強調した。プーチンは、セーチン、ショイグを伴い、２０１１年3月19日、サハリン島を訪問し、福島原発事故による影響を心配する住民たちに安全性を保障し、第2に、地元専門家とサハリン・プロジェクト（サハリン3を含む）参加者たちと、日本への追加ＬＮＧ供給の可能性について話し合った。さらにプーチンは、サハリン・プロジェクト参加企業に、世界の年間天然ガス消費量を超える3・2兆㎥の埋蔵量をもつ2つのシベリアガス田開発権をオファーした。特筆されるのは、事前にプーチンのＰＲチームがサハリンに飛び、「プーチンのミッションに関する情報バックアップをロシア内外に提供する」仕事をしている。その結果、プーチンと住民たち、専門家たちとの話し合いは同3月20日、ロシアのＴＶで広く報道され、誰がロシアで政策を実行できるのかを証明してみせた》

プーチン首相とのチャネルを重視すれば日露関係改善の緒をつかむことができると筆者は考える。

（２０１１年5月25日号）

金正恩がSVR長官に平壌で会った「意味」

ロシアと北朝鮮の関係が急速に進展している。2011年8月24日、ロシア・ブリヤート共和国のウランウデでメドベージェフ大統領と北朝鮮の金正日《キムジョンイル》国防委員長（朝鮮労働党総書記、2011年12月17日死去）との会談が行なわれた。ただし、この会談は非公式のもので、露朝関係が完全に正常化したとは言えない。露朝関係がさらに発展するときは、いずれかの国の首都、モスクワもしくは平壌《ピョンヤン》で公式首脳会談が行なわれ合意文書が発表される。ちなみに今回、金正日氏がロシアを訪問する露払いをしたのがSVR（露対外諜報庁）だ。2011年5月18日、フラトコフSVR長官が平壌を訪問し、金正日氏と会談した。本件について朝日新聞はこう報じた。

〈ロシア、北朝鮮に穀物5万トン支援へ

インタファクス通信によると、ロシア外交筋は18日、北朝鮮を訪問したロシア対外情報局のフラトコフ長官が平壌で金正日総書記と会談し、人道支援や核問題などについて協議した結果、ロシアが近く穀物5万トンの食糧支援を行う見通しになったと明らかにした。フラトコフ氏はプーチン大統領時代の元首相。同筋によると、天然ガスのパイプライン敷設や鉄道連結、送電線の設置など韓国も含め

たプロジェクトについても協議したという〉（２０１１年5月19日asahi.com）
公式の報道とは別に同年6月初旬、モスクワから「佐藤さん、フラトコフＳＶＲ長官の訪朝に関心がありますか。あるならば、興味深い情報を送ります」という申し出があった。旧知の情報源なので、「お願いします」と答えたら、以下の情報が届けられた。

世襲を前に「ロシア・シフト」が始まっていた

《ミハイル・フラトコフＳＶＲ長官が平壌を訪問し指導者の金正日と会談、ロシアと北朝鮮の首脳交流に向けた準備が再開された。

両国の関係は２００９年4月、国連安保理が北朝鮮のミサイル発射を非難したのにロシアが同調してから悪化、同年6月には北朝鮮の核実験に対し国連による制裁決議１８７４をロシアが支持したためさらに悪化していた。その結果、金正日は２００９年に平壌を公式訪問したロシアのラブロフ外相に会うことを拒否、さらに、同年、ミロノフ連邦院（上院）議長との会談も拒絶した。これに対してロシアは北朝鮮への経済援助（鉄道プロジェクト、港湾開発プロジェクトなど）を削減、そして、経済・科学技術協力に関する政府間会議を延期している。

しかし、いま、両国は関係改善がそれぞれにとって利益になると判断したようだ。ＳＶＲ筋によれば、フラトコフ長官の平壌訪問は、周到に準備されたものである。フラトコフが選ばれた理由は、まず、彼が金正日と個人的面識があるからだ。フラトコフはソ連対外経済関係省にいた時代、複数回、金正日と会ったことがあるという。

第2に、フラトコフはメドベージェフ大統領チームではなくプーチン首相チームのメンバーだからだ。これが金正日にとっては重要なことだった。長年、ロシアが北朝鮮を無視してきた時代を終わらせたのはプーチンであり、プーチンはアメリカ支配の世界体制に反抗する男だと金正日は考えている。それに対してメドベージェフは西側に擦り寄る信頼できない自由主義者にすぎない。

第3に、フラトコフはインテリジェンス界の人間で、機微に触れる交渉ができる相手だからだ。ＳＶＲ筋によれば、フラトコフは金正日に、朝鮮問題についての米国と韓国の今後の動きに関する秘密情報とモスクワの評価を伝えたという。こうしてモスクワは平壌との秘密の関係構築に意欲を示した。

両国は、フラトコフ・金会談の内容、その成果について何も情報を与えていない。しかし、両者が晩餐を共にしたこと、写真を撮り記者会見をしたことは会談の成果が満足のいくものであったことを示唆している》

これに続いて、この情報源は機微に触れる内容を伝えてきた。

《重要なのは会談に金正恩《ジョンウン》が同席したことだ。金正日は既に息子・正恩を中国の指導者に紹介している。今度はロシアの番ということだ。これで金正恩の後継者としての地位はさらに固まった。

ロシアはこの訪問によって6か国協議でイニシャティブをとる決意を示したとも言える。２０１１年3月中旬、北朝鮮のメディアは、北朝鮮が無条件で6か国協議という形で交渉を受け入れる用意があると報じ、これについてロシアのラブロフ外相はすぐに、「ポジティブなサインだ」とコメントしている。そして、同3月22日、北朝鮮の駐ロシア大使はロシア外務次官ボロダフキンに招待され、ロシアの経済援助・人道的援助をステップアップさせることについて話し合っている（この中の鉄道プロジェクトなどはフラトコフ・金会談でも話された由)。

さらに2011年3月下旬、モスクワは北朝鮮への食料供給の拡大を発表している。これはフラトコフ・金会談でも話し合われ、訪問のすぐ後、5万トンの穀物がロシアから北朝鮮に供給されることが発表された》

金正日は、金正恩への権力継承過程にSVRを積極的に関与させようとしている。北朝鮮が中国に過度に依存している現状は危険なので、ロシア・シフトを試みているのだ。

なぜ情報を筆者に渡したのか?

続いてこの情報源は、フラトコフ訪朝の成果について以下の7点を伝えてきた。

《1．朝鮮半島情勢、及び、韓国・アメリカ・日本の動向について、情報を交換すること。

2．「ロシアの現況を知る」ために、金正恩をモスクワに招待すること。

3．経済協力関係をステップアップすること。鉄道プロジェクト、港湾プロジェクトなど既存プロジェクトを加速すること。現在、ロシアは北朝鮮の第3位(1位は中国、2位は韓国)の貿易相手国(ドイツ、インドが後に続く)だが、その量は非常に少ない。(2010年に1・01億ドル。中朝は34億ドル、南北は19億ドル)

4．金正日の2001年7月~8月のロシア鉄道旅行の10周年を両国で祝うこと。

5．金正日には健康問題の噂もあったが、金正日はその「地位はゆるぎなく」、北朝鮮の全権力を手中にしているように見えた。

6．ロシア側は北朝鮮が6か国協議に復帰することを強く求め、北朝鮮がそれに応じることにつき期待感を表明した。
7．首脳レベルの関係再開によって、北朝鮮は米国との交渉に使える追加的カードを手に入れたい。一方、ロシアは朝鮮半島問題において重要な役割を獲得し、アジア太平洋地域における無視できない地位を確保したい。それぞれの目的のために大きなステップがフラトコフ訪問だった》

その後の経緯から評価すると、この情報の精度は高い。この情報を元に筆者は金正日の訪露がいつ行なわれてもおかしくないと思った。

同時にこの情報で興味深いのは、北朝鮮側がプーチン首相を重視しているという見方を示しているにもかかわらず、プーチン首相の対北朝鮮外交の姿勢について触れられていないことだ。筆者はそれをプーチン首相が北朝鮮との関係改善についてそれほど強い熱意をもっていないというシグナルと受け止めた。そもそもロシアが本気で北朝鮮との関係を重視しているならば、筆者のところにこのような機微に触れる内容の情報を提供することはない。恐らく、フラトコフ訪朝の直後にロシアはこの情報を日本外務省にも伝えたのだと思う。しかし、シグナルに対して、日本の首相官邸や外務省から何の反応もないので、元外交官であるが現在は作家として提供された情報について書く可能性がある筆者にも送ってきたのだと思う。筆者が書くことによって、日本の政治エリートからどのような反応があるか、探ろうとしているのである。機微に触れる情報提供の裏には常に提供者の思惑がある。

（2011年10月26日号）

メドベージェフ「国後訪問」で外務省は何を誤ったか

2010年11月1日、ロシアのメドベージェフ大統領が北方領土の国後島を訪問した。これまでソ連時代を含め、ロシアの最高首脳が北方領土を訪問したことはない。北方四島をめぐる領土係争が日本との間にあることを意識して、対日関係を緊張させることがロシアの国益に合致しないと考えていたので、最高首脳の北方領土入りを差し控えていたのだ。今回の訪問は日露関係の枠組みを変化させる大事件であるにもかかわらず、外務官僚は問題の本質を理解できていないようだ。

同年9月29日、メドベージェフ大統領は近い時期にクリル諸島（ロシア語で北方四島と千島列島を指す言葉。ただし、日本との関係で用いられるときは、通常、北方領土のみを指す。千島列島を指すときは北クリル諸島という言葉を用いる。クリルの語源は「煙を噴く」という意味で、ここに火山島が多いことに因《ちな》んだ名称）を訪れると述べた。ロシアは有言実行の国だ。大統領は国家意思を体現している。従って、このような発言をメドベージェフ大統領が「うっかり」述べることはない。「われわれは不意打ちはしません。だから日本に事前予告をしておきます」ということだ。

当然、日本外務省は激しく反発し、大統領が北方領土を訪問しないようにロシアに外交圧力をかけた。それに対してロシアは、さまざまなルートを通じて「大統領が近く北方領土を訪問する」というシグナルを送り続けた。しかし、モスクワの日本大使館も外務本省で対ロシア外交を担当する欧州局もシグナルを読み解くことができなかった。

情勢分析はそれほど難しくない。ロシア当局がマスメディアを通じて流す情報を「素直に」読み解けばよい。筆者は、２０１０年10月26日付「ロシアの声」（旧モスクワ放送）日本語版ＨＰに、近未来にメドベージェフ大統領が北方領土を訪問することを前提に日本を牽制《けんせい》する論評が掲載されていたので、同30日付『サンケイエクスプレス』紙の連載コラムに警鐘を鳴らす寄稿をした。そこでこう強調した。

〈この論評は、（中略）相互に内政問題には干渉しないという立場から、メドベージェフ大統領が北方領土を訪問することにつき、日本政府は口出しするなという要請だ。（中略）*尖閣諸島問題を巡る日中間で互いに国内的発言に反応しないという日本の立場をロシアに対しても適用させようとしている。

これは、ロシアの罠だ。国内的発言に互いに反応しないというのは、現状を維持する効果をもたらす。尖閣諸島を実効支配しているのは日本なので、この対応は日本に有利だ。これに対して、日本は北方領土を実効支配できていない。（中略）大統領の北方領土を含め、現状を固定化するロシア側の行為は、日本の立場を弱くする。メドベージェフ大統領の北方領土訪問を阻止するために日本政府は全力を尽くすべきだ〉

対露外交の「司令官」の悲惨な反応

メドベージェフ大統領が国後島を訪問したことを知った直後の外務官僚の反応は悲惨だった。同年11月1日午前のオフレコ懇談で、外務省の小寺次郎欧州局長は、記者から「局長は、大統領が北方領土に行くことはないと判断していたではないか」と詰め寄られたのに対し、「常識的に考えればないだろうと判断していた。私の判断が間違いか、ロシアの常識がおかしいのかわからないが、結果として北方領土に行かないという判断は間違えていた」と釈明した。さらにこのオフレコ懇談で小寺局長は、大統領がこの時期に北方領土を訪問した理由について、「単純な判断でしょう。（ベトナム公式訪問の）ついでだから。前々から行くと言っていたわけだから、ついでだから行っちゃおうということだったのではないか」と述べた。筆者は政治部記者からこの話を聞いて唖然として、しばらく言葉が出なかった。欧州局長は、対露外交の司令官だ。

戦場で兵隊一人が馬鹿だとしてもそいつが弾にあたって死ぬだけだが、司令官の能力が低いと部隊が全滅する。このような基本的判断を誤る輩《やから》が対露外交のトップだと外務省のロシア担当部隊がそう遠くない時期に全滅する。

今回、ロシアはインテリジェンス・マシーンを最大限に活用し、大統領が北方領土を訪問したときの日本政府の反応について探りを入れた。その結果、「尖閣諸島問題で、日本外交の基礎体力が如実に落ちているから、いまならチャンスだ」と考え、この時期に訪問を決行したのである。どうも外務官僚には、ロシア外交の常識が理解できていないようだ。ロシアは帝国主義国だ。まず相手国の立場など考えず、自国の要求を最大限に突きつける。それに対して、国際社会がロシアに批判的になれば、妥協し、国際協調に転じる。相手国が、間抜けな態度をとっているとそこに付け込んで、ロシアの権益を最大限に拡大する。その意味で、ロシアは帝国主義国の「文法」に従って忠実に行動しただけなのだ。

ロシアの「内在的理論」を学べ

もっとも、外務省には優れたロシア専門家もいる。例えば、２０１０年８月に中公新書から『ロシアの論理』を上梓した外務省軍縮不拡散・科学部軍備管理軍縮課の武田善憲《よしのり》氏だ。武田氏は、１９７３年生まれで、東京大学大学院でロシア政治を専攻した後、２０００年に外務省にキャリア職員として採用された。

当時、筆者は見習い外交官の教育係をつとめていた。武田氏にはロシア語力、学識とともに優れた洞察力があり、他人の気持ちになって考える資質があったので、一級のロシア専門家になると筆者は期待していた。

武田氏が、モスクワの日本大使館に勤務していた時期にクレムリン（大統領府）にも食い込んでいたことをロシアの要人や日本人記者から聞いて、筆者は嬉しく思った。今回、『ロシアの論理』を読んで、武田氏がロシア内外政分析家として文字通り第一人者になったという認識を筆者はもった。武田氏は、国境を接する国家との関係について、ロシアの内在的論理についてこう記す。

〈ロシアの指導層や外交の専門家がしばしば口にする「地政学」の考え方を、学問的な定義ではなく、実践的な意味合いでとらえるなら、次のようになる。すなわち、「自国と国境を接している最近隣の国々との関係は国益（安全保障と経済的繁栄）の観点からきわめて重要であり、安定した信頼関係の維持が戦略上不可欠である」。

ただし、「親ロシア」かどうかの基準は相当に主観的である。おそらく、首脳間の信頼関係が成立し、経済的には国際貿易のルールの範囲内でお互いを優遇するような制度的装置を備え、軍事的にも緊密な相互交流が行われているような関係を「親密」と呼ぶのだろう。それならば、異なった価値観（たとえばアメリカ的な価値）に基づく政治体制を有し、お互いの真意を解釈できるような対話のチャネルが欠落し、軍事的には対抗関係にある機構（たとえばＮＡＴＯ）の影響下にあるような関係は「疎遠」、あるいはロシアのゲームに沿った是正を要する関係ということになる〉（武田善憲『ロシアの論理』中公新書、２０１０年、65～66頁）

ロシアは日本を「疎遠」な国と見なし、北方領土の「脱日本化」を進め、ロシアの安全保障を強化しようとしているのだ。その方針転換を国内外に誇示するために今回、メドベージェフが国後島を訪問する必要があったのだ。

（２０１０年12月15日号）

＊尖閣諸島問題　２０１０年９月７日、沖縄県尖閣諸島沖で違法操業していた中国漁船が、海上保安庁の巡視船に衝突してきた事件を巡る問題。海上保安庁は漁船の船長を公務執行妨害で逮捕したが、同24日、船長は処分保留で釈放。日本政府の対応が問題となった。

「菅談話」で見落とされた北朝鮮のメッセージ

北朝鮮は独裁国家なので、外交交渉が難しいという意見がよく聞かれる。筆者はそう思わない。確かに北朝鮮は、他国民を拉致《らち》したり、核兵器や弾道ミサイルなどの大量破壊兵器を開発したりするなど、国際社会で一般に受け入れられた「ゲームのルール」と異なる行動を取る。その意味で北朝鮮とは普通の外交とは異なる交渉を行なわなくてはならない。しかし、それは北朝鮮が、デタラメな外交をしているということではない。北朝鮮は明確な方針をもつ。筆者が見るところ、北朝鮮外交には2つの基本目的がある。

第1は、金王朝を維持することである。北朝鮮指導部は力の論理の信奉者だ。だから、金正日体制の安全を保障することができるのは、米国だけだと考えている。対米交渉が北朝鮮外交の要なのである。6者協議は米朝交渉の環境を整備するための存在だ。表には出ていないが、米朝間では既にインテリジェンス機関の接触が行なわれていると見るのが、インテリジェンス関係者の常識だ。

第2は、北朝鮮の経済発展のために外交を展開することだ。北朝鮮は日本に金正日体制の安全を保障する能力はないと見ている。ゆえに、日本に期待するのは経済だけだ。

「平壌宣言」の枠組みは破綻している

もっとも現時点で、北朝鮮にとって日本は、外交の主要プレイヤーではない。これは2002年9月17日に小泉純一郎首相（当時）が平壌を訪れ、金正日朝鮮民主主義人民共和国国防委員会委員長と締結した「平壌宣言」で想定した「取引外交」が破綻したからだ。平壌宣言の内容をわかりやすい言葉に置き換えると、「北朝鮮が拉致問題を解決し、大量破壊兵器（核兵器・弾道ミサイル）開発を断念するならば、日本は金正日体制に対する安全を保障するように米国に働きかけるとともに、北朝鮮に経済支援をする」ということだ。

この枠組みは、現在、完全に破綻している。現状で、北朝鮮は拉致問題を解決する意思をもっていない。それによって得られる北朝鮮の利益がないからだ。「取引外交」が破綻したことを踏まえ、北朝鮮は「弱者の恫喝《どうかつ》外交」に転じた。核開発を強行するとともに、イランやシリアとの軍事協力を積極的に推進し、米国を挑発することによって北朝鮮が設定した土俵に米国を引き出そうとした。

北朝鮮の賭けは成功した。北朝鮮は2回の核実験を行なった。これに対し、米国は北朝鮮に本気で圧力をかけることを躊躇《ちゅうちょ》した。

米国から見ると、イランの核と北朝鮮の核は本質的に異なる。イランの現政権は「イスラエルを地図上から抹消する」と公言している。イランが核をもつと、それがイスラエルに対して使用され、第五次中東戦争を引き起こす可能性が排除されない。イスラエルは米国にとってもっとも重要な同盟国だ。当然、第五次中東戦争ではイスラエルを支援する。そうなると地域紛争の枠を超え、第三次世界大戦に発展する危険性がある。

　これに対し、北朝鮮が核を保有する目的はあくまでも金正日体制を保全する防衛的性格のものだと米国は認識している。従って、北朝鮮が核技術を外国（特に中東諸国）に移転しないと約束するならば、米国は核保有を黙認するという姿勢をとっている。

　筆者は水面下で米朝交渉はかなり進んでいると見ている。近い将来に米朝国交正常化がなされても不思議ではない。そこで重要な役割を担うのがイランだ。イランの核開発を少しでも遅らせるために、北朝鮮からの技術移転を抑えることが死活的に重要と米国が考えれば、米朝国交正常化が実現する。そうなると米朝両国が日本に北朝鮮社会を安定させるための経済協力を要請する。対米追随の菅直人政権は、米国の要請ならば拒否することができないであろう。

　問題は日本政府が、このような北朝鮮を取り巻く国際環境の変化を正確に認識できているかということだ。筆者には、日本政府は未だ２００２年の「平壌宣言」の枠組みで対北朝鮮外交戦略を構築しているように思えてならない。

北朝鮮スポークスマンの談話全文

　さらに〝外交的基礎体力〟に欠ける菅首相は、北朝鮮に対する意図しないシグナルを発していることに気づいていない。例えば、日本政府は、２０１０年8月10日の閣議で日韓併合条約発効１００年に関する菅直人首相談話を決定した。この談話は、もっぱら韓国を念頭に置いて組み立てられたもので、北朝鮮に対するメッセージが何も含まれていない。北朝鮮はこれに対して激高した素振りをして、日本に対するシグナルを送っている。北朝鮮政府の事実上のＨＰである「ネナラ（朝鮮語で〝わが国〟の意味。naenara.com.kp/ja/）」に掲載された同年8月20日付北朝鮮外務省スポークスマンの談話を読めば、北朝鮮側の意図がわかる。少し長いが今後の日朝情勢を分析する上での重要資料なので全文を引用しておく。

〈１００年前、日本は武力を動員して強盗さながらの方法で「韓日併合条約」をでっちあげ、朝鮮を不法に併呑した。

植民地支配の期間、日帝が朝鮮人民にもたらした人的・物的・精神的被害は筆舌に尽くしがたい。いくつかの数字を挙げるだけでも、１００余万の人が虐殺され、８４０万余の青壮年が強制連行されて奴隷労働と侵略戦争に駆り出され、20万の女性が無残な性奴隷の生活を強いられた。人類の歴史に植民地時代はあったが、日本のように植民地民族の言葉と文字、氏名まで奪い、民家の食器や匙《さじ》まで強奪する極悪な民族抹殺と略奪の政策を実施した国はなかった。

日本は敗亡後も、米国の手先として終始一貫朝鮮の統一を妨げ、われわれの制度を圧殺するための悪辣《あくらつ》な敵視政策を実施してきた。

すぐる１００年間は、日本にとって罪悪の歴史であり、その清算を拒否してきた歴史である。また、朝鮮人民にとっては日本による被害の歴史であり、日本に対する憤怒の歴史である。

地球上の国と民族が、50年が過ぎた今も毎年第2次世界大戦の惨禍を振り返り、記憶を新たにして次世代に譲り渡すのは、ほかでもなく軍国主義とファシズムの復活を防ぐためである。しかし、日本だけは歴代の当局者や現職の政治家が毎年敗亡日に「靖国神社」を公然と参拝するのが今の現実であ

る〉

このように日本の〝戦争責任〟を強調した上で、こう続けるのだ。

〈「韓日併合条約」の捏造100年に際し、日本の首相は南朝鮮に対してのみ過去を反省し詫びるという談話を発表した。日本の現政権が過去の軍国主義政権とまったく無縁であり、その復活を夢見ていないなら、軍国主義政権によるすべての被害者に条件付きと差別なしに過去を反省し謝罪して当然である。世界が日本の軍国主義復活の危険性について終始憂慮している理由がまさにここにある。

日本は、罪悪に満ちた過去について朝鮮民主主義人民共和国に謝罪し賠償する義務を絶対に免れることはできない。日本は、条約でない「条約」をでっちあげてわれわれの国権を強奪し、朝鮮人民に犯した特大の犯罪について早急に謝罪し、賠償しなければならない。そうしない限り、絶対に国際社会で顔を上げることはできない。

日本は、敗亡後のすべての反共和国・反総聯《そうれん》策動を謙虚に反省し、対朝鮮敵視政策を直ちに撤回すべきである。そうするのが、朝鮮の文化の影響を受けてきた日本が守るべき最小限の道義であり、自分らの罪業を贖罪《しょくざい》する道になるであろう。

日本は、歴史歪曲と独島強奪の企みのような軍国主義復活の策動を直ちに取り止めるべきである。そうしてこそ、地域の恒久平和と安全を図り、日本自身の安全にも有利であろう。

日本から積もりに積もった恨みの代価を必ず払わせるというわが軍隊と人民の意志は確たるものである〉

北朝鮮は、韓国に対してのみ詫びたことを批判する。裏返して言うならば「われわれも相手にしてくれ」というメッセージを出しているのだ。日韓併合100年に関し、日本政府が北朝鮮に対し何らかのメッセージを発すれば、それが破綻した「取引外交」に代わる新たな日朝交渉の緒になるはずだった。

（2010年10月20日号）

鳩山政権の発足直後にロシアが求めていたこと

鳩山由紀夫政権が成立したことにより、北方領土交渉が本格的に動き始める可能性が出てきた。ロシア側からさまざまなシグナルが出ている。残念ながら、日本外務省も新聞もロシアのシグナルを正確に読み取ることができていない。それだから、情報のキャッチボールができていない。

２００９年９月３日、ロシア外務省のネステレンコ情報報道局長が最初のシグナルを出した。読売新聞の報道を引用する。

〈北方領２島返還での解決求める／露が日本側に「鳩山氏、祖父と同じ選択を」

【モスクワ＝金子亨】インターファクス通信によると、ロシア外務省のネステレンコ情報報道局長は3日、モスクワ市内で記者会見し、北方領土問題について「（民主党代表の）鳩山氏が、ソ連との共同宣言に署名した祖父の鳩山一郎（元首相）のように正しい選択をするよう望む」と述べた。

平和条約締結後、歯舞、色丹の2島を引き渡すと明記した１９５６年の日ソ共同宣言に基づき、２島返還での解決を図るよう新政権に求めたものといえる〉（２００９年９月４日付読売新聞朝刊）

このネステレンコ発言を「北方領土問題を歯舞群島、色丹島の２島返還で解決することを鳩山新政権に求めた」と解釈することは、筆者の理解では、間違えている。なぜなら、鳩山一郎首相（当時、以下本項における肩書は出来事が起きた時点のものとする）は、2島返還で日ソ平和条約を締結することは考えず、国後島、択捉島を含む4島返還に固執した。だからこそ平和条約ではなく、共同宣言という変則的な形態で、日ソ国交回復がなされたという経緯があるのだ。

「沖縄のケース」を学べ

まず、平和条約とは何であるかについて、おさらいしておこう。国際法において、平和なときと戦争時では、適用される法が異なる。戦争が始まると、外交関係が断絶され、戦時国際法が適用されるようになる。太平洋戦争に関して、1945年8月15日に玉音放送が流され、9月2日、東京湾上のミズーリ号で降伏文書への署名がなされ、戦闘行為は終結したが、国際法的には戦争状態が続いていた。

戦争状態を終結させるためには、通常、平和条約が締結される。平和条約には、大きく分けて2つの内容が記される。第1は戦争状態の終結を宣言し、外交関係を回復することだ。それとともに戦時賠償に関する取り決めもなされる。第2は領土、国境に関して係争がある場合、その問題を解決することだ。この2つの問題を解決して、初めて平和条約の締結が可能になる。

1951年のサンフランシスコ平和条約で日本は米英など資本主義陣営のほとんどの諸国と戦争状態を終結した。ここで恐らく、読者から質問が出てくると思う。奄美、沖縄、小笠原は日本に返還されず、米国の施政権下に置かれたが、これで領土、国境問題を解決できたのか、という質問だ。答えは、「解決できた」である。

国家の完全な主権は、潜在主権と施政権によって構成されている。従って、奄美、沖縄、小笠原では、米ドルが使用され、米占領軍が裁判権をもち、自動車が右側通行をしていても、これら日本領の主権が米国に移転したわけではない。潜在主権は日本にとどまっているので、日本は米国と平和条約を締結することができたのである。

1956年の日ソ国交正常化交渉においても、日ソ両国ははじめ平和条約の締結を目指した。しかし、鳩山一郎首相をはじめとする日本側が歯舞群島、色丹島、国後島、択捉島からなる北方四島の日本返還について妥協しなかったので、領土問題を先送りした共同宣言という形での外交関係再開を日ソ両国が選択したのだ。そうして1956年10月、鳩山首相がモスクワを訪れ、日ソ共同宣言に署名した。この共同宣言は、日本とソ連の国会で批准された法的拘束力をもつ条約である。

ちなみに1991年12月にソ連が崩壊したので、新生ロシアになった後、日ソ共同宣言は効力をなくしているのではないかという素人談議をときどき耳にするが、その心配はない。ある国家が消滅したとき、国際法には国家継承（承継）という概念がある。ロシア連邦はソ連の継承国なので、ソ連国家の権利義務をそのまま引き継ぐのである。2001年3月にプーチン露大統領も日ソ共同宣言を履行することはロシアにとって義務的だと明言した。

北方領土に関して、日ソ共同宣言第9項にこう書かれている。

〈日本国及びソヴィエト社会主義共和国連邦は、両国間に正常な外交関係が回復された後、平和条約の締結に関する交渉を継続することに同意する。

ソヴィエト社会主義共和国連邦は、日本国の要望にこたえかつ日本国の利益を考慮して、歯舞群島及び色丹島を日本国に引き渡すことに同意する。ただし、これらの諸島は、日本国とソヴィエト社会主義共和国連邦との間の平和条約が締結された後に現実に引き渡されるものとする〉

日本では、平和条約締結後、ソ連は歯舞群島と色丹島を引き渡すという内容を明記した第9項後段について言及されることが多く、それが「日ソ共同宣言は2島返還に合意した文書」という誤解が広まる原因になっている。北方四島返還交渉との関係で重要な内容は、第9項前段の〈日本国及びソヴィエト社会主義共和国連邦は、両国間に正常な外交関係が回復された後、平和条約の締結に関する交渉を継続することに同意する〉という部分だ。平和条約交渉の内容についても、日ソ間に合意がある。1956年9月29日に松本俊一日本政府全権代表とグロムイコ・ソ連第一外務次官との間で往復書簡がとりかわされているが、その中で〈領土問題を含む平和条約締結に関する交渉は両国間の正常な外交関係の再開後に継続せられたるものと了解する〉と明記されている。領土問題が北方四島の帰属に関する問題であるという日本政府の立場は1956年以降、一貫している。

「祖父のように正しい選択」の本当の意味

日本側の立場からするならば、歯舞群島、色丹島について、ロシアは平和条約締結後に日本に引き渡すことを共同宣言で約束しているのだから、日本の潜在主権が確認されていることになる。平和条約を締結するために残っているハードルは、国後島、択捉島の主権（もしくは潜在主権）が日本にあると確認することだ。この交渉に時間がかかるならば、平和条約交渉を、歯舞群島、色丹島を実際に日本に引き渡すための交渉と、国後島、択捉島の主権が日本に属することの確認を求める交渉を分けて行なってもいい。そして、歯舞群島、色丹島の返還を2～3年以内に行なわせ、それから国後島、択捉島の返還の実現を図るという現実的北方四島返還論を追求するというシナリオもある。事実、2001年3月、森喜朗首相とプーチン大統領の間で署名されたイルクーツク声明は、いま述べた形での現実的北方四島返還論を志向するものだった。それが、その後、小泉純一郎政権が成立し、ポピュリズムが煽《あお》られる過程で衰退していった。

日本には、北方領土問題が解決しない方が、返還運動や講演を行なうことで商売になると考える「北方領土ビジネス」に従事する人たちがいる。この人たちは「4島一括返還」という日本政府が1991年10月以降掲げなくなった冷戦時代のスローガンをあえて強調し、ロシアが外交交渉に応じないような状況を作り出し、「北方領土ビジネス」の利権を保全しようとしている。鳩山新政権にはこのような利権集団を解体することが求められている。

1956年の日ソ国交正常化交渉で鳩山一郎首相は、4島返還に固執した。しかし、交渉決裂は回避し、共同宣言という現実的選択を行ない、北方領土を段階的に解決する道筋をつくった。ロシアはそのことをよく覚えている。ロシアが鳩山由紀夫新首相に〈共同宣言に署名した祖父の鳩山一郎（元首相）のように正しい選択をするよう望む〉と述べたのは、現実的に交渉を行なおうというシグナルなのだ。

（2009年10月14日、21日号）

北朝鮮ミサイル発射は「チャンス」だった

2009年4月1日、ロンドンでバラク・オバマ米大統領とドミトリー・メドベージェフ露大統領が初の首脳会談を行なった。同4月2日にG20ロンドン・サミット（第2回金融・世界経済に関する首脳会合）に両大統領が出席する機会を利用して行なわれた首脳会談だ。この直後の4月5日に北朝鮮によるミサイル発射（北朝鮮側は平和目的の人工衛星を載せたロケットの発射と主張）が行なわれた。米露首脳会談と北朝鮮のミサイル発射に関するロシアの対応を見ていると、メドベージェフ外交の特徴がよく見えてくる。それをひと言で表現すると「堅実な実務外交」だ。

周到だったオバマの準備

この首脳会談で、メドベージェフ大統領が同年7月にオバマ大統領を招待した。もちろん、オバマ大統領はこの招待を喜んで受け容れた。記者会見においても、オバマ大統領は、ロシア国民を意識して、最大限のパフォーマンスを行なった。例えば、訪問時期をなぜ7月にしたかという点についての説明で、こう述べた。

〈「どうしてかというと、1月よりも7月の方がより暖かいからです」／オバマ大統領が二国間関係が暖かくなるであろうという見通しを明確にしたことを理解しない者はいないと思う。／「われわれの見解が一致している部分の方が（相違している部分よりも）ずっと多いのです」とメドベージェフ氏が総括した〉（2009年4月2日付『イズベスチヤ』）

ロシア人の心理を考慮すると、オバマ大統領の発言は実にうまい。ロシアで、雪が絶対に降らないのは6月と7月だけだ。5月初頭、8月末は雪がちらつくことがある。また7月ならば、夜の10時くらいまで明るい。「1月よりも7月の方がより暖かい」という表現で、ロシア人ならば誰でも、ブッシュ前大統領が権力の座を去った1月の凍てついた状態から、7月の暖かく、明るい時期に劇的に米露関係が良い方向に変化すると受けとめる。

また、会談の結びでもオバマ大統領は最大限の演出効果を考えた。

〈「スッパッシーボ（ありがとう）」オバマ氏は、すべての人にロシア語で感謝の意を伝えた。質問したそうな人々の視線に応えて、今度は英語で述べた。／「私もロシア語を勉強しています。しかし、私がロシア語を理解するよりも、ロシア大統領の方が英語をよく理解しているのです」〉（同前）

この発言でオバマ大統領はロシア人の心をつかんだ。ロシア人のロシア語に対する思い入れはとても強い。難解なロシア語を「勉強している」という姿勢と、ロシア大統領の英語力が優れていると持ち上げる姿勢は確実にロシア人の琴線に触れる。米国は近過去の失敗から学習している。

約1か月前の同年3月6日、ジュネーブの米露外相会談で行なった米国側の稚拙《ちせつ》なパフォーマンスについて、米国務省は猛反省して、今回の首脳会談の準備をしたのだと思う。ジュネーブでは、クリントン米国務長官とラブロフ露外相が、「リセット（perezagruzka）」と書いた小箱のスイッチを一緒に押す演出を米国務省が仕掛けたが、小箱の単語からzaが落ちてperegruzkaになっていた。この単語はロシア語でトラックや列車の「過積載」、つまり嫌な仕事が山積みになっているというニュアンスをもつ。このパフォーマンスはロシアで顰蹙を買った。今回、米国側はロシア語の細かいニュアンス、ロシア人の民族性をよく研究した上で、オバマ大統領の発言を準備している。

もっとも『イズベスチヤ』の記事でも、7月までに2009年末にSTART1（第一次戦略兵器削減条約）期限が切れることを念頭に置いた上で、新条約交渉を開始すると今回の首脳会談で合意したが、核弾頭をミサイルから切り離すだけでなく、弾頭自体を廃棄することと、MD（ミサイル防衛）関連施設の東欧配備問題について、米露の見解が隔たっているので、今後の交渉はそう簡単にまとまらないという現実的な予測をしている。

ロシアの対北外交は是々非々

北朝鮮のミサイル発射について、日本では、日米韓と中露朝が対立しているというニュアンスの記事が多いが、ロシアの報道を詳細に読めば、このような図式が当てはまらないことがわかる。ロシアは、北朝鮮が主張する人工衛星なるものが宇宙空間に存在しない、要するに北朝鮮が嘘をついているのだということをロシア国民に周知徹底することに力を入れている。

まず、その前提となるデータを記す。北朝鮮政府の事実上のHPである「ネナラ（朝鮮語で〝わが国〟の意味）」が2009年4月7日付で、同5日付朝鮮中央通信の報道を転載した。

〈わが国の科学者、技術者は国家宇宙開発展望計画にもとづき、運搬ロケット「銀河2号」で人工衛星「光明星2号」を軌道に乗せることに成功した。／「銀河2号」は、チュチェ98（2009）年4月5日11時20分に咸鏡北道花台郡にある衛星発射場で東海（引用者註＊日本海）へ打ち上げられ、9分2秒後の11時29分2秒に「光明星2号」を予定の軌道に正確に乗せた。／「光明星2号」は、40・6度の軌道傾斜角で近地点490㎞、遠地点1426㎞の楕円軌道を回っており、周期は104分12秒である。／テスト通信衛星である「光明星2号」には、必要な測定用器材と通信用器材が設置されている。／衛星はその軌道を正常に回っている。／今、衛星からは不滅の革命頌歌『金日成将軍の歌』、『金正日将軍の歌』のメロディーと測定資料が470MHzで地球上に電送されており、衛星を利用してUHF周波数帯域で中継通信が行なわれている〉

この北朝鮮側の人工衛星を軌道に乗せることが成功したという発表をロシアはことごとく否定している。

同年4月6日付『イズベスチヤ』（電子版）は、「北朝鮮は宇宙に〝オルゴール箱〟を打ち上げたのであろうか？」と今回のミサイル打ち上げを揶揄するタイトルをつけている。

〈本紙は、ロシア人の誰かが『金日成将軍の歌』、『金正日将軍の歌』を聞く機会に恵まれたかについて調査してみた。これらの歌は、北朝鮮が確認したところでは470MHzで送信されているはずだ。そこで本紙は露アマチュア無線連盟に照会してみた。「アマチュア無線家のレベルでは、北朝鮮衛星の信号を捕捉することに成功した人はいない」という回答を得た〉

もっともロシアのアマチュア無線家は通常、430～440MHz帯を用いているので、470M

Ｈｚの電波を捕捉するにはより強力な受信機が必要になるという留保を記事につけている。また、通常、人工衛星からの電波の発信は軌道に乗ってから、発信可能になるまで機材の調整のために24時間かかると強調することで、衛星軌道に人工衛星が乗った後、ただちに電波を発信したという北朝鮮の発表に疑念をさしはさむ記事作りになっている。

また、〈昨日（２００９年4月5日）、露国防省高官が、「北朝鮮の人工衛星が軌道に乗ったという結論を導くことができるデータの記録はできていない。われわれがもっている情報では、その軌道に人工衛星は存在しないということだ」と確認した〉と報じている。

ロシアも、日米と同様に北朝鮮が大陸間弾道ミサイルの発射実験を行なったと見ている。4月5日付『イズベスチヤ』では、ドミトリー・リトフキン記者の署名で、「銀河2号」は、１９７０年代初頭に、北朝鮮が恐らくエジプトから購入したソ連製「スカッド」弾道ミサイルに改良を重ねたものであるという見方を示している。

ロシアは、対北朝鮮外交を是々非々の立場で行なっている。今回の弾道ミサイル発射については「非」だ。北朝鮮の弾道ミサイルの能力、またなぜこの時期に発射する必要があったのかについて、ロシアの外務省、ＳＶＲ（対外諜報庁）、ＧＲＵ（参謀本部諜報総局）は、それぞれ分析を行ない大統領に報告しているはずだ。日露のインテリジェンス協力を強化し、北朝鮮に関するロシアがもつ情報を入手するようにつとめることが日本の国益に適うと思う。

（２００９年5月13日号）

メドベージェフへの「間違った印象論」の原因

2008年5月7日にドミトリー・メドベージェフがロシアの大統領に就任してから、3か月になった。メドベージェフ新大統領の権力基盤はどの程度確立したのだろうか。同年7月23日の九州「正論」懇談会で行なわれた国際日本文化研究センター名誉教授の木村汎《ひろし》氏の見解に耳を傾けてみよう。

〈ロシア研究の第一人者、木村氏は、北海道洞爺湖サミットでメドベージェフ大統領の存在感が薄かったことについて、「プーチン首相に比べカリスマ性もなく、プーチンの操り人形にすぎない」と指摘した。そのうえで「資源大国としてのロシアはピークを過ぎた。西シベリア資源は近々、枯渇するだろう」と分析。「そのとき環境大国・日本に協力を求めてくる。（北方領土問題解決など）対露外交を一気に有利に進めるチャンスが来る。それまではロシアの2頭体制を静観すべきだ」と述べた〉

（2008年7月24日付産経新聞）

木村氏の実践的提言は、当面、ロシアのプーチン＝メドベージェフ二重王朝の動向を静観し、日本にとって有利な環境が来るまで、ロシアに対しては、何もしないことだということに尽きる。客観的に見ると外務官僚の不作為を正当化する理論的裏付けを木村氏は行なっている。

木村氏は、いったいロシアの誰から話を聞いてこのような判断をしているのだろうか。また、ロシアの新聞を一紙でもロシア語で読んでいるのであろうか。

K・H教授がソ連で起こした規律違反

東西冷戦時代は、親米反ソ・イデオロギーに凝り固まったロシア語があまりできない「御用学者」にも活躍の場はあった。もっとも、そのような「御用学者」を活用しすぎて、日本外務省も痛い目に遭ったことがある。『正論』（産経新聞社）２００６年10月号に「コミンテルンと日本、その秘密課報戦をあばく」という爆弾論文が掲載された。著者のアレクセイ・A・キリチェンコ氏はロシア科学アカデミー東洋学研究所の国際学術交流課長であるが、もともとKGB（ソ連国家保安委員会）第二総局（防諜、反体制派担当）の大佐で、日本大使館を担当していた。

１９７０年代、モスクワの日本大使館にK・H（『正論』では、コムラ・ヒサイチという仮名にしている）という教授が勤務した。K・H教授は、知り合いの女性と外国人立ち入り禁止区域を訪れ、KGBの関心を惹《ひ》いた。さらにこの教授は、2年の任期を終えて帰国するときに、シベリア鉄道で荷物を送った。その荷物がシベリアのどこかの駅で盗難に遭った。そして、盗品がソ連当局によって押収されたが、その中から、国外持ち出しが禁止されているイコン（聖画像）とともに、駐ソ連日本大使館の極秘公電の写しが出てきたのである。前出『正論』の記事で、キリチェンコ氏は、〈一枚一枚に『極秘』というスタンプが押されていた。この押印は、日本の外交官たちが、この書類を丁寧に扱い、秘密扱いを守り、取り扱いの規則に違反しないための措置だったのであろう〉と記す。

キリチェンコ氏の指摘は正しい。公電には発信時刻が書かれている。その時刻にモスクワの日本大使館から発信された通信データと、K・H教授の荷物から入手した極秘公電を照合すれば、ソ連が日本の暗号を解読することもできる。KGBはこれらの秘密書類を日本大使館に返還した。極秘公電漏《ろう》洩《えい》事件として日本政府を揺さぶったのである。大使館員は、秘密指定がなされた文書を大使館の敷地外に持ち出すことは厳禁されている。K・H教授は重大な規律違反をし、国益を毀損したのである。

キリチェンコ氏の記述は、筆者が現役外交官時代に、モスクワの日本大使館幹部から聞いた話と符合している。K・H教授がモスクワを訪れたとき、筆者がロシア内政について、同教授と踏み込んだ話をしたら、その直後、上司に呼ばれ、「この教授はKGBに借りがある。十分に気をつけろ」と言われ、公電漏洩事件について知らされた。K・H教授のような前歴のある人物が、あたかもロシア研究の第一人者の如くして、外務省と腐れ縁を維持しているのが日本外交の悲劇と思う。このようなKGBと日本外務省の双方に弱みを握られた学者が、日本人としての良心に基づいた、対露政策、北方領土問題に関する助言をすることは難しいと筆者は考える。

ロシアのメディアが強調する「存在感」

木村汎氏の評価と裏腹に、ロシアの報道を見ると、洞爺湖サミットでメドベージェフは、ロシアの新大統領として、存在感を示した。ロシアは「力の論理」を信奉する。従って、メドベージェフの第一目標も、いかにしてブッシュ米大統領との信頼関係を構築するかに置かれていた。2008年7月7日の米露首脳会談で、メドベージェフとブッシュはエールを交換している。

〈首脳の共同記者会見が終わった後、30〜40分間、メドベージェフとブッシュの間で2国間会談が行なわれた。

（メドベージェフ）ロシア大統領は、「イランあるいは北朝鮮のように、私たちが前に進めようとしている議題がある。MD（ミサイル防衛）、ヨーロッパの問題（引用者註＊コソボ独立問題）など、私たちの関係が凍りついている問題もある。ただし、私たちはこういった問題について、合意する可能性を探求する意欲がある。ジョージとは気持ちよく仕事をすることができる。現在の米政権が交代した後も同じ状態になることを望んでいる」と述べた。

ブッシュ（米大統領）は、「私は、ドミトリーの話を聞いて愉快に思った。彼は、私たちが合意できなかったことも含めて述べているのだ。ドミトリーは頭のよい男で、外交政策の諸問題についてもよく知っている」と述べた。

セルゲイ・プリホジコ露大統領補佐官は、記者に対して、この会談で両大統領は、貿易経済関係や投資の展望に限定せず、緊張した問題も迂回しなかった、と述べた〉（2008年7月8日付『イズベスチヤ』電子版）

ロシア語で「ウームヌィー・パーリン（умный парень、頭のよい男）」というのは、親しみのこもった表現である。この記事を読んだロシア人はメドベージェフの存在感を感じる。

それだけではない。2008年7月9日付国防省機関紙『赤星』は、G8首脳会合におけるメドベージェフの業績として以下の点を強調している。

〈地球規模の経済発展シナリオに関する討議では、主要国の見解が合致しないことが明らかになった。

この関連で、ドミトリー・メドベージェフ露大統領は、「私たちは、どうやって国際経済関係の構造を見極めるかについて考えなくてはならない。すでに誰も見極めることができなくなってしまっている。G8は国民国家的なアプローチから離れなくてはならない」と発言した。ロシア国家首脳の見解によれば、地球規模での経済安全保障を構築しなくてはならないのである〉

要は、ロシアは世界規模の新しい安全保障システムを構築する側の主要なプレイヤーであることを強調している。ロシアのメディアが強調している点が日本の報道ではほとんど伝わっていない。日本の新聞だけで頭作りをしていると、木村氏のような印象をもつのかもしれない。

「プーチン首相に比べカリスマ性もなく、プーチンの操り人形にすぎない」という木村氏の評価も印象論に過ぎない。同年6月5日にメドベージェフがベルリンで行なった演説を引用してみる。

〈ヨーロッパの問題は、そのアイデンティティーが、ロシア連邦を含む全ての不可分の部分の有機的統一が達成されない限り、解決されることはないと断言できます。わがロシアはソビエト体制を放棄しました。今後もその体制の復活を拒否して、ヨーロッパ文明の共通の遺産を成す最良のものと完全に協調できる国家形成の基盤を築いていきます。

ジョン・ルカレのよく知られた言葉を借りるなら、ロシアは今や「寒い国から帰ってきた」のです。ほぼ百年間の隔離と鎖国の状態から帰ってきたのです〉（駐日ロシア大使館HP）

スパイ小説家のジョン・ルカレを引用し、ロシアが「ヨーロッパ文明の共通の遺産」を構成すると強調するメドベージェフの世界観は、ヨーロッパとアジアの双方にまたがるロシアの地政学的条件を強調したプーチンと、かなりニュアンスを異にするのである。一般論として、もう少し、事実に即したロシア情勢分析を行なわないと、北方領土交渉をめぐる判断を誤ることになる。

（２００８年８月20日、９月３日号）

露大統領「初の外遊」がもっていた意味

ロシアのメドベージェフ新大統領が、2008年5月22〜24日、カザフスタンと中国を大統領就任後、初の外遊先とした。このことについて、ロシアが中国との紐帯《ちゅうたい》を最重視する意向を表明したという見方があるが、少しずれていると思う。

ロシア外交には「独自の文法」がある。これに照らしてみると、メドベージェフは、巨大市場である中国を取引相手として重視すると共に警戒している。ロシアは中国と帝国主義的な棲み分けをすることを、冷徹に考えている。「パンダ外交」に象徴されるような友好外交にメドベージェフは関心をもっていない。

朝貢貿易の伝統がある中国は、ロシアや日本など、周辺国の首脳が中国を訪問するときは、他国に立ち寄らず、中国との往復を強く望む性向がある。ロシアはそのような中国の性向をよく理解した上で、わざとカザフスタン訪問と抱き合わせにした。しかも、アスタナ（カザフスタンの首都）を先に訪れた。

これは、「中国について、カザフスタンのナザルバーエフ大統領とまず相談し、それから胡錦濤国家主席と協議します」ということである。ロシアとカザフスタンが連携して、中国に対処するということだ。

ちなみにメドベージェフがカザフスタンを他の中央アジア諸国から切り離して訪問したことも興味深い。ソ連時代、欧米とロシアでは、中央アジアの地理的範囲が異なっていた。ロシア語では、中央アジアに「スレードニャヤ・アジア（Средняя Азия,Middle Asia）」という言葉をあてていた。キルギス、タジキスタン、ウズベキスタン、トルクメニスタンの4共和国を指す概念だ。これに対して、英語の「セントラル・アジア（Central Asia）」は、この4共和国にカザフスタンを加える。現在では、ロシアもセントラル・アジアに相当する「ツェントラーリナヤ・アジア（Центральная Азия）」という言葉を用いる。

なぜ、ロシアと欧米で、中央アジアの概念が異なったかというと、ロシア人の帝国主義的理解では、カザフスタンは中央アジアのイスラーム世界とロシアの間にある緩衝（バッファー）地帯だからである。事実、カザフスタンの北部、シベリアと隣接する地域では、ロシア人が人口の過半数を占めている。

今回、メドベージェフが、大統領就任後初の外遊先をカザフスタンにしたことで、「カザフスタンはロシアの勢力圏である。ロシアの了承なくして、欧米諸国がカザフスタンで勝手な行動をとることは看過されない」というシグナルを出したものと思う。

ロシアとの外交では首脳間の個人的信頼が重要

ところで、ソ連時代、紙も印刷機もすべて人民のもの、実態としては国有だった。従って、新聞、雑誌は、国家機関もしくは労働組合、作家同盟など国家が認めた社会団体の機関紙誌だった。そこに掲載される記事や論評はすべて公式の性格を帯びていた。

ソ連崩壊後、新聞、雑誌は、原則として民間に移行した。ただし、ソ連国防省・ソ連軍機関紙だった『赤星（クラースナヤ・ズベズダー、Красная Звезда）』だけはロシア国防省・ロシア軍機関紙としての地位を継承した。従って、『赤星』紙に掲載される記事や論評はロシア国防省の公式の立場を表明している。それだから、通常、大統領の外遊についても、無味乾燥な記事が多い。

しかし、今回、メドベージェフのカザフスタン、中国訪問に関して、2008年5月28日付『赤星』（電子版）が掲載した、報道と論評の中間のようなワジム・マルクーシン署名の「モスクワと北京が西側にシグナルを出した」は実に興味深い。メドベージェフの本音がわかる。

〈カザフスタンと中国に出かけることで、ドミトリー・メドベージェフは、前任者（プーチン）がこれら2国の指導者と構築した非公式な関係を高く評価している。メドベージェフもこの関係を強化するため個人的に貢献したいという意向をもっている。ヌルスルタン・ナザルバーエフと胡錦濤が初会見で友人としての態度を示したことが、とても重要である。その結果、西側に対して、モスクワ―アスタナ―北京の相互作用が拡大し深化するという傾向が過去近年になかったほど良好であるというシグナルを示すことになった〉

この部分を読み解くと次の3つのことが見えてくる。

第1に、ロシアとの外交技法だ。首脳間の友情、信頼関係を確立することである。ロシアと中国は、国家として友好国にならないということは、メドベージェフ大統領もプーチン首相も十分認識している。もちろん「ほんとうのこと」は国家を預かる政治家ならば、確信していても絶対に公言しない。

ロシアは資源が豊かなカザフスタンへの影響力拡大を狙っている。カザフスタンは、ロシア系住民の保護を口実に、ロシアが干渉してくることを恐れている。そのような、複雑な関係にあるから、首脳間の信頼関係が重要なのである。

中国やカザフスタンとの関係で紛争が生じても、信頼関係をもった首脳が真剣に協議することによって、折り合いをつけることができる。東西冷戦のようなイデオロギー対立がある場合、首脳間の個人的信頼によってもイデオロギー的枠組みを踏み越えることは至難の業だ。しかし、各国が自国の利権拡大を露骨に追求する帝国主義外交では、むしろ首脳の個人的裁量の幅は拡がる。

日本が本気で北方四島が日本領であることをロシアに認めさせようとするのであれば、誰であれ現職の日本国内閣総理大臣と現職のロシア連邦大統領の個人的信頼関係を構築することが、死活的に重要である。

中露の「相互作用」への返答の仕方

第2に、3国間関係の実態だ。メドベージェフは、ロシア語で「協力（ソトゥルードニチェストボ、сотрудничество）」ではなく「相互作用（ブザイモジェイストビエ、взаимодействие）」という言葉を用いた。協力が良い意味だけ指すのに対し、相互作用は否定的な影響も含む。「国家間関係には良いこともあれば、悪いこともある」という認識に基づいた言葉だ。英語のインターアクション

(interaction）に近い。メドベージェフは、相互作用という言葉を多用する。

前出の『赤星』では、2008年5月24日、北京大学でメドベージェフが行なった講演の内容が紹介されている。露中関係について、メドベージェフはこう言っている。

〈今日、ロシアと中国の相互作用は、国際安全保障の鍵を握る要因になっています。これなくして、国際協力の枠組みにおいて基本的決定を採択することはできません。私はみなさんに対して率直に申し上げますが、すべての人々が両国間で実現しているこのような戦略的相互作用に好意をもっているわけではありません。しかし、私たちは、この相互作用は両国民の利益に適い、誰かがそれを好むか好まないかにかかわりなく、できるだけ強化していかなくてはなりません〉

ここで、中露提携を好まない国とは、名指しこそされていないが、アメリカと日本であることは明白だ。

ここから第3の特徴が出てくる。ロシアは、これからの外交はシグナルを出し合うというスタイルでなされるということだ。今回は、ロシアがカザフスタン、中国と組んで、アメリカと日本を牽制するシグナルを出した。

問題は日本政府がこのシグナルに答えていないことだ。

「メドベージェフさんは、中露の提携を好んでいない国があるかもしれないという趣旨のことをおっしゃいましたが、日本は別にそのような発言を気にしていません。なぜなら日本とアメリカが、日米安全保障条約を基礎に相互作用を強化し、極東の平和を維持することを好んでいない国があるかもしれないからです。そういうがった見方をする国とも日本は相互作用を強化したいと考えています」

と言って、メドベージェフを牽制するシグナルを出しておけばよい。

こういう対応をすれば、ロシア人から「日本人はあたまがいい」と畏敬の念をもたれる。従って、ロシアは日本に対して無礼な態度はとらない。

現在、対露外交が守勢に追い込まれてしまっているのは、ロシアを担当する外務本省、在外公館（大使館・総領事館・日本政府代表部）で勤務する外務官僚の基礎体力が落ち、メドベージェフが出すシグナルを読み取ることができなくなっているからだ。何とかしなくてはならない。


（２００８年6月25日号）

第2章　帝国の復活

プーチン王朝の野望

「王朝建設」は2007年から始まっていた

2007年9月12日、日本では安倍晋三首相が辞意を表明した関係でマスコミではあまり大きな扱いがなされなかったが、同日、プーチン露大統領はミハイル・フラトコフ首相の辞表を受理し、ビクトル・ズプコフ金融監視庁長官を後任首相に指名した（肩書は出来事が起きた時点）。同月14日、国家院（下院）は大統領によるズプコフ首相の指名を承認し、正式に新内閣が発足した。ズプコフは1941年9月15日生まれなので、現在66歳である。日本ならば66歳の閣僚はごく普通の現象であるが、ロシア人男性の平均寿命は60歳前後であることを考慮するならば、日本の感覚では80歳の首相が誕生したという雰囲気だ。ちなみにズプコフの娘婿がセルジュコフ国防相である。ロシアで、親族が同一内閣の閣僚になるということは珍しい。そのため、セルジュコフ国防相は解任を申し出たが、プーチン大統領が慰留したという情報がクレムリン筋から筆者にもたらされた。

プーチンはフラトコフ前首相に対して不満があったのだろうか。そうではない。その証拠に同年10月9日、プーチンはフラトコフを対外諜報庁（SVR）長官に任命した。ロシアの場合、内閣は主に経済、社会案件を処理する。国防やインテリジェンスについては、形式的には内閣の管轄が及ぶことになっているが、実際は大統領の直轄事項である。SVRは旧ソ連国家保安委員会（KGB）第一総局の後継機関で、プーチンは自らの出身母体であるSVRを特に大切にしている。現下、ロシアの政治権力図から見るならば、首相とSVR長官は対等か、SVR長官の方が少し上であるというのが実態と筆者は見ている。この人事によって、フラトコフがプーチンのインナーサークルの一員であることが明らかになった。一体、プーチンは何を考えてこのような人事ゲームを行なっているのであろうか。

プーチン「3選不出馬」の理由

結論から先に述べると、2000年に大統領に就任したプーチンは、少なくとも2020年まで、ロシアの国家権力を実質的に掌握《しょうあく》し、「プーチン王朝」を作ろうとしているのだと筆者は見ている。

この戦略は、2007年4月26日にプーチンが連邦院（上院）議員、国家院（下院）議員の前で読み上げた年次教書演説の内容を分析すれば明らかになる。1993年12月の国民投票で採択された現行憲法によって、年次教書の制度が設けられた。エリツィン大統領時代は、分厚い年次教書が作成され、その重要部分を大統領が読み上げるという建前であったが、実際は年次教書に書かれていない事項について大統領が言及することもあり、むしろそこにエリツィンの政治的意思があるとクレムリン・ウオッチャーは注視した。プーチン大統領になってからは、大統領年次教書と演説の内容は完全に一体になった。また、エリツィンは基本的にスピーチライターが書いた原稿を読み上げるというスタイルをとったが、プーチンは年次教書演説の内容を自らチェックし、一部については書き下ろすと言われている。エリツィン時代と比して、現在の教書演説においてはプーチンの意思が端的に反映されているのである。2007年4月26日に行なわれた教書演説でプーチンの戦略は明確に提示されている。

〈来る2008年春に私の大統領任期は終わり、次の連邦議会への教書は別の国家元首が行なうことになるであろう〉（ロシア大統領公式HPから訳出）

ここまで明確に述べているのであるから、プーチンが大統領3選に出馬する可能性はない。プーチン側近が大統領3選を可能にするように憲法改正を画策しているとの憶測情報が流れているが、その可能性はまったくないと筆者は見ている。その理由はプーチンがロシアの知識人（インテリゲンチア）の内在的論理をよく理解しているからだ。

1917年のロシア革命、1991年のソ連崩壊に至る過程でも、知識人が主導的役割を果たし、それに政治家と大衆がついてきた。プーチンはこの辺の事情をよく理解している。なぜならプーチン自身が知識人としての体質をもっているからだ。ロシア政府は学術研究や出版に対する助成を積極的に行なっているが、その中には現政権にとって都合が良くない政治学や歴史学の研究も含まれる。こういった「鷹揚《おうよう》さ」をプーチン政権が示しているので、政治に対して不満をもっている知識人も、行動するよりも、親しい友人を自宅や別荘（筆者の経験では、大学教師や科学アカデミー研究員の9割が別荘をもっている。自宅は狭いので、別荘に大量の書籍や資料を保管する）に招いて、激しいプーチン政権批判を含む自由な議論を楽しむという「国内亡命」生活を送っている。もちろんFSB（連邦保安庁＝秘密警察）は潜在的反体制派知識人の動向を綿密に調査しているが、手出しはしない。形式的に合法であっても、プーチンが憲法改正によって大統領職にしがみつこうとすると知識人が政権批判の運動を始める可能性が高い。それだから、憲法改正のシナリオはないと筆者は見ている。

「ユーラシア共栄圏」の構築

それではプーチンは政界からの引退を考えているのか。そうでないことも教書演説で明確にしている。

〈この関係で、多くのわが同僚は、本日の教書演説が、もっぱら2000年からの、諸君との共同作業についての総括にあてられ、この作業の評価が行なわれ、将来に対する助言を哲学的形態で聞くことになることを期待したであろう。しかし、ここでわれわれの活動について評価をするのは適切でない。私が政治的遺言を述べるにはまだ早いと思う〉（同右）

「政治的遺言を述べるにはまだ早い」という発言を素直に受けとめればいい。プーチンは、政界から引退するつもりはさらさらない。それでは来春以降、プーチンは何をするつもりか。

〈もちろん、未来について考えることがいつも必要だということは真理だ。わがロシアには、民族理念の探求という「古《いにしえ》からの楽しみ」がある。それは人生の意味を探求するようなものだ。総体的にこの課題はかなり有益で、面白いものである。（中略）われわれは直面する課題を解決し、その際、あらゆる現代的で最新なものを用いたり、新しいものを生み出すと同時に、ロシア民族が千年以上にわたる歴史の中で作り上げた基本的な倫理的・道徳的価値観に依拠していかなければならないということに、多くの人々が同意してくれると思う。そのようにする場合にのみ、われわれは国家発展の進

路を正しく定めることができる。そのようにする場合にのみ、われわれは成功するのである〉(同右)

要するに、プーチンはロシアを帝国主義大国にするイデオロギーを探求、確立し、ＥＵに匹敵する中央アジア、トランス・コーカサス、ベラルーシ、ウクライナ、モルドバ、モンゴルを巻き込んだ「ユーラシア共栄圏」を構築するという野望をもっているのだ。

２００７年7～8月頃まで、プーチンは、フラトコフ（当時首相）を次期大統領に据え、その後２０１２年に自らが再度、連続2期大統領職に坐り、２０００年から２０２０年までの「プーチン王朝」を作る戦略をもっていたのだと筆者は分析していた。しかし、この戦略に狂いが生じた。フラトコフに求心力がつきすぎたのである。「政治カリスマのない官僚」であることが必須条件であるにもかかわらず、フラトコフがカリスマ性を帯び始めた。それに現在57歳のフラトコフならば、2期連続大統領という線も出てくる。こうなると将来、プーチンとフラトコフが正面対決する危険が生じる。

筆者の推察では、この危険に気づいたフラトコフ自身が見立てを率直にプーチンに披露して、首相辞任を求めたのだと思う。前にも述べたが、ズプコフ新首相は66歳だが、日本の相場観では80歳くらいという感じだ。2期連続大統領職に就くということは考えられない。また、仮に大統領に当選しても、健康上の理由で2年くらいで辞任する可能性もある。そうなるとプーチンの再登板が早まる。

もっとも、現時点でプーチンがズプコフを次期大統領候補に定めたと見るのは早計だ。２００７年10月1日、与党「統一ロシア」の大会で、プーチンが次期政権で首相職にとどまることを示唆する発言を行なったが、これも額面通りに受けとめる必要はない。20年間の「プーチン王朝」をどうすれば実現できるかという観点から、プーチンはさまざまな観測気球をあげて、世論の反応を見ているのである。

（２００７年11月14日）

＊この連載原稿を執筆した後の２００８年末にロシアでは憲法改正があり、大統領の任期は４年から６年に変わった。従って２０１２年から2期連続で大統領をつとめた場合、２０２４年までの「王朝」となるが、基本的な認識を変える必要はないだろう。本章では、複数回「20年王朝」という表現が出てくるが、それらについても同じことが言える。

属人的カリスマ性獲得のための「首相就任」

２００７年12月2日のロシア国家院（下院）選挙では、プーチンを名簿第1位にする与党「統一ロシア」が圧勝した。主要政党の得票率と獲得議席数は次の通りである。

「統一ロシア」　64・3％（３１５議席）
ロシア連邦共産党　11・57％（57議席）
ロシア自由民主党　８・14％（40議席）
「公正なロシア」　７・74％（38議席）

国家院の総議席数は４５０なので、今回、「統一ロシア」だけで、憲法改正を可能とする総議席の3分の2（３００議席）以上を獲得することになった。与党は、「統一ロシア」だけでない。「公正なロシア」は、市場経済の転換によって格差が拡大し、年金生活者が共産党支持に回ることを恐れ、高齢者・年金生活者対策を重点政策とするクレムリン（大統領府）の梃子《てこ》入れによって作られた政党だ。自由民主党はジリノフスキー党首の「個人政党」である。「日本がクリル諸島（北方領土）を要求するならば、再び原爆を落とす」などの過激な発言で知られた人物であるが、その発言を注意深く観察すると、現職大統領の攻撃は絶対に行なわない。また、議会において与党と野党の立場が本格的に対立すると、ジリノフスキーは最終的に与党側を支持する。自民党所属の国家院議員は、「ジリノフスキー党首が白と言うならば、黒いものでも白です」という投票行動をとる。従って、「統一ロシア」、自民党、「公正なロシア」の3党が事実上の与党で、総議席の87％（393議席）を占めている。

従来、国家院選挙は地方一人区が225、連邦比例区が225であったが、今回から地方一人区が廃止され、連邦比例区のみとなった。一人区制度があると、選挙民と議員が癒着するので、政治改革上好ましくないというのが大義名分だが、国民の直接選挙の対象を大統領だけに限定することによって、大統領のカリスマ性を高めようとする政策である。

国家院選挙の投票率は約62％で、この数字だけを見るとロシア国民の政治的関心はそこそこ高いように見えるが、実態は決してそうではない。国民は1985年にゴルバチョフが開始したペレストロイカ（建て直し）から1991年のソ連崩壊を経て、その後も民主化とか改革という名で進んだ20年間の政治的流動化にすっかり疲れてしまい、政治離れを起こしているのである。

そもそもロシア人には、自らの代表を議会に送り出していくという意識が稀薄である。候補者は、上から降ってきて、選挙とは「悪い候補者」「うんと悪い候補者」「とんでもない候補者」の中から、最後の2者を排除して、「悪い候補者」を選択するという消極的選択と考えている。古代ギリシアのアテネで、将来、権力を簒奪《さんだつ》する危険性のある者の名前を陶片に書いて、最高得票数を獲得した者を一定期間国外に追放したオストラキスモス（陶片追放）の感覚がロシア人の選挙観に近い。

クレムリンは伏魔殿だ

プーチン大統領は「統一ロシア」の名簿第1位であったが、「大統領職にとどまるために国家院議員への当選を辞退する意向を中央選挙管理委員会に伝えた」（2007年12月13日インターファックス）。そもそも大統領と国家院議員の兼職は禁止されている。国家院選挙の名簿に名を連ねるということは、当選すれば、当然、議員になるということである。そうでなければ「統一ロシア」に対して投票した有権者の期待を裏切ることになるのであるが、プーチン大統領もロシアの有権者もそのようには考えていない。ロシアの国家権力はプーチンという人格に体現されているということを国家院選挙の機会に再確認することがロシアの政治エリートにとっても、ロシア国民にとっても重要なのである。

既に基本シナリオはできている。次期大統領選挙にプーチンは「一回休み」して、2012年の大統領選挙から2期連続当選を果たす。その結果、2000年から2020年までの「プーチン20年王朝」を作るのである。次期大統領にはプーチンの完全な影響下にある者を据える。

2007年12月10日にプーチンは、メドベージェフ第一副首相を次期大統領候補に推薦するとした。プーチン大統領には、2つの主要な権力基盤が存在する。第1が、メドベージェフ第一副首相を中心とするサンクトペテルブルク出身の改革派系経済専門家である。第2がセルゲイ・イワノフ第一副首相（前国防相）を中心とする諜報機関や軍出身者による「シロビキ（武闘派）」である。今回、メドベージェフを次期大統領候補に推したということは、プーチンが改革派系経済専門家に軸足を置いたということだ。これに「シロビキ」がどう反応するかはまだ読めない。筆者の見立てでは、プーチンの出身組織KGB（ソ連国家保安委員会）第一総局（対外諜報担当）の後継機関で「シロビキ」の有力官庁であるSVR（対外諜報庁）のフラトコフ長官（前首相）が「シロビキ」と改革派系経済専門家を結ぶ蝶番《ちょうつがい》の役割を果たしている。

2007年12月11日午後にメドベージェフは、国民向けのテレビ演説を行ない、「自らが大統領に当選した後、プーチン氏を首相として政権に迎え入れる」と表明した。この発言に対して、同17日、モスクワで行なわれた「統一ロシア」の党大会でプーチンは首相就任を受け入れると明言した。ただ最終的にどうなるかはまだわからない。余程の番狂わせがない限り、2008年3月の大統領選挙ではメドベージェフが当選する。その時点で、プーチンが自らのカリスマ性が不十分であるという認識をもてば、首相職に就任する。逆に十分に強力なカリスマ性をつけたので、公職には就いていないが前大統領という形で政治に関与することを国民（特に知識人）が許すと考えるならば、プーチンは首相職に就かない。ロシアで、権力は人ではなくポストに付く。しかし、プーチンが皇帝になるためには属人的なカリスマ性を身につけなければならない。それが可能であるか否かをプーチン大統領と側近グループはこれから見極めていくことになる。

国家院選挙で、与党が圧勝したことにより、大きな枠組み、すなわち国民の「消極的支持」が広範にあるという点でプーチン政権の権力基盤が盤石であるという状況は当面変化しない。ただし、事実上の政敵がいないような状況で、政局はかえって不安定化すると筆者は見ている。クレムリンは文字通り伏魔殿であり、政権エリートのプーチン大統領とメドベージェフに対する影響力争いが活発化する。ビザンツ（東ローマ）帝国の宮廷陰謀、すなわち陰謀ゲームに加わっている当事者にとっては極めて深刻な結果をもたらすが、それ以外の人々にとってはまったく意味がないような事件が頻繁に起きるようになるであろう。

求められるのは「国家観」

２００８年は日本との国家間関係を仕切り直そうとする動きがロシア側から活発化することになると思う。メドベージェフ次期政権は、北方領土問題についてプーチン現政権よりも一層強硬になる。プーチン大統領は、２００１年３月に森喜朗総理（当時）と合意した「イルクーツク声明」に政治家として属人的に拘束されている。この声明は、平和条約締結後の歯舞群島と色丹島の日本への引き渡しを約束し、かつ法的拘束力のある１９５６年日ソ共同宣言と、択捉島、国後島、色丹島、歯舞群島の帰属に関する問題を解決して平和条約を締結することを約束した東京宣言の双方を明示的に確認している。客観的に見て「イルクーツク声明」が北方領土交渉において日本側にいちばん有利な合意文書なのである。メドベージェフ次期政権は、「イルクーツク声明」の北方領土問題に関する合意をより緩めるような合意文書を作り、北方領土問題を迂回して、日露の経済的提携と科学技術や文化交流を拡大するような仕掛けをしてくるであろう。

ここで、プーチン、メドベージェフが見ようとしているのは、日本人の国家観なのである。ロシア人は、確固たる国家観をもっている外国人だけを尊敬し、信頼する。領土は国家を成り立たせる基本中の基本だ。日本がロシアの恫喝外交と資源を餌とする誘惑外交の合わせ技に籠絡《ろうらく》され、北方領土要求を毅然と行なわなくなると、ロシアはアメリカ、中国の外交に主力を入れ、日本を単なる変数としてしか見なくなる。

どうもこの辺のロシア人の論理が外務省にはよく見えていないようだ。

（２００８年1月23日号）

勝ち馬に便乗した「シロビキ」という支持基盤

ロシア情勢に関する日本の新聞記事を読んでいると「シロビキ」という言葉にときどき出会う。「武闘派」とか「KGB（ソ連国家保安委員会）出身者」という訳語があてられていることが多いが、これでは意味がよくわからない。この概念を理解しておかないとロシア政治はわからない。

「シロビキ（силовики）」という言葉は、最近になってから政治的意味合いをもつようになった。辞書を引いても「発電所従業員」（コンサイス露和辞典第4版）というような訳語しか出ていない。ロシア語で「シーラ（сила）」とは力を意味する。英語のforceに相当する言葉だ。ロシアでは、国防省、内務省、連邦保安庁（FSB）、対外諜報庁（SVR）、非常事態省などの軍隊型の階級制を導入した官庁を「力の省庁」という。この省庁で勤務している人々を俗語で「シロビキ」と言う。

プーチン大統領はKGB第一総局出身である。インテリジェンス業界で、第一総局は、「ピエルボエ・グラーブノエ・ウプラブレニエ」の頭文字をとってPGU（ペー・ゲー・ウー）と呼ばれることが多い。PGUは、KGBの中でも特に優秀な人材を集めたエリート集団だ。2000年3月の大統領選挙で、プーチンが当選した後、まずクレムリン（大統領府）や政府（首相府）の中堅であるが、鍵を握る役割を果たす部局、人事、会計、情報統括などの部分に旧PGUを中心に旧KGB出身の要員が入ってきた。これらの新職員は、プーチンに全面的忠誠を誓っていた。クレムリンや政府には、ソ連時代からの政変を何度も乗り切ってきた老獪《ろうかい》な官僚が多い。この官僚たちが、旧KGBの出身者を警戒するとともに若干馬鹿にして「シロビキ」と呼んだ。「シロビキ」には「肉体労働者」というニュアンスがあるからだ。「あなたたちKGBの手法で、百戦錬磨のわれわれ文民官僚の壁を破ることができるのかな。お手並み拝見ですね」というのが大統領府や首相府の官僚の当初の認識だった。

イワノフを後継大統領に選ばなかった理由

前にも指摘したが、プーチン大統領の支持基盤には二つの勢力が存在する。

第1が、サンクトペテルブルク出身の改革派経済官僚だ。その代表が、2007年、プーチン大統領側によって次期大統領候補に推薦されたドミトリー・メドベージェフ第一副首相だ。ところで、日本のマスコミではあまり報じられていないが、この勢力で日本に対する関心が高いのがエリビラ・ナビウーリナ経済発展貿易大臣（女性）である。現役外交官時代、筆者は平均月1回の頻度でモスクワに出張し、プーチン大統領側近との人脈をつけようと努力した。その中で、当時、経済発展貿易省第一次官をつとめていたナビウーリナの名前を何度か聞き、面識をつけ、訪日招待した。一行の京都旅行に筆者も同行し、いろいろ話をし、筆者はナビウーリナがメドベージェフと非常に親しい関係にあるという感触をつかんだ。ナビウーリナは1963年生まれで筆者と同世代であり、話がはずんだが、彼女が経済理論と現状分析に通暁《つうぎょう》し、また教養人であることに感銘を受けた。北方領土問題についても日本政府の立場を正確に理解している。筆者の見立てが間違えていないならば、ナビウーリナがメドベージェフ次期政権の対日政策におけるキーパーソンになる。

第2が、「シロビキ」だ。「シロビキ」の有力大統領候補がセルゲイ・イワノフ第一副首相（前国防相）だった。プーチンのイワノフに対する信任は厚い。

しかし、プーチンはイワノフを後継大統領候補に選ばなかった。その理由について、筆者は次のように考える。プーチンは、当初から後継大統領にメドベージェフを据えることを考えていた。それはメドベージェフがソ連時代のしがらみがない新世代のエリートであるからだ。これに対して、プーチンもイワノフも、ソ連時代に教育を受け、仕事を覚えた関係で、新時代に適応することができない「過渡期のエリート」である。プーチンもイワノフもその基本認識を共有している。プーチンが2008年3月の大統領選挙に出馬せず、2012年の選挙に再出馬して、2期連続、2020年まで、実質的な「プーチン20年王朝」の構築を試みたのも、そこでロシアの国家体制を整え、それからメドベージェフに後継大統領のポストを渡すという腹案があったと筆者は見ている。1965年生まれのメドベージェフならば2020年でも55歳なので、大統領に就任するのに適当な年齢だ。しかし、2007年12月の国家院選挙の結果、圧倒的大多数の国民がプーチンを支持していることが明らかになった。そこで、計画を前倒しして、メドベージェフを大統領候補にしたのだ。そして、プーチンはメドベージェフ政権が成立すれば首相になり、政権の内側から新大統領を支える姿勢を鮮明にした。

筆者は、プーチンが当初のシナリオを軌道修正したと見ている。プーチンは、ロシアの風土では、鄧小平のような個人カリスマによる統治は非現実的と認識した。そして、一時期プーチンが考えた

「民族の理念」を体現した「国父」として政治に影響を与えることを諦めた。メドベージェフが、大統領としての手腕を十分発揮すれば、プーチンは2012年の大統領選挙には出馬しない。プーチンにとって「プーチン王朝」であるか「プーチン＝メドベージェフ王朝」であるかは、本質的問題ではない。ロシア情勢分析家は、権力闘争の観点からのみロシア大統領選挙を観察するが、プーチン、メドベージェフ、イワノフなどの現下ロシアの国家エリートが、ソ連崩壊後の混乱と貧窮を教訓として、21世紀にロシアが大国として生き残るために自らは捨て石になるという高い志をもっているという要因を考慮しないと情勢分析を誤ることになる。イワノフを独自大統領候補に擁立しようという動きが軍の一部にあったようだが、イワノフはその動きに乗らなかった。イワノフも、ロシアの国家体制強化のためにはメドベージェフ大統領の誕生が望ましいと認識しているのであろう。

「旧世代のエリート」たちの真の姿

「シロビキ」は、その名称から、「鉄の規律」によって団結した集団のような印象をもたれるが、そうではない。大学のボート部、空手部、応援団などのOB会のようなネットワークと考えた方がいい。セーチン、スルコフの両大統領府副長官、ヤクーニン鉄道省第一次官、チェルケソフ麻薬流通監督庁長官、ゾロトフ大統領警護局長などが有力者だが、それぞれ別の利害関心をもっている。例えば、イワノフは軍産複合体の利権を握っているし、セーチンは石油会社の「ロスネフチ」との関係が深い。スルコフは、天然ガス会社「ガスプロム」との関係が深い。ヤクーニンは、鉄道利権を握っている。チェルケソフとゾロトフは昵懇《じっこん》で、サンクトペテルブルクの金融資本家の利益代表をつとめている。

これらの利権構造は、ロシアのエリート層ならば誰でも知っている。「シロビキ」には、改革派経済官僚に対する「旧世代のエリート」という色彩が濃厚で、21世紀のロシアを切り開く、国家理念を打ち出すことができていない。

筆者が見るところ、「シロビキ」の中で、もっとも政治的野心が強いのがスルコフ大統領府副長官だ。スルコフは、欧米型民主主義とは異なるロシアの国家主権を重視する「主権民主主義」という理念を提示した。そのスルコフが２００８年1月14日、メドベージェフ第一副首相のムルマンスク訪問に同行した。ムルマンスクは国家院選挙でプーチン与党の「統一ロシア」が55％しか得票できなかった地域だ（全国平均は64％）。しかも、前に述べたイワノフを独自の大統領候補に推す動きがムルマンスクでもあった。メドベージェフは全体として軍人からの人気が低いと言われているので、まず弱い選挙区対策として、公式の選挙運動前であるにもかかわらずムルマンスクを訪れたのであろう。スルコフがメドベージェフに同行したことは、「シロビキ」の一部が「勝ち馬に乗る」という決断をしたということだ。基本的に利権によって結びついた「シロビキ」は、メドベージェフ陣営が特段の切り崩し工作を行なわないでも、内側から崩れていくことになると思う。プーチンがメドベージェフを後継大統領に指名するという決断に無条件に従わなかったことによって、「シロビキ」が理念集団ではなく利権集団であるという姿が浮かび上がってきたことが興味深い。

（２００８年2月27日号）

「プーチンの正体」は権力亡者でなく愛国者

２００８年2月8日、クレムリンで行なわれた国家評議会において、プーチン露大統領が「２０２０年までのロシア発展戦略に関する演説」（以下、戦略演説と略す）を行なった。このタイミングで、この内容の演説が行なわれたことについては、モスクワの有識者の間でさまざまな解釈がなされ、ロシア政治専門家は若干奇異に受けとめている。

１年前の２００７年4月26日に行なわれた年次教書演説でプーチンは、〈２００８年春に私の大統領任期が満了する。次回の連邦議会に対する教書演説は別の国家元首が行なうことになる〉と明確に述べた。これが現職大統領としての最後の教書演説であるという前提で、プーチンは今後の戦略について率直に述べた。その内容は、大統領を退いた後も政界から引退する気持ちはさらさらなく、〈古からのロシアの楽しみである民族理念の探究に従事する〉ということだった。

ロシア政治の内在的論理がわかる専門家の間で、プーチンのこの発言が何を意味するかについての解釈は、概ね次の内容に収斂《しゅうれん》した。

〈プーチンは、大統領職を退いた後、民族理念を探究し、21世紀ロシアの国家神話を構築することを意図している。そして、国家神話の構築者として属人的カリスマ性を身につけ、中国の鄧小平のように「国父（オテッツ・ナッツィイ）」として君臨することを計画している。次期大統領にはプーチンの子飼いで、カリスマ性に欠ける弱い者（現在の大統領候補・メドベージェフではない）を据える。そして、新大統領の後見人となり、プーチン院政を敷く。そして、1回休みの後、2012年の大統領選挙に立候補、当選し、2014年のソチ冬季オリンピック大会を最大限に大国ロシアの宣伝の場として利用し、成功させる。そして、2016年の大統領選挙に立候補し、連続当選を果たす。2000年から2020年までの「プーチン20年王朝」を建設することを考えている〉

しかし、この2007年4月時のシナリオは崩れた。それだから、プーチンは戦略路線の転換を行なう必要を感じ、2008年2月の戦略演説を行なったのだと筆者は見ている。

プーチンの当初戦略はなぜ失敗したのであろうか？

ひとことで言うと、ロシアの政治文化に対する認識が甘かったからである。中国では政治権力が人につく伝統があるのに対して、ロシアでは政治権力はポスト（役職）につくことへの認識が甘かった。

2007年12月の国家院選挙でプーチン与党の「統一」が圧勝した。この状況を見て、プーチンは、自らのカリスマ性が国民に十分受け入れられていると判断した。そこで、弱い大統領でワンクッション置いて、2020年まで「プーチン20年王朝」を維持して、その後、腹心のメドベージェフに権力を委譲するというシナリオの時計の針を早回しすることにした。そして、2008年3月の大統領選挙でメドベージェフ政権を樹立することにした。そして、プーチンは「国父」として、いわば政局を超越したところで、君臨しようとしたのである。

しかし、そのシナリオが足元から崩れた。旧ＫＧＢ（ソ連国家保安委員会）出身者を中心とする「シロビキ」がプーチンによるメドベージェフの後継大統領候補指名に反発し、セルゲイ・イワノフ第一副首相を独自に擁立する動きを水面下で示したのである。プーチンはこの動きにただちに介入し、封じ込めた。ＫＧＢ時代にプーチンの先輩であったイワノフ自身が、この動きにまったく乗らなかった。

それは、政局の重要局面においてプーチンの決断に反発すると、その後、プーチンがありとあらゆる手段を用いて叩き潰しにかかることをイワノフが認識しているからだ。イワノフはプーチンから後継大統領候補に指名されることを確信していたので、落胆しているという。いずれにせよイワノフは権力の中枢から急速に遠ざけられている。

「捨て石になりたい」と考えている

このような状況下、「シロビキ」が分解している。イワノフの知恵袋であったスルコフ大統領府副長官がメドベージェフ支持の姿勢を鮮明にした。スルコフは、欧米型民主主義をロシアに導入することはできないという「主権民主主義（スベレンンナヤ・デモクラツィヤ）」を提唱し、イワノフはこのテーマで本まで書いた。スルコフは豹変したのだ。

もっとも「シロビキ」は、軍産複合体や石油、天然ガス、鉄道などの個別利権集団と結びついた高給官僚の緩いネットワークである。鉄の規律で結びついた政治的秘密結社とは異なるので、メドベージェフが次期大統領に就任することが明らかである以上、自らの利権を喪失する危険性がある愚かな行動はとらないということである。

個人カリスマに依拠して君臨することができないことを認識したプーチンは、メドベージェフが大統領になった場合、現行憲法で定められた〈大統領と首相の権限分割を変更することなく、首相に就任する意向がある〉(2007年12月17日)と表明した。

プーチンの表明については額面通りに受け止めてよい。一部で、プーチンが首相の権限を拡大することによって、メドベージェフ新大統領を牽制するのではないかという憶測があるが、それは間違えていると思う。プーチンを単なる権力の亡者と考えているから、そのような予測をするのだ。

プーチンはロシアの国家体制を立て直し、21世紀にロシアが再び大国となる捨て石になりたいと考える愛国者である。それだからプーチンは手強いのだ。「プーチン20年王朝」がロシア国家体制(ゴスダールスストベンノスチ)の強化のために必要と本心から信じているから、そのような戦略を組み立てたのである。プーチンはこの戦略を若干手直しして「メドベージェフ＝プーチン二重王朝」を構築することにした。恐らく、この王朝を20年よりも長く維持することを考えているのであろう。

「民族理念」で王朝を強化する

2007年の教書演説で述べた民族理念の探究をプーチンは放棄したのであろうか。そうではない。王朝を建設するためには、理念が死活的に重要だからだ。戦略演説においても、この点については明確に述べている。

〈政府は、イデオロギー及び戦略策定のセンターとなるべきである〉

政府がイデオロギーと国家戦略策定に従事すべきであるという指摘を大統領が行なったのは、１９９１年12月にソ連が崩壊し、新生ロシア連邦が誕生してから初めてのことだ。ロシアにおいて、イデオロギーと国家戦略策定は、大統領府の専管事項とされていた。プーチンは首相に就任したらイデオロギーと国家戦略策定に取りかかるという意向を表明したのだ。

政府は、大統領府が策定したイデオロギーと国家戦略の枠内で、具体的案件を執行するという不文律があった。これは不文律であり、憲法や法律で規定されているわけではない。従って、「現行憲法で定められた大統領と首相の権限分割を変更することなく、首相に就任する意向がある」というプーチンの前言とは矛盾しない。

首相に就任したプーチンは、「民族理念」を策定し、強いロシア国家を再建する国民運動を開始する。そのことによって「メドベージェフ＝プーチン二重王朝」の権力基盤の強化を図る。

プーチンは国家も国民も、自明の存在（英語のbeing）ではなく、運動によって構築される生成（英語のbecoming）概念であると考えているのだ。歴史的に見て、このような国家観、歴史観は、イタリアのムッソリーニが初期に唱えたファシズムに近い。筆者は「メドベージェフ＝プーチン二重王朝」は、１９２０年代の初期イタリア・ファシズムに類似したものになると見ている。

近未来に、日本の北隣に巨大なファッショ国家が形成される現実的可能性があることを日本の政治エリートと外務官僚はもっと深刻に受け止める必要がある。

（２００８年３月12日号）

急進する「ファッショ国家化」を認識せよ

2008年3月2日に行なわれたロシア大統領選挙において、7割以上の得票でメドベージェフ候補（第一副首相）が当選した。

同日深夜、プーチン大統領とメドベージェフが、事前予告なしに「赤の広場」で行なわれていたコンサートに飛び入り参加した。コンサートに参加していた若者たちは「プーチン！　プーチン！」と声を合わせて叫び続けた。テロを常に警戒しているプーチンとメドベージェフが「飛び入り」で、群衆の前に集まることはない。もちろん計算された演出である。事前に大統領警護局とFSB（連邦保安庁）による「赤の広場」のセキュリティーチェックも厳重に行なわれているはずだ。ここで重要なことは、プーチンとメドベージェフが、2007年12月の国家院（下院）選挙から、この2008年3月の大統領選挙まで、国民を動員して、ロシア人意識を高揚させる戦術を意図的にとっていることである。

この点について、選挙結果について報じる同年3月3日付『イズベスチヤ』（電子版）が、「恐らく、大統領選挙と議会選挙がこれほど緊密な関係をもったのは、ロシアの歴史で初めてのことである。時間的な問題ではなく（そのことだけならば、以前もそうだった）、意義においてである」と政権側が2つの選挙を一体のものとして取り扱っていたと分析している。この分析は正しい。この選挙運動を通じ、国民の間に愛国主義的感情が高揚している。より正確に言うならば、プーチン政権が愛国主義的感情を高揚させるイデオロギー操作をしているということだ。そして、このイデオロギー操作は着実に効果をあげている。

目標は「帝国主義大国」

２００８年2月8日、クレムリンで行なわれた国家評議会において、プーチン大統領は「２０２０年までのロシア発展戦略に関する演説」を行なったが、その中で、「政府はイデオロギーと戦略策定のセンターとなる」と述べた。ソ連崩壊後、ロシア国家は脱イデオロギーを志向していた。これと完全に逆行する発言である。

既に２００７年4月26日の大統領年次教書でプーチンは、大統領職を退いた後、「民族理念の探究」に従事する意向を示している。プーチンはあえてロシアの民族理念が何であるかということについて、明示的に述べていない。これは意図的戦略と筆者は見ている。民族理念を上から押しつけていくのではなく、国民と共に一緒に考え、国民の物語としての民族の理念を形成したいとプーチンは考えているのだ。

筆者には、プーチンの戦略がだいたい見える。２０２０年までという、今後、12年間という時限を切って、その間にロシアを帝国主義大国に再編することが目標だ。その前提として、帝国を支えるイデオロギーが必要となる。以前から、筆者が何度も繰り返し述べていることであるが、このイデオロギーは地政学に基づく、「ヨーロッパとアジアの双方に跨《また》がるロシアは独自の空間で、そこには独自の発展法則がある」という1920〜30年代に亡命ロシア知識人の間で展開されたユーラシア主義に近いものである。

ロシアやロシア人というのが自明の存在概念（英語のbeing、ドイツ語のSein、ロシア語のбытие）ではなく、これからわれわれが作っていく生成概念（英語のbecoming、ドイツ語のWerden、ロシア語のстановление）であるという考え方だ。

このような考え方は、1920年代のイタリアでムッソリーニが展開した初期ファシズムにきわめて類似している。「プーチン＝メドベージェフ二重王朝」のロシアは、今回の大統領選挙の結果を受けて、ファッショ国家に変貌をとげようとしているのである。

ここで言葉の定義を正確に行なわなくてはならない。第二次世界大戦後、ファシズムとナチズムは一体の思想のように受け止められているが、そうではない。ナチズムは、アーリア人種の優秀性を核にする人種（民族）神話を基礎とするイデオロギーで、知的にそれほど複雑な操作を必要としない。

これに対して、ファシズムは、自由主義的資本主義の限界、共産主義批判とその克服、大衆運動による国民間の貧富の差、教養の差、ジェンダーの差を克服することを目指した知的に相当高度な操作を加えたイデオロギーであり、政治・社会運動だ。1930年代にナチズムとの提携を深める以前に、イタリア・ファシズムに反ユダヤ主義的傾向はなかった。

グローバリゼーションへの対抗

ファシズムの素顔を知るためには、戦前に日本で公刊された書籍を読むことが有益だ。例えば、以下の記述はファシズムの本質を見事にとらえている。

〈ファッシズムの特質は国家の政治的社会的改造に存してをつて、この点に於いて、現状に対する反抗的要素と、現生活に不平を有する多くの分子とを抱擁してゐる。しかもファッシズム構成分子は、かやうな革命的要素を、マルキシズムと異る形式の下に組織しようとする。いなむしろマルキシズム克服の意味を持つて組織しようとしてゐる。そのために彼らは革命的要素を持ち乍《なが》ら、支配的な層に奉仕し、これに利用される性質を持つている。

しかしファッシズムのマルキシズムに対する対立は、単に最も尖端的な部分にすぎないのであつて、彼らの克服せんとするところのものは、マルキシズムに止まるのではない。すべての自由主義的なものに対する対立的意味を持つてゐる。ファッシズムが何故自由主義的なものを好まないかと云へば、ファッシズムそのものが近代的自由主義そのものの社会的罪悪のうちに生長した子供に外ならないからである。社会生活の無秩序状態から生じてきた現代の生活的矛盾が、実にファッシズムを生み出したからである〉（今中次麿／具島兼三郎共著『ファッシズム』三笠書房、1938年、239〜240頁。新漢字に表記を変更した）

「近代的自由主義そのものの社会的罪悪」というのは、自由主義（市場原理主義）経済による社会的格差が拡大し、貧困問題が深刻になったことである。そのため、勝ち組は、自己の資産を増やすことしか考えず、負け組は、一人一人が生活に追われてしまい、国家とか民族について、誰も真面目に考えないようになって、社会が無秩序になり、国家が弱体化してしまった。その隙を狙って、フランス、イギリス、オーストリアなどの外国資本（と結びついた外国国家）がイタリアを食い物にしようとしたのである。このような状況からイタリアを守るためにファシズムは生まれたのである。

ソ連崩壊後のロシアも同じような状況に置かれた。さらに、ロシア人は、マルクス主義に基づく共産主義がどれほど酷い体制であったかを皮膚感覚で知っている。従って、ロシアが共産主義の処方箋を採用することはありえない。現下ロシアにおいて、グローバリゼーションに対抗し、新自由主義政策を排除するとファシズムに近い体制になることは、決して意外ではないのである。

もちろんプーチン＝メドベージェフ二重王朝は、歴史的に悪いイメージが定着し、手垢《てあか》がついたファシズムなどという用語を用いることはない。しかし、事柄の本質は名称ではなく内容だ。われわれ日本人は、引っ越すことのできない隣国ロシアがファッショ体制に変貌しつつあることを冷徹に認識しておかなくてはならない。

有識者への同調圧力

〈中央選管のチュロフ委員長によると、開票率99・5％でメドベージェフ氏の得票率は70・2％。共産党のジュガノフ委員長が17・8％、自由民主党のジリノフスキー党首が9・4％、民主党のボグダノフ党首が1・3％。メドベージェフ氏の得票率は、前回04年の大統領選でプーチン氏が獲得した71・3％に迫った。投票率は前回大統領選や昨年12月の下院選を上回る69・7％に達した。

メドベージェフ氏は、選挙戦では「共に勝利しよう」をスローガンに掲げ、プーチン氏との一体性を訴えた。エネルギー価格高騰に支えられた堅調な経済や、イスラム過激派による大規模テロの封じ込めなど、国民生活に一応の安定をもたらしたプーチン氏への高い支持を受け継いだ形だ。

ソ連を解体したエリツィン初代ロシア大統領、エリツィン政権に絶大な影響力を振るった新興財閥を排除したプーチン氏と、ロシアでは前政権の路線の否定が繰り返されてきたが、今回は路線継続を最大の公約とする政権が生まれる〉（２００８年３月３日asahi.com）

プーチン＝メドベージェフの国家総動員体制に、ジュガーノフ、ボグダーノフも賛成している。事実上、80％以上の支持を受けて、ロシアのファッショ体制は完成に近づきつつある。ジュガーノフは、１９９０年代半ばにユーラシア主義をロシアの新国家ドクトリンに採用することを提唱した経緯がある（ジュガーノフ著／佐藤優・黒岩幸子共訳『ロシアと現代世界　汎ユーラシア主義の戦略』自由国民社、１９９６年）。国家戦略の観点からは、ジュガーノフとプーチン＝メドベージェフは近いところに位置している。

現役外交官時代、筆者も親しくしていた評論家のニコノフ「政治」基金総裁は、〈大統領選挙での圧倒的勝利により、内政、外交の両面において、メドベージェフがいかなる政策をとることについても白紙委任状が与えられた。（中略）プーチン＝メドベージェフの二頭立て馬車の意義を、ロシアを現代化する路線を成功させるための基本条件が整ったことに求めるべきだ。これで20年間安定してロシアは発展していく。残念ながら、過去にこのような状況はなかった〉（同年３月３日『イズベスチヤ』電子版）と述べているが、その通りと思う。

ちなみにニコノフの祖父は、スターリンの側近だったモロトフ元ソ連外相だ。ニコノフは、権力者の内在的論理がよくわかっている。何事についても、斜に構えたコメントをし、時の権力者から少し距離を置く性癖のあるニコノフが、今回はメドベージェフの選挙運動に積極的に関与し、プーチン＝メドベージェフ二重王朝を礼賛するコメントを発表する。つまらない異論を唱えるとひどい目に遭うことがニコノフには皮膚感覚でわかるのである。このニコノフのコメントから、筆者はロシアのファッショ化が相当進み、有識者に対する同調圧力がかつてなく強まっていることを感じる。

（２００８年3月26日号）

「ゴシップ報道」で皇帝のカリスマ性を検証する

プーチン・ロシア大統領が、既に離婚していて、近く再婚する予定であるという憶測報道が全世界を駆けめぐった。

〈ロシアのプーチン大統領（55）が今年2月にリュドミーラ夫人（50）と離婚し、今年6月15日前後に同国の元新体操世界チャンピオンで下院議員（与党・統一ロシア）のカバエワさん（24）と再婚するとの報道が流れ、確認作業のためメディアが大騒ぎしている。

〝離婚〟を報じたのは11日付のロシアの日刊紙モスコフスキー・コレスポンデント。プーチン大統領とカバエワさんの婚礼準備のために行なわれた入札に参加したとされる関係業者などの話として伝えた。それによると、プーチン大統領のパスポートにはすでに、大統領の出身地であるサンクトペテルブルク市登録局の「離婚」印が押してあるという。

カバエワさんの広報担当者は早々と同報道を否定したが、大統領府は16日現在、沈黙したまま。真偽のほどは定かでないが、ネット上では最も活発に議論されるテーマとなっている。

２００４年のアテネ五輪個人総合で金メダリストとなり、昨年12月に議員となったカバエワさんは、

ロシアで最も成功した美女の一人として知られている〉（2008年4月17日付産経新聞）
ロシア人は国家元首に対して、独特の感情を抱いている。ロシア人の間では、プーチンのことを「あいつは死神みたいだ」とか「卑猥《ひわい》な言葉（マート）を平気で口にするので下品だ」と平気で悪口を言う。しかし、外国人が調子を合わせて、プーチンの悪口に加わろうものなら、いままで悪口を言っていた当のロシア人が「貴様は、わが大統領に対して何を言うんだ」と青筋を立てて怒る。家族の中では「おとうちゃんはだらしない」とか「粗大ゴミ」だと悪口を言っているが、他人から「あんたのお父さんはいやらしい人間だね」と言われると、誰もが不愉快になるのと同じような感情的反応だ。ときたま、プーチンの批判をしてもロシア人から怒られない外国人がいる。こういう外国人は、ロシアのほんとうの友人と認識されているので、「こいつは悪口を言っているのではなく、ロシアのことを心配して好意的に苦言を呈しているのだ」と受け止められる。
ロシア人は噂話が大好きだ。ゴルバチョフやエリツィンの夫婦生活や家族問題、セックス・スキャンダルに関する噂話はクレムリン高官の大好きな話題だった。ちなみに筆者が現役外交官としてモスクワで勤務していた頃は、エリツィンや大統領府・政府を巡る噂話のほとんどは同性愛、つまり、男と男の恋愛感情が政治に悪影響を与えているといった類の話ばかりだった。ソ連崩壊という大きな革命の直後で、それだけ政治エリートの人間関係が濃密だったのだろう。それでも、一つの越えてはいけない線があった。それは、このような噂話が活字になって新聞や雑誌で流布することである。それは、権力のみでなく権威をあわせもつ大統領に対して「不敬」であるという感情を呼び起こすからだ。マスメディアは、政府による弾圧よりも世論の反発を恐れて、大統領のプライバシーに関する報道を差し控えるのだ。ロシアで深刻なのは、公権力による検閲ではなく（ソ連時代のような事前検閲は現下ロシアで完全に撤廃されている）、当局や世論の反応に過敏になったマスメディア関係者が行なう自己検閲や自発的撤退である。

今回、暴露記事を掲載した「モスコフスキー・コレスポンデント」紙のオーナーが、後日、同紙編集長を解任し、新聞を休刊にし、ウェブサイトを閉鎖した。このことについて、外国では、「ロシア政府による圧力が加えられたのではないか」「プーチンの報復を恐れ、事前に撤退したのではないか」「ロシアという憶測報道がなされているが、ロシア人の感覚から少しずれている感じがする。政府よりも、普通のロシア人が大統領に対して不敬であると反発し、編集部への襲撃や、ウェブサイトの炎上が起きることを警戒し、事前に対策をとったのだと思う。ちなみにこの種の政権与党的な破壊活動に関しては、好意的中立を保ち、よほどの事態が生じない限り介入しないというのがロシア治安当局の伝統だ。

「本件の真相は不明」

さて、事実はいったいどうなっているのだろう。国家元首であるプーチンが本件で、嘘の説明をすると、今度は「大統領が嘘をついた」という別の問題に発展する。この件について、プーチンが発言したのは、2008年4月18日、イタリアのサルディニアで行なわれた露伊首脳会談後の記者会見の席だけである。同日付ロシア大統領公式ホームページに掲載された内容をロシア語から訳しておく。

〈**記者の質問**　ウラジーミル・ウラジーミロビィッチ（筆者註・プーチンの名と父称。ロシア語の語法ではていねいな呼びかけである）私は噂されていることについておたずねします。

あなたは在任中、ロシアや大統領個人についてのさまざまな噂や「デマ」に何度も出くわしましたね。私はここイタリアで現地の新聞を見て、あなたとアリーナ・カバエワさんとの来るべき結婚式が非常にポピュラーな話題になっていることを知って驚きました。

このことについてあなた自身がどう思われるか、そして（非常にデリケートな質問で恐縮ですが）奥様と離婚されたというのは本当か、あなたのお嬢さんが結婚してミュンヘンに住んでいるというのは本当かについてお聞きしたいと思います。


プーチン　私が言いたいのは、第1に、あなたが言ったことには一言も真実がないということです。第2に、あなたはロシアの新体操のオリンピック金メダリストであるアリーナ・カバエワさんと、それから、たしかあなた方（マスメディア）の同僚であるロシアテレビ「第一チャンネル」のカーチャ・アンドレーエワさんについて書いたわが国の低俗な新聞の一つについて触れましたね。また他の同類のメディアは、成功し、美しく若い他の女性たちについても報じています。

これらの女性のことは好きだし、ロシアの女性はみんな好きだ、と私が言っても別に意外性はないでしょう。私個人は、わがロシアの女性たちはもっとも才能がありもっとも美しいと思っていると言ってもだれも怒ったりはしないでしょう。彼女たちに匹敵しうるのはイタリア人女性だけです。グラッツェ。

第3に、使い古されたフレーズですが、政治家はガラス張りの家に住んでいる、というのは周知のことであるし、国民にはもちろん公人の生活ぶりを知る権利があります。しかし、この場合にも何らかの限度というものがあります。誰にも干渉を許さない私生活というものがあるのです。私は、鼻汁を垂らし、エロチックな妄想を抱いて他人の生活に干渉するような輩にはいつも否定的な態度をとってきました〉

表面上、離婚・再婚の双方についてプーチンは、「あなたが言ったことには一言も真実がない」と全否定しているように見える。再婚に関しては、カバエワ自身が否定しているので、「ない」と見ていい。問題は、リュドミーラ夫人との関係だ。

この離婚・再婚報道が出る1週間前の2008年4月5、6日にロシア南部のソチで、米露首脳会談が行なわれた。ブッシュは夫妻で参加していたのに、プーチンは単身だった。外交の世界で、これは異常なことである。リュドミーラ夫人が病気であるとロシア人の大多数は受け止めた。この離婚報道に触れたとき、「そういえば」とソチでの映像を思い浮かべた人は多い。そういう状況ならば、明確にプーチンが「リュドミーラとは離婚していない」とか「私の妻はリュドミーラだ」と明確に述べれば、疑念はただちに解消する。しかし、プーチンはそれをしていない。いずれにせよ、ロシアでは「本件の真相は不明」ということで、とりあえず蓋が閉じられた。

大統領が揶揄されることの意味

モスクワから筆者のところに「離婚情報が漏れる前に、カバエワとの再婚というガセネタとあわせて報じさせるダメージコントロールだ」とか「今後、プーチンとメドベージェフの確執が生じたときに備え、家族と資産を保全するための擬装離婚だ」などさまざまな憶測情報が流れてくる。しかし、筆者が見るところ今回の事件の本質は、プーチンに愛人がいるか、離婚するかというプライバシー問題ではない。権力と権威をあわせもつ大統領を揶揄《やゆ》したこと自体のもつ意味だ。

プーチンのカリスマ性は、このような報道を自制させるほど強くはない。

他方、このような報道がなされた場合、「これは不敬ではないか」という感想を国民の大多数がもち、当の新聞は発行を自粛し、他のマスメディアも後追い報道を差し控え、国民も「それについては知らなくてもいい」と好奇心を抑えることができる程度の権威とカリスマ性をプーチンがもっていることが明らかになった。

（2008年5月28日号）

「帝国の火種・グルジア」が抱える複雑な問題

グルジア情勢がきな臭くなっている。

〈グルジア治安当局は（11月）7日、親欧米のサーカシビリ大統領の退陣を求め首都トビリシで6日間のデモを繰り広げた野党勢力を、催涙ガスや放水で強制排除。大統領はグルジア全土に対する15日間の非常事態を宣言し、デモなどを禁止、ロシア外交官がデモに関与したと非難した。タス通信などが伝えた。

グルジア外務省は、ロシア大使館の外交官3人を追放すると通告する一方、自国の駐ロシア大使の召還を発表した〉（共同通信、2007年11月8日）

サーカシビリ政権は、親欧米であるが、決して民主的な政権ではない。グルジアにはこのような政権が生まれる構造的要因がある。それはサーカシビリ現大統領が2003年11月の「バラ革命」*で追放したシェワルナゼ前政権の構造を見るとよくわかる。

シェワルナゼ前グルジア大統領は、ゴルバチョフ時代にソ連外相をつとめ、冷戦構造解消において大きな役割を演じたので、改革派、民主主義者であるという印象が強い。確かにシェワルナゼには改革派、民主主義者という顔もある。しかし、シェワルナゼはグルジアのKGB（国家保安委員会）議長として、強権的手法で規律強化を行なったことが高く評価され、権力の階段を登ったということが忘れられがちだ。旧ソ連地域では、一人の政治家に、改革派、民主主義者、民族排外主義者、権威主義者の要素が並存していることは決して珍しくない。そして、個々の局面において、その政治家の別の資質が頭をもたげてくるのである。

常に親露と反露の間を揺れている

グルジア人が反ロシアであるという印象が現在では強い。確かに現時点で、グルジア人のほとんどがロシアに対して強い反発を抱いている。それは、グルジアのアブハジア自治共和国、南オセチア自治州で、民族紛争が発生したときに、ロシアがアブハジア人、オセチア人を露骨に支援したからである。しかし、歴史を振り返ってみるならば、グルジアは常に親露、反露の間を揺れている。

例えば、ソ連共産党書記長兼首相をつとめたイオシフ・スターリンは、本名をジュガシビリというグルジア人だった。スターリンのロシア語は訛りがひどく、また文章も単純な構造になっている。明らかに外国人が書いたロシア語の文体になっている部分もある。恐らく、スターリンはグルジア語で思考し、それをロシア語に訳していたのだと思う。

スターリンはグルジアのゴリ市で生まれた。このゴリ市は、伝統的にオセチア人の多い町である。オセチア人はペルシア系の民族で、古代スキタイ人の末裔《まつえい》であるという自己意識をもっている。ジュガシビリは、生粋グルジア人の姓ではないので、スターリンはジュガーエフというオセチア人がグルジアに帰化し、ジュガシビリと称するようになったというのが有力説だ。反共的傾向の強いグルジア人は、「スターリンはグルジア人ではなくオセチア人である」と主張する。

ところで、コーカサス地域においてオセチア人とグルジア人は特殊な意味をもつ。北コーカサスのチェチェン人、イングーシ人、チェルケス人などはいずれもイスラーム・スンニー派（シャフィイー法学派）に属するが、オセチア人だけがロシア正教徒なのである。オセチア人はもともとムスリム

（イスラーム教徒）だったのだが、ロシアが進出してくると正教徒に改宗したのである。イスラームからキリスト教に改宗したという世界でも珍しい事例である。

トランス（南）・コーカサスにおいて、アゼルバイジャン人はイスラーム・シーア派（12イマーム派）、アルメニア人はキリスト教徒であるが、グルジアはカトリック、ロシア正教のいずれとも異なる独自教会だ。グルジア人だけが正教徒なのである。正確に言うと、グルジア正教であるが、これはロシア正教ととても関係がよい。従って、18世紀以降、ロシアがコーカサスを侵攻する過程で、帝政ロシア当局はオセチア人とグルジア人を最大限に活用したのである。

この伝統は１９１７年の社会主義革命以降も継承さ

れた。ソ連共産党中央委員会、ＫＧＢ、内務省には強力なオセチア・ロビーとグルジア・ロビーが存在した。現在のロシアでは、グルジア・ロビーの力は衰退し（もっともマフィアの世界ではグルジア系はとても強い力をもっている）、専らオセチア・ロビーがコーカサス情勢に深く関与している。

グルジア国内の民族対立が、モスクワのパトロンと結びついているために、ただでさえ複雑な情勢が一層複雑になっている。それに加え、グルジア人内部での対立も深刻だ。スターリンの右腕として活躍したベリヤＮＫＶＤ（合同人民内務委員部、ＫＧＢの前身）議長がいた。「血の粛清」の立役者である。スターリンの死後、ベリヤは銃殺刑に処された。また１９９１年のソ連崩壊時にガムサフルジヤという大統領がいた。これらの語末がヤ（もしくはア）で終わる姓のグルジア人は西部のメグレリア地方出身である。

このグルジア人は、首都トビリシを中心とするイベリア地方のグルジア人とは仲が悪く、ソ連崩壊前後に内戦が発生している。さらにグルジア南部のアジャール自治共和国に居住するグルジア人（アジャール人とも呼ばれる）は、グルジア語を話すがイスラーム教徒だ。ソ連崩壊後、グルジアは民族、地域の差異によってバラバラになってしまい、実態として統一国家の態をなしていないのである。かつてグルジアは軍用機、精密機械などを製造する先進工業地域であったが、ソ連崩壊後の混乱で工業はほとんど衰退してしまった。正確な統計は存在しないが、グルジアでは農業人口が70％を超えていると見られている。20世紀末にこれほど急速に農業人口が増加した例も珍しい。隣国のアルメニアも工業基盤が脆弱な国であるが、欧米在住のアルメニア人からの送金があるので、国民生活は豊かだ。これと比較して、欧米在住のグルジア人はほとんどいないので、海外からの送金も期待できないのでである。

黒海につながるパイプラインの通り道

シェワルナゼ前政権にせよサーカシビリ現政権にせよ、グルジア全土の統治は諦めている。首都トビリシを中心とする地域を押さえ、政権エリートの生活を保障する支援を外国から取り付けることで生き残りを図っている。ロシアにはカネがない。従って、親欧米の姿勢を示して、金をもらうという選択肢しかなかった。しかし、最近になって情勢が変わってきた。潤沢なオイル（石油）マネーによって、ロシアにグルジア内の親露勢力を支援する余裕がでてきたのである。特にグルジアを経由し、黒海につながるパイプライン建設にロシアは強い関心をもっている。ロシアの外交官が、相当乱暴な手法で、グルジアでロビー活動を展開していることが筆者の目に浮かぶ。大使召還というのは、一昔前は、開戦の前夜にとられる行動なので、グルジアが今回の状況を相当深刻視していることがよくわかる。

前出の共同通信は、〈2003年の「バラ革命」の野党デモで大統領に押し上げられたサーカシビリ氏は、自らに対する辞任要求デモで政治的危機に追い込まれているが、国家がロシアの脅威にさらされていると主張することで強引な排除を正当化する狙いと見られる〉と報じているが、この記事を書いた記者は事態の本質をよく把握している。欧米メディアが、サーカシビリ政権に肩入れする傾向が強い中で、同政権が延命のために「ロシアの脅威」というカードを使っていることを見抜いている。〈保健当局によると、デモ参加者ら5百人以上が負傷し、病院で手当てを受けた。大統領は野党寄りとされる二つのテレビ局にも治安部隊を送り、野党関係者らを拘束、放送を中止させた。アルベラゼ経済発展相は、国営以外の全テレビ局の放送が禁止されると説明した〉（同右）

グルジア当局の対応が、民主主義の原則から著しく逸脱していることは明白だ。確かにロシアに植民地主義的体質があり、周辺諸国を「バッファー（緩衝）地域」と位置づけ、影響力行使をしていこうとする傾向は問題で、日本もそのようなロシアの行為については、きちんと批判していくべきだ。しかし、「反露カードを切れば何でも許される」というサーカシビリ政権の「甘え」をこれ以上認めてはならない。「価値観外交」はグルジアに対しても適用されるべきだと思う。

（2007年12月12日号）

＊バラ革命　2003年11月2日に実施された議会選挙で当時大統領のシェワルナゼに近い与党「新しいグルジア」が21％で1位となったが、野党の「国民運動」が選挙やり直しと大統領辞任を求めるデモを展開。11月22日に国会議事堂を占拠し、翌日大統領が辞任した。

グルジア戦争が「ブレジネフの亡霊」を呼び起こす

２００８年8月8日に始まったグルジア・ロシア戦争は、ＥＵ（欧州連合）、仏、独、米の積極的な仲介によって、同15日にサーカシビリ・グルジア大統領、翌16日にメドベージェフ露大統領が和平合意に署名し、一応終息した。

8月8日は「北京オリンピック」の開会式が行なわれたが、コーカサスでは、主要国が武力と知力で力を競い合う「血のオリンピック」が展開されたのである。日本の報道を読んでいると大国ロシアが小国グルジアをいじめているような印象を受けるが、それはメダルの一面に過ぎない。グルジアが南オセチア自治州においてオセチア人絶滅政策をとっていることは間違いなく、１９９２年7月以降、平和維持軍として南オセチア自治州に駐留しているロシア軍が、結果として、オセチア人の生存権を守っていることも事実だからだ。筆者が「結果として」という留保をつけたのは、ロシアが軍隊を派遣する本音はオセチア人を保護するなどという人道ではなく、グルジアを含むトランス・コーカサス（グルジア、アルメニア、アゼルバイジャン）の覇権を維持するためだからだ。グルジア国内に魅力的な地下資源はない。しかし、カスピ海の石油をパイプラインでヨーロッパに運ぶことを考える場合、グルジアが重要な経由地となる。石油パイプライン利権の関係でグルジアに対する影響力をロシアは是非とも保持しておきたいと考えている。

アメリカが軍事衛星情報を提供

今回の「血のオリンピック」でリングに上がったのは、グルジアとロシアだが、もう1か国重要な役者がいる。それはアメリカだ。朝日新聞の鵜飼啓記者の以下の報道が興味深い。

〈【ワシントン＝鵜飼啓】ロシアとグルジアの軍事衝突をめぐり、米政府が「グルジア軍はロシア軍に太刀打ちできない」として、グルジア政府にロシアとの衝突回避を直前まで働きかけていたことが分かった。米国務省欧州ユーラシア局のブライザ次官補代理が19日の記者会見で明らかにした。／グルジアの南オセチア自治州では8月に入り、グルジア部隊とグルジアからの独立を求める南オセチア部隊の砲撃戦が続いていたが、米政府は独立を後押しするロシアの介入を懸念。「ロシア軍はグルジア軍の何倍も強大。グルジアは持ちこたえることができない」とグルジアに攻撃の自制を求めたという。／米政府は「戦車などの陸上部隊は食い止められても空爆でやられる」などとも訴えたが、グルジア政府は「村や国民を防衛せざるを得ない」として8日に南オセチアへの大規模攻撃に踏み切り、ロシアの軍事介入を招いた。／ブライザ氏は会見で、南オセチア自治州政府ではロシア当局から派遣された人物が幹部を務めていると指摘。部隊指揮権もこうしたロシア当局者が握っていたとして、ロシアが衝突に当初から関与していたと批判した〉（2008年8月20日付朝日新聞夕刊）

一見、米政府がロシアを批判することがこの会見の目的のように見えるが、そうではない。これは、アメリカのロシアに対する「私たちはグルジアの冒険を止めていたのです」という言い訳なのである。アメリカにとって、グルジアは友好国である。しかし、軍事同盟国ではない。そのグルジアに対して、アメリカの協力には明らかに行きすぎがあった。２００８年8月20日、都内で講演したグルジアのマチャワリアーニ駐日大使は、

〈ロシアが「攻撃を始めたのはグルジアだ」と主張している点について、「(開戦2日前の) 8月6日に、アメリカから、ロシア軍の戦車が南オセチア自治州に向かっているとの衛星情報を得た。われわれは領土を守るために、ロシアの軍事活動に対して、反応しなければならなかった」と説明した〉

（２００８年8月21日付産経新聞）

この情報もとても重要だ。軍事衛星で入手した情報で、アメリカがグルジアを説得していたという事実は、両国が相当深い軍事協力関係にあり、グルジア軍の南オセチア自治州進攻（一応、自国領内での行動なので侵攻ではなく進攻と表記する）にあたって、アメリカが助言を与えていたということだ。ロシアがこのようなアメリカの行為を「非友好的である」と見なすことは間違いない。

本来、軍事衛星情報の提供などインテリジェンスの機微に触れる情報について、大使のような政府高官が公の席で確認することはないというのがこの業界の「ゲームのルール」であるが、窮地に陥っているサーカシビリ政権ならば、自己保身のために何でもやる。米政府もそのことをわかっているからブライザ国務次官補代理が、今回の戦争はアメリカの意思に反してグルジアが勝手に行なったものであると「逃げ」を打っているのだ。

見通しを誤ったサーカシビリ

サーカシビリ政権が親欧米ということは間違いない。しかし、親欧米と、自由、民主主義という価値観を共有することは、まったく別の問題だ。イラン・イラク戦争時代、サダム・フセイン大統領によって指導されたイラクが親欧米国家であったことは間違いない。しかし、フセイン大統領が自由、民主主義という価値観を信奉していたわけではない。

それから、1967年生まれのサーカシビリは、経験の浅さもあり、ロシアの恐さを知らない。サーカシビリは、1992年にウクライナのキエフ国立大学を卒業した後、アメリカに留学し、コロンビア大学法学部で法学修士号を（1994年）、ジョージ・ワシントン大学で博士号（1995年）を取得し、その後、ニューヨークの法律事務所で勤務した。サーカシビリをグルジアに呼び戻したのは、同人の友人で親欧米派政治家のズラブ・ジュバニヤだった（ジュバニヤは2005年2月3日、一酸化炭素ガス中毒で変死した。享年41）。ジュバニヤは当時、シェワルナゼ大統領の側近だった。2000年10月、サーカシビリは法相に就任し、腐敗・汚職追及を行なうが、他の閣僚と対立し、翌2001年9月に法相を辞任し、野党活動家になる。

シェワルナゼ大統領は、ソ連時代、ゴルバチョフ大統領の信任の厚い改革派外相として、「新思考外交」を推進したイメージを最大限に利用して、外国から援助を得、それを自らの側近や縁者に分け与えて糊口《ここう》をしのぐ腐敗政権だった。

そもそも同政権は、南オセチア自治州、アブハジア自治共和国のみならず、アジャール自治共和国

（アジャール人はイスラーム教徒のグルジア人）やグルジア西部のメグレリア地方も実効支配できていない弱小政権だった。国際法で、国家承認の要件は、自国領域を実効支配していることだが、シェワルナゼ政権にはそれができていなかった。

２００３年11月、グルジア国会選挙の不正を追及され、シェワルナゼは大統領から退いた（バラ革命）。この大衆行動を演出したのは、サーカシビリであるが、その背後にアメリカのシンクタンクや広告代理店が動いていたことは公然の秘密である。２００４年1月の大統領選挙でサーカシビリ氏が当選した。しかし、グルジア全域の実効支配はできず、政権の腐敗構造はシェワルナゼ政権と変わらなかった。グルジアを訪れた日本人記者が匿名を条件に、筆者に対して「サーカシビリ政権の腐敗はひどい。シェワルナゼ前政権の時以上にひどい。それにアメリカへの従属が常軌を逸している。サーカシビリ政権の公務員は、アメリカから給与の支払いを受けている」（２００８年8月14日付情報）と述べていた。

このような政権から民心が離れていくのは当然のことだ。そこでサーカシビリ大統領は、実力で「グルジア人によるグルジアの支配」を回復することで、国民の民族感情を刺激し、自己の権力基盤を強化することを図った。それが、今回の南オセチア自治州への軍事進攻という冒険なのである。この計画を相談されたアメリカ政府も本気になって止めなかった。

「平和の祭典」である北京オリンピックの期間中に、ロシアが本格的軍事行動に訴えることはないとグルジアは見通しを誤った。ロシアは、「来るなら来てみろ。『血のオリンピック』で勝負しよう」と開き直ったのだ。その結果、「社会主義共同体（現在はロシア帝国）の利益に反する場合、個別国家の主権は制限される」という、1968年8月にソ連を中心とするワルシャワ条約5か国軍によるチェコ侵攻の際の「ブレジネフ・ドクトリン（制限主権論）」の亡霊を呼び出してしまったのである。メドベージェフはプーチンだけでなく、ブレジネフ元ソ連共産党書記長の相続人でもあるのだ。

（2008年9月24日号）

「線の国境」では安全保障は担保できない

ロシア・グルジア戦争は国際社会の構造を変化させようとしている。新冷戦が始まったという論評がなされるが、この評価は不正確だと思う。1991年12月のソ連崩壊により、東西冷戦は終結したが、筆者の理解ではその構造は1994年4月のNATO（北大西洋条約機構）軍がボスニア・ヘルツェゴビナのセルビア人勢力を空爆したときに崩れている。当時筆者はモスクワの日本大使館に勤務していたが、自然発生的な反米抗議活動が起き、アメリカ大使館にペンキを投げつけるという狼藉《ろうぜき》が行なわれた。それも1、2か所ではなく、数十か所に及んだ。最後は内務省の特殊部隊が出動して群衆を解散させた。あのときから、政治エリート、民衆の双方で対米感情が変化し、「新冷戦が始まった」という評価をロシアの政治家や学者からよく聞くようになった。

もっとも、東西冷戦はイデオロギーを異にする陣営が、軍事的にほぼ均衡し、戦争に至らない形で維持された「戦争」であるのに対して、現在のロシアと欧米は資本主義という基本的価値観を共有している。それに今回のロシア・グルジア戦争では、実際に戦闘が行なわれ死傷者が発生している。冷戦などという生やさしいものではなく「熱い戦争」である。新帝国主義戦争の時代がやってきたと評価する方が正確と思う。帝国主義の場合、イデオロギーはさほど大きな意味をもたない。帝国主義国は個別国家の利害に即してプラグマティックな対応をとる。これまで仲がよかった国家でも、利害が対立すれば喧嘩をする。国益のためには過去の経緯にとらわれず、喧嘩した相手とも手を握るということだ。そのことが２００８年8月27日付『イズベスチヤ』に掲載されたメドベージェフ大統領のインタビューに端的に表われている。

〈**記者**　あなたは、ロシアと西側諸国との関係がきわめて緊張している時期に大統領になりました。次期アメリカ大統領と何をしようと考えていますか。露米間のパートナー関係を回復しようと考えていますか。

メドベージェフ　私たちは、アメリカ国民が選択する米政府と仕事をします。重要なことは、アメリカの同僚たちがプラグマティックだということです。イデオロギー的側面ではなく、アメリカ国民の真の利益を擁護しようとするならばそうなります。この枠組みですべてうまくいくならば、もっとも広範な問題について露米は合意できると私は信じています。私たちは関係の悪化を望んでいませんし、「冷戦」あるいはその「新しい構築物」も必要としません。私たちは、アメリカを含む西側のパートナーと非の打ち所のない建設的関係を望んでいるのです。しかし、そのためにはプラグマティズムと相互の意志が必要です〉

前項で詳述したようにメドベージェフ大統領は、「ロシア帝国の国益が毀損される場合には、他国の主権は制限されうる」という「ネオ・ブレジネフ・ドクトリン（制限主権論）」を今回の戦争で露骨に表わした。プーチン前大統領（現首相）よりもメドベージェフの方が帝国主義的なのである。

領土拡張ではなく「緩衝地帯」の確保が目的

現在、ロシアの国境観が変化しつつある。ロシア人は「線の国境」だけでは安全保障が担保されないという不安をもちはじめている。国境線の外側に、ロシア領である必要はないが、ロシア軍が自由に移動できる空間を必要としているのだ。いわゆるバッファー（緩衝地帯）である。第二次世界大戦後、ソ連が本気になれば、ポーランド、チェコスロバキア、ハンガリーなどの東欧諸国をソ連の連邦構成共和国に編入し、ソ連国家を拡大することは可能だった。しかし、それをロシア人はせずに人民民主主義国という特殊な国家群をつくった。東欧諸国においては、形だけであるが複数政党制が認められ、また宗教政策もソ連と比べればかなり緩かった。それから小規模ならば、個人経営の喫茶店やレストランも認められた（ソ連の場合はすべて国営）。共産主義陣営であるが、ほんの少しだけ西欧資本主義社会の痕跡が残っているのである。ソ連が西側資本主義国と国境を接していると、偶発戦争が発生する危険性があるので、東欧という緩衝地帯を設けたのである。しかし、これら諸国へソ連はブレジネフ・ドクトリンを用いていつでも軍事介入できるようにしていた。

２００８年８月８日に勃発したロシア・グルジア戦争の結果、「グルジアは事実上、アメリカの衛星国でロシアの敵だ」という認識を、メドベージェフ大統領を含むロシアの政治エリート、軍事エリートがもつようになった。ロシアは安全保障を２００％求める国である。敵と「線の国境」だけで対峙することはロシア的感覚からすれば不安なのである。そこで旧東欧諸国のような緩衝地帯が必要となった。ロシアが南オセチアとアブハジアを一方的に独立させたのは、ロシア国外であるが、ロシア軍が自由に移動することを妨げない空間が必要だからだ。

一部にロシアが南オセチア、アブハジアの両国を併合するという見方がある。筆者は、基本的に併合の可能性は少ないと見ている。それはロシアの目的が緩衝地帯の確保であり、自国領土の拡張ではないからだ。もっとも南オセチア自治州の場合、国境を接するロシア領の北オセチア共和国と合同するという運動が、民衆から本格的に発生するならば、南北オセチアが合同し、その結果、南オセチアがロシア領になるというシナリオがある。その場合、ロシアはグルジア領にさらに侵攻し、緩衝地帯を設けることになると思う。

「8・8はロシアにとっての9・11」

日本ではあまり報じられていないが、今回のロシア・グルジア戦争の背後で、イスラエルがプレイヤーとして大きな役割を果たした。筆者のところにもさまざまな情報が入ってくる。イスラエルにはグルジア出身のユダヤ人がかなり住んでいる。ソ連時代、ユダヤ人はグルジア人によっても迫害された。ユダヤ人弾圧の司令塔にいたスターリンやベリヤ（秘密警察長官）はいずれもグルジア人だ。もっともロシア人がユダヤ人に対して加えた差別や弾圧は、グルジア人と比較にならないほど酷いものだったので、現在、イスラエルに居住するグルジア出身のユダヤ人の中にはサーカシビリ・グルジア大統領が展開する反露闘争に協力しようとする気運が高いという。イスラエルの退役軍人や引退したインテリジェンス専門家が顧問としてグルジア政府に協力している。

とはいえイスラエル政府は、ロシアとの対立に巻き込まれることを警戒し、慎重な対応をとっている。テルアビブから訪ねてきた筆者のイスラエル人の友人が、「グルジア政府からメルカバ戦車200台の買い付けを打診されたが、イスラエル外務省が介入し、この商取引をストップした。もし、イスラエルが戦車を売っていたら、グルジア軍がこれほどぶざまな敗北を喫することはなかったであろう。もっともその場合、ロシアは、イランやレバノンのヒズボラと裏で提携して、イスラエルに対して報復を加えたと思う。イスラエル外務省の判断は的確だった」（2008年8月8日付情報）と述べていた。

ロシアの論評では、ニコノフ政治基金総裁（元国家院［下院］議員）の見解が興味深い。ニコノフはモロトフ元外相の孫で、ソ連・ロシアを通じ、権力中枢の内在論理に通暁している。ニコノフによれば、ロシアにとって、2008年8月8日のグルジアによる攻撃は、9・11米国同時多発テロのような時代を画する意味をもつという。

〈ロシアにとって8月8日の悲劇的事件は、アメリカにとって2001年9月11日の世界貿易センターと国防総省に対する攻撃と同じ意味をもっている。犠牲者もほぼ同数だ。南オセチアにおいて、ロシア国民を中心に約2000名が殺害された。ニューヨークのビジネスタワーでは約3000名が犠牲になった。われわれは、正義のそしてきわめて適切な反撃を加えた〉（9月3日付『イズベスチヤ』）

冷戦などと暢気《のんき》なことを言っている場合ではない。ロシアは、熱い戦争で国益を擁護すると言っているのだ。メドベージェフがアメリカに対して呼びかける「プラグマティズム」とは、「グルジアをロシアの勢力圏と認めろ。このような現実主義の立場に立たないと、ロシアは戦争で問題を解決する。ロシアの勢力圏においては、軍事力でアメリカの影響を排除することは可能であるというゲームのルールを承認しろ」

ということだ。帝国主義ロシアに対する日本の国家戦略を早急に練らなくてはならない。

（２００８年10月8日号）

ロシアが恐れるのは「ウクライナのNATO加盟」

日本ではほとんど注目されていないが、ロシア・グルジア戦争がウクライナに与える影響が重要だ。グルジアがNATO（北大西洋条約機構）に加盟するとロシアとNATOの間で戦争が始まるのではないかと懸念する向きもある。仮にNATOがグルジア加盟を受け入れても（現状ではその可能性はほぼない）、ロシアが本気で軍事的対抗策をとることにはならないと筆者は見ている。ロシアにとってグルジアは既に敵国であり、今回のロシア・グルジア戦争において、軍事、インテリジェンスの両面で、アメリカの支援を受けていたので、グルジアのNATO加盟は想定の範囲内だからである。

もっともグルジアがそのような選択をした場合、ロシアはグルジアの中央政府に対して反感をもつアジャール人（イスラーム教徒のグルジア人）を支援するとともに、サーカシビリ大統領に対して恨みをもつ政治的グループやマフィアに裏で資金や武器の供与を行なう。そうすれば、自ずからサーカシビリ暗殺の動きが出てくる。メドベージェフ政権にとってサーカシビリ大統領は、ブッシュ政権にとってのウサマ・ビンラディンのような存在なのだ。

スラブ同盟と軍需産業

ウクライナがＮＡＴＯ加盟の動きを見せた場合、状況はまったく異なる。ロシアはこの動きをいかなる対価を払っても阻止しようとするであろう。この点について、ランド研究所のＦ・スティーブン・ララビー氏の指摘がポイントを衝いている。

〈今回のケースはグルジアだけが問題ではない。むしろ、グルジアはサイドショーにすぎない。ロシアが本当に心配しているのはウクライナだ。仮にグルジアがＮＡＴＯに加盟しても、ロシアにとってそれは戦略的大問題になるわけではない。一方、ウクライナがＮＡＴＯに加盟するとなれば、話は違ってくる。大きな戦略的帰結を伴い、ロシア、ベラルーシ、ウクライナによるスラブ同盟をつくるという構想も実現不可能になる。また、ロシアとウクライナの防衛産業は深い繋がりを持っており、ウクライナがＮＡＴＯに加盟すれば、その絆も断ち切られ、ロシアの軍需産業に悪影響が出る。グルジアと比べて、ウクライナがＮＡＴＯに参加した場合の衝撃はロシアにとって非常に大きい。実際には、今回の行動にしても、グルジアよりも、ウクライナを意識しての行動とみなすこともできる〉（ララビー「ＮＡＴＯの東方拡大に反発したロシア」『フォーリン・アフェアーズ日本語版』２００８年９月号）

ララビー氏は、ロシアがウクライナに固執する原因として、スラブ同盟と軍需産業の紐帯を指摘するが、適切だ。

ロシア語で、大ロシア（ロシア）、小ロシア（ウクライナ）、白ロシア（ベラルーシ）という表現があるが、この東スラブ3民族はいわば広義のロシア人として括れるような共通のアイデンティティーをもっている。読者から「ベラルーシについてはわかるが、ウクライナは反露気運が強いのではないか」という反問が寄せられると思うので、あらかじめお答えしておこう。ウクライナ西部のガリツィア出身者を除いたウクライナ人はロシア人と強い同胞意識をもっている。仮にロシア人の悪口を言っているウクライナ人に対して、日本人が「確かにロシア人はひどい連中ですね。公衆便所の便器の便座が外れている。それで中腰になって糞をするので、あちこちに飛び散って、不潔きわまりない。それにいまだに新聞紙で尻を拭くような連中が居るので、糞がついた紙が便所の中のゴミ箱に山積みになっていて気持ちが悪い」（↑ロシアの地方都市にいけばこれが現状だ）と言うとする。この話を聞いたウクライナ人は激昂して「そんな言い方はないだろう」と反論するか、不機嫌になって沈黙する。自分たちの悪口を言われたような気がするからだ。それから、ウクライナ人とロシア人の結婚について国際結婚という意識もない。ロシアとウクライナが国家として対立しても、その対立は国民にまで浸透しないのである。

ちなみにガリツィア地方（西部）のウクライナ人は、歴史的にロシア帝国ではなくハプスブルク（オーストリア＝ハンガリー二重）帝国に帰属した。宗教的にも東南部のウクライナ人が正教徒であるのに対して、ガリツィア地方のウクライナ人はカトリック教徒である。ただし、この地域のカトリック教会は、聖職者が妻帯し、イコン（聖画像）を崇敬するなど見た目は正教と同じだが、教義はカトリシズムである「東方帰一（ユニア）教会」という特殊な教会である。ガリツィア地方がソ連に併合されたのは1945年だが、1950年代半ばまでこの地域では武装反ソ闘争が展開された。また共産党支配に従うことを潔しとしない人々がウクライナから脱出し、カナダのエドモントン周辺に居住するようになった。現在、英語、仏語につづいてカナダで流通する言語はウクライナ語である。ウクライナ系カナダ人が、ソ連崩壊過程におけるウクライナ人の民族意識覚醒と分離独立において機関車としての役割を果たした。

「死の商人」の利権を失いたくない

2008年8月のロシア・グルジア戦争に関する反応も、東部・南部とガリツィア地方（西部）で大きく異なることが同年8月14〜18日に行なわれた世論調査の結果からもうかがわれる（以下は8月22日付vlasti.netに掲載されたデータを筆者が整理したもの）。

1．コーカサスの出来事をフォローしているか。

　フォローしている　85％

　関心ない　14％

2．今回の戦争に関して誰に責任があるか。

　グルジア　37％

　ロシア　30％

　アメリカとNATO　17％

（回答者の58％がアメリカの支援なくしてグルジアが南オセチアを攻撃することは不可能だったと考

えている）
　南オセチア　8%
3．誰が侵略者か。
　グルジア　43%
　ロシア　33%
ここで地域別の世論調査結果を見てみると、興味深い傾向を読み取ることができる。
東南部
　グルジア　62%
　ロシア　14%
西部
　グルジア　13%
　ロシア　42%
4．あなたはどちら側を応援するか。
ウクライナ全域
　グルジア　22%
　ロシアと南オセチア　38%
　どちらも応援しない　34%
東南部

グルジア　9%
ロシアと南オセチア　56%
どちらも応援しない　31%

西部

グルジア　51%
ロシアと南オセチア　11%
どちらも応援しない　31%

ウクライナ政府はロシア・グルジア戦争について一義的な立場をとることができない。態度を鮮明にするとウクライナ国家の分裂を招く危険性があるからだ。

ララビー氏が指摘するロシアとウクライナの軍需産業の緊密な関係も重要な要素だ。各国に外交官の地位を得て駐在するロシアの武官は、ほぼ全員がGRU（参謀本部諜報総局）に所属している。駐在武官は、同時にロシア製兵器を販売する「死の商人」でもある。兵器の価格は、あってなきに等しい。兵器販売によって得られる利益がGRUの活動資金になっていることは公然の秘密だ。ウクライナがNATOに加盟するということは、GRUがこの利権を失うということである。従って、NATO加盟を阻止するためにGRUがウクライナの内政に手を突っ込み、謀略工作をする可能性が十分にあると思う。依然として、ウクライナやグルジアはロシアの勢力圏だ。ここに直接干渉して、ロシアと争っても、現時点では欧米が勝利を収めることは難しい。

アメリカのインテリジェンス専門家もそのような状況をよく理解しているはずだ。グルジアに対する支持表明もリップサービスの域を大きく超えることにはならない。アメリカも帝国主義国であり、自国にとって高いリスクを負ってまで小国を助けるようなことはしないのである。

（2008年10月22日号）

「8・8」で国民の戦闘精神が煽られる

2008年5月7日にドミトリー・メドベージェフがロシア大統領に就任した。就任当時は、プーチン前大統領（現首相）の傀儡《かいらい》でないかと言われていたメドベージェフだが、同年8月のロシア・グルジア戦争後、権力基盤が急速に強化されている。

政治分析で定評のあるロシアの週刊誌『ノーボエ・ブレーミャ（新時代）』第43号（2008年10月27日付）に、ゲオルギー・サターロフ「インデム（民主主義のための情報）」所長のロシア国家体制の予測に関する興味深い論評が掲載されている。サターロフ氏は、月並みの学者ではない。ソ連時代末期に世論調査を取り入れた社会学的分析で注目され、エリツィン政権の時期には政務担当大統領補佐官に登用された。1996年の大統領選挙ではエリツィン陣営の選挙対策本部長をつとめた。当初、対抗候補のジュガーノフ共産党議長に支持率を2倍以上引き離されていたエリツィンが再選を果たした。サターロフ氏の巧みなマスコミ誘導や有識者対策、さらに寡占資本家（オリガルヒヤ）との折衝が再選に影響を与えたことは間違いない。プーチン前大統領時代、旧KGB（ソ連国家保安委員会）出身者による「シロビキ（武闘派）」勢力の影響力拡大をサターロフ氏が批判した。そのためサターロフ氏とプーチン政権の関係は緊張した。

筆者は、ソ連時代末期にサターロフ氏と知り合い、大統領補佐官時代、その後、プーチン政権と対峙した時期を含め、親しくしていた。サターロフ氏はもともと数学者だ。近未来にロシア国家体制がどのような性格を帯びるかについての類型分析がエリツィンに高く評価され、大統領補佐官に登用された。その得意の手法が、『ノーボエ・ブレーミャ』43号で展開されている。

「警察独裁」の必要がなくなる

サターロフ氏は、今後3年間にロシアの国家体制がどうなるかについての有識者の予測を次の5つに区分する。
①元気がないロシア。惰性のシナリオ。不安定な状況が続く、他のどのシナリオが実現するか確定できないという認識に基づく。
②開発独裁。秩序の維持、犯罪と無法状態の根絶、近代化を加速するための力による厳しい統治体制を確立する。
③警察独裁。現在の支配集団、あるいは支配集団内部の特定派閥が権力を維持するための極度に厳しい統治体制。
④革命。多人数の街頭活動で、非合法もしくは合法性を装った転換が行なわれる可能性。
⑤賢明なロシア。欧米のシナリオに即した近代化運動。正常な政治的競争を回復し、司法機関の効率性を高める。

プーチン政権の最盛期であった2005年の専門家の分析予測は以下の通りであった。

①元気がないロシア　30・5%
②開発独裁　24・8%
③警察独裁　23・4%
④革命　11・2%
⑤賢明なロシア　10・1%

これに対して2008年10月の分析予測は次の通りだ。

①元気がないロシア　37・0%
②開発独裁　56・0%
③警察独裁　4・5%
④革命　1・0%
⑤賢明なロシア　1・5%

プーチン前政権とメドベージェフ現政権の国家体制に関する有識者の評価には大きな開きがある。まず、ロシアに欧米型の民主主義社会が成立するという見方（賢明なロシア）が10・1%から1・5%に激減した。ロシア・グルジア戦争で、メドベージェフはプーチンよりも露骨にトランス・コーカサス（グルジア、アルメニア、アゼルバイジャン）はロシアの勢力圏であるという姿勢を鮮明にした。そして、アブハジアと南オセチアをグルジアから分離させて「独立国」とした。この選択を圧倒的大多数のロシア国民が支持している。ロシアは敵対する国家から自国の安全保障を確保するために線の国境だけでは不安を感じるのである。そこで、ロシアの国境の外側に、ロシア軍がいつでも自由に展開することができる緩衝地帯（バッファー）を必要とする。ロシアの軍事的後押しがなければ、アブハジアや南オセチアが「独立」を宣言することはできない。これはグルジアから見るならば、国土を分断されたことであり、乱暴な主権侵害だ。しかし、ロシアはグルジアに対して「文句があるならば力で現状を回復してみろ」という乱暴な姿勢をとっている。グルジアの最大の支援者であるアメリカも、ロシアに対する非難は口先だけにとどめている。グルジアを支援して米軍を派遣することはもとより、ロシアに対して制裁を加えることすら考えていない。

このような状況にグルジアを陥れたサーカシビリ大統領の責任も大きい。２００８年８月８日、ロシア・グルジア間の協定によって南オセチアに駐留しているロシア軍に最初に攻撃を仕掛けたのはグルジア軍だからだ。しかもロシア側に２０００人の死者が出ている。それにサーカシビリ政権のオセチア人、アブハジア人に対する政策は民族浄化以外の何ものでもない。

ロシア・グルジア戦争後、ロシアは別の国になってしまった。ロシアが警察独裁国家になると考える有識者が23・４％から４・５％に減少したことも興味深い。これはＦＳＢ（連邦保安庁）やＭＶＤ（内務省）などの暴力装置を用いなくても、自発的にロシア国民がメドベージェフ政権を支持するという見通しを示している。プーチン前政権の末期から、クレムリン（大統領府）は青年組織「ナーシ（われわれ）」を用いて、国民の政治的能動性を引き出そうとした。サタースロフ氏の友人であるニコノフ政治基金総裁が「グルジア軍がロシア軍を攻撃した8月8日は、アメリカにとっての２００1年9月11日の同時多発テロに相当する」と指摘したが、ロシア人の受け止めはまさにその通りだ。８・８

を契機に、ロシア人は、対グルジア強硬策をとるメドベージェフ大統領を積極的に支持するようになったのだ。

国民の側から自由を制約する動きを作り出す

開発独裁に対する予測が24・8％から56・0％に増大したのも国民が能動的に政権を支持するようになったこととの反映だ。２００８年9月19日、クレムリン宮殿で行なわれた各界代表者との会合でメドベージェフはこう述べた。

〈外部からロシアに対して圧力が加えられているが、いかなる国際環境も、自由で、進歩的で、民主主義的な国家と社会の建設に向けたわれわれの戦略的路線を変更させることにはならない。経済発展、企業、芸術家、個人の自由の拡大は、「敵に囲まれている」という特殊な状況にロシアが置かれている中で、緊急秩序の下で解決されることになろう〉（ロシア大統領府公式ＨＰ）

要するに、敵がロシアを狙っている状況では、国民の自由に制約が加えられるということだ。戦闘精神を強調し、国民を動員することで、国民の側から自由を制約する動きを作り出すことはファシズムの特徴である。

イタリア・ファシズム研究の第一人者であるロマノ・ヴルピッタ京都産業大学教授は、〈ムッソリーニは、「戦い」という感覚こそ、最高の人間教育の契機であり、国民精神形成の機会であると捉えていました。『ファシズモの原理』では、「戦争のみがあらゆる人類の精力を緊張の極度に達せしめ、これに対抗する力のある国民に尊貴の印を捺《お》すのである。すべてのその他の試練は代用物であって、生か死か何れかという中において、人間を自己自身に面せしめないのである」と述べていますが、ここで語られる「戦争」とは国家間紛争の解決方法としての具体的事象ではなく、むしろ「戦闘の精神」という人間の価値観です〉（ロマノ・ヴルピッタ／佐藤優「甦れ、ファシズム‼　第2回　我らの愛する戦争」『月刊日本』２００８年11月号）と述べている。この分析はそのまま現下ロシアに適用できる。

ロシア・グルジア戦争後、メドベージェフ大統領、プーチン首相は、「ロシアは敵によって包囲されている。軍人のみならず、老若男女、すべてのロシア人が戦闘精神をもつべきだ」と危機感を煽りながら、国民の動員を図っているのである。メドベージェフ政権が誕生して半年で、ロシアは急速にファシズム国家へと変貌しつつあるというのが筆者の見立てだ。変化するロシアに対応する日本の対露戦略を構築する必要がある。

（２００８年11月26日号）

グルジア戦争とオバマ・アメリカへの〝反感〟

2008年11月4日のアメリカ大統領選挙についてロシアの新聞の扱いはいずれも小さい。アメリカでは、選挙翌日の新聞が売り切れ、日本でもオバマ当選の報道が大量になされたのとは対照的だ。時差の関係で、オバマ当選に関する報道がロシアの新聞に掲載されるのは同6日になる。この日、ロシアの新聞はいずれも、同5日にクレムリンでメドベージェフ露大統領が連邦院（上院）と国家院（下院）の議員に対して行なった年次教書演説について頁の大部分を割いている。

もちろんメドベージェフ大統領は、アメリカ大統領選挙を意識して、あえて教書演説をぶつけていたのだ。ロシアはアメリカの政治動向を与件としないで行動することができる国際政治のプレイヤーであることを誇示するためだ。

この教書演説で、メドベージェフ大統領は、アメリカがポーランドとチェコにMD（ミサイル防衛）システム関連施設を設置することに対抗して、カリーニングラード州に新型ミサイル「イスカンデル」を配備する意向を表明した。カリーニングラード州は、リトアニアとポーランドに囲まれた飛び地だ。NATO（北大西洋条約機構）との対決に向けてロシアが駒を一つ進めたことになる。

ロシア紙の「本気の非難」の仕方

政治エリートに強い影響を与える『イズベスチヤ』（2008年11月6日）は、1面の下でオバマ当選の事実関係について簡潔に触れ、その他8面の国際面で解説記事を載せている。ソ連崩壊後、アメリカ大統領選挙の結果がこれほど話題にならなかったことも珍しい。政府の要請を受けて、ロシアのメディアがアメリカ大統領選挙に関する扱いを小さくしているのではない。2008年8月のロシア・グルジア戦争以降、一般のロシア人の間に嫌米感情が広がっている。ロシア人の場合、嫌いな国について、あまり知りたがろうとしない。その雰囲気が紙面に反映しているのだ。

同紙には、インターネット世論調査の結果が出ている。

〈バラク・オバマの勝利に何を期待するか？

●何も変化しない　57％

●アメリカが新しい国になり、現在とは異なった国際関係が構築される　20％

●ブッシュがアメリカを袋小路に追い込んだので、今後の米露関係は改善する　12％

●露米関係は悪化する。歴史の教訓では、米共和党との方が容易に合意を得られるから　9％〉

6割近い国民は、あきらめ気運だが、3割強は今後の米露関係の改善に期待している。ロシア・グルジア戦争に共和党のマケイン候補に近いシンクタンクが協力したという情報がロシアでは頻繁に流れた。また、マケイン候補がロシア・グルジア戦争に関連して、もはや西側諸国と共通の価値観をもつとはいえないロシアをG8（主要国首脳会議）のメンバーから除名すべきと述べたこともロシアの国民感情の反発を買った。

同紙には、グルジアを揶揄する記事も掲載されている。トビリシ駐在のキリル・コロジン記者はこう記す。

〈アメリカの第51番目の州になっているようなグルジアでは、ジョン・マケイン候補の圧勝が信じられていた。すべての世論調査の結果、グルジア人の共感がマケインに向けられていることは明白だった。選挙直前に親政府系のテレビがオバマを揶揄する番組を放送したくらいである〉

このようなグルジアの親マケイン傾向は、〈1995年からマケインとサーカシビリ（現グルジア大統領）が昵懇《じっこん》の関係で、「息子」のようなものだから〉と解説する。

しかし、大統領選挙後、サーカシビリは掌を返したように態度を変えた。

〈グルジア大統領は満面に笑みを浮かべ、「オバマ上院議員はグルジア問題をきわめて正確に理解している。マケイン上院議員はわれわれの旧い友人だ。そしてバイデン副大統領候補は、グルジアと私の旧い友人だ」と述べた。

この笑いはきわめて不誠実だ。政治学者は、サーカシビリが、オバマについてよりも副大統領について多くを語っていたことに注目している。どうも「グルジアにも新しい大統領が必要だ」という最近の情勢分析に同人は不満なようだ。政治学者の見解によるとサーカシビリは、「弱い政治家になったからだ」〉

読後感のあまりよくない嫌な記事だ。サーカシビリ大統領は、主観的願望で米国大統領選挙の結果を正確に見通すことができなかったのみならず、オバマが当選するとすぐに擦り寄る卑劣な人間であるという印象が行間から出てくる。ロシアの新聞がある人物を本気で非難するときは、直截《ちょくせつ》に罵《ののし》ることはしない。事実の断片をつなぎ合わせ、そこから「実に嫌な奴だ」という印象が醸し出されるようにする。『イズベスチヤ』はサーカシビリに対して、この手法を用いているのだ。

同紙はオバマ当選との絡みで、福井県小浜市についての報道を行なっている。ワシーリー・ボロパエフ記者はこう記す。

〈日本の漁業都市オバマの住民は、民主党候補の勝利を自分自身のことと考えている。アメリカの選挙結果を見るために住民は公共施設に集まった。勝利者の名が明らかになったとき日本の「オバマ市民」はハワイアン・ダンスを踊った。周知のように、バラク・オバマは青少年時代をハワイで過ごしたからだ〉

この記事もユーモア報道というには少しトゲがある。オバマと小浜市という偶然の名前の一致に政治的意味はない。それなのに日本人はオバマに梃子入れし、ハワイアン・ダンスまで踊っている。国際政治の重要性が日本人にはよくわかっていないのではないかという揶揄が含まれている。

高まる帝国主義的緊張

さらに同11日の『イズベスチヤ』では、人種主義的偏見を隠さないジリノフスキー自民党党首（国家院議員）の以下のコメントを紹介している。

〈アメリカの新大統領について、ジリノフスキーは、「赤ん坊の手に核兵器を渡したようなものだ。（中略）『人種主義的アメリカ』が黒人を選び、『（米露の）決闘』が大声で宣言されたのである。タジ

ク人やウズベク人がロシアの大統領となることはない。ロシアとは異なる人々が（アメリカでは）統治をしているのだ」〉

ジリノフスキーは、今回の大統領選挙で、アメリカがこれまでと異なる潜在力を引き出したことを警戒しているのだ。

オバマは勝利演説で、〈若者と高齢者、富める者と貧しい者、民主党員と共和党員、黒人と白人、ヒスパニック、アジア系、先住民、同性愛者とそうでない人、障害を持つ人とそうでない人が出した答えだ。我々は決して単なる個人の寄せ集めだったり、単なる青（民主党）の州や赤（共和党）の州の寄せ集めだったりではないというメッセージを世界に伝えた米国人の答えだ。私たちは今も、これからもずっとアメリカ合衆国だ〉（２００８年11月6日asahi.com）と強調した。

これは、アメリカ人とは、肌の色、貧富、ジェンダー、支持政党にかかわらず、アメリカのことを真剣に考え、行動する者がアメリカ人であるという国民の能動性を重視する発想だ。オバマの勝利演説は、１９２０年代初頭にムッソリーニが展開したイタリア・ファシズムと思想的親和性がある。実は、このようなファッショ的言説を２００８年3月のロシア大統領選挙で、メドベージェフ候補とプーチン大統領（現首相）も最大限に活用した。

ファシズムの特徴は、国民に常に戦闘意識を鼓舞することだ。２００８年11月5日の年次教書演説でメドベージェフ大統領は次のことを強調した。

〈事実上、質的に新たな地政学的状態が形成され、固定された。8月危機（ロシア・グルジア戦争）は「真実の瞬間」にわれわれが踏み込むことを加速した。われわれは、誰が現在のグルジアの政権を養っているかについて（アメリカを示唆）明らかにした。また、この条件でどのように自国民を保護するかも明らかにした。この状況で、われわれはロシアの国益を固持し、効率的に和平構築の義務を果たす〉（2008年11月8日露国防省機関紙『クラースナヤ・ズベズダー［赤星］』）

地政学的にロシアにとってグルジアは死活的に重要な地域だから、そこにおいてはサーカシビリ政権の後ろに控えるアメリカとの対決も辞さないということだ。今後、コーカサスで米露の帝国主義的緊張が強まる。

（2008年12月17日号）

ガス供給停止で見せつけた「力の論理」

ロシアの天然ガス独占企業「ガスプロム」が、2009年1月1日、ウクライナ向けのガス供給を停止した。ガスプロムは事実上の国営企業だ。ガス供給を停止した理由は、価格交渉について折り合いがつかなかったからだ。

〈ガスプロムとウクライナの間では、ウクライナがまだ払っていない08年分ガス代金と、09年の契約を巡って昨年12月31日夜まで交渉が続いた。ガスプロムは09年の価格をこれまでの千立方メートル当たり約180ドルから250ドルに引き上げることを提案。ウクライナ側は受け入れず、交渉を打ち切って帰国した。これを受けてガスプロムは、08年の契約が終了した1日午前、供給を止めた〉(2009年1月3日asahi.com)

ガスプロムは、ヨーロッパ向けのガス供給はウクライナ経由で継続した。ウクライナの天然ガスの備蓄は年間需要の2割ほどあると見られている。従って、この時点では、ガスプロムによるウクライナへの供給停止はそれほど大きな問題に発展することにはならず、価格について双方が折り合って、問題は解決すると見られていた。しかし、同7日に事態が急変した。

ヨーロッパ向けのパイプラインからウクライナがガスを抜き取っているとして、ガスプロムがヨーロッパ向けガスの供給を停止したからだ。ガスの抜き取りについて、

〈「盗んでいる」と非難するロシア側に対し、ウクライナ側は「欧州にガスを中継輸送するため技術的に必要なガスだ」と反論。パイプラインの圧力維持のために補充する「技術的ガス」は日量2100万立方メートル必要で、欧州向けガスから今後も取り込むと主張してきた。ロシア側は「技術的ガスはウクライナが自力で調達すべきだ」〉（2009年1月13日asahi.com）

と主張した。

事態を打開するためにウクライナのチモシェンコ首相がモスクワを訪れ、同17日から18日未明にかけてプーチン露首相（前大統領）と会談し、ウクライナ向けガス価格の値上げと供給再開に合意した。

〈2009年にウクライナはヨーロッパ向けの価格から20％の割引を受け、千立方メートルあたり約360ドルとなる。ロシアは2008年の価格で輸送する。2010年からロシア・ウクライナ間ではヨーロッパ価格が完全に適用される〉（2009年1月19日『イズベスチヤ』電子版）

朝日新聞の星井麻紀記者は、

〈問題の発端となったガス価格で両国が合意に達したことは大きな前進といえるが、今後の行方にはウクライナの国内事情が影を落とす。交渉に当たったウクライナのチモシェンコ首相は、同国のユーシェンコ大統領と政治的な対立関係にあり、今回の合意を大統領が受け入れるかどうかは不透明な情勢だ。／さらに合意した今年のガス価格は昨年の約2倍にあたり、深刻な経済危機にあるウクライナに支払い能力があるかどうかも分からない。このため欧州へのガス供給がすんなりと再開するかどう

か、予断を許さないとの見方も強い〉（同年1月19日asahi.com）

とコメントしているが、筆者も同じ見解だ。

背景にある石油価格急落

これでとりあえずロシア・ウクライナ関係の決定的対立を避けることができた。ただし、天然ガスの値段交渉がこれほど大きな問題になった背景にはロシア側の3つの事情がある。

第1の事情は、2008年9月の米国証券会社リーマン・ブラザーズの破綻以降、世界的に不況が広がり、その結果、石油価格が急落したことだ。そのため、取れる可能性があるところからは、少しでも多くの外貨を獲得するという方針をロシア政府がとったことだ。

1991年にソ連が崩壊し、ロシアとウクライナは、それぞれ主権国家として別々の道を歩むことになったが、ロシア、ウクライナの双方に「両国は特別の関係にある」という意識が強い。天然ガスのウクライナ向け優遇価格は、その象徴的な例だ。この点について、プーチン首相はこう述べている。〈商業上の秘密にあたるか否か、私にはわからないが、話すことにする。今年の中央アジア産のガスのロシアに対する販売価格は国によって異なるが、千立方メートルあたり340ドルだ。これにウクライナ国境までの輸送費を含むならば千立方メートルあたり375ドルになる。とにかくガスプロムはウクライナというパートナーに極端な値引きを提案した。この数字を口に出すことさえ気が引ける。千立方メートルあたり250ドルだ。なぜ「気が引ける」と言ったのか。ロシア国内の需要者から「いったいどうなっているんだ」と聞かれるからだ。とにかくガスプロムはそういう提案をした。しかし、諸君、どう思われるであろうか。この提案は拒否され、ユシェンコ大統領の指示によって昨年12月31日にウクライナ代表団は交渉を決裂させ、モスクワから去ったのだ〉（２００９年1月12日『イズベスチヤ』）

ウクライナ側が交渉を蹴ったことを口実に、ロシアが今後、市場価格に限りなく近い値段でウクライナに天然ガスを販売するという方針を決定した。それをプーチン首相がウクライナ側に押しつけたのである。ロシアの譲歩は微々たるものに過ぎない。

いかなる対価を払っても「NATO加盟」を阻止する

第2の事情は、ロシアが２０１０年初に行なわれるウクライナ大統領選挙を念頭において、ウクライナに圧力をかける必要を感じていることだ。２００８年8月のロシア・グルジア戦争以降、ロシアは西側、特にアメリカに対する猜疑心《さいぎしん》を強めている。ウクライナ西部のガリツィア地方は、もともとハプスブルク帝国の版図に属し、宗教も儀式はロシア正教に似ているが、教義はカトリックで、ローマ教皇の指令に従うユニア教会（東方帰一教会）の信者がほとんどだ。ガリツィア地域がソ連領ウクライナに併合されたのは１９４５年のことだ。この地域では１９５０年代半ばまで、武装反ソ闘争が展開されていた。また、ソ連の支配に服することを潔しとせずに、カナダに亡命したウクライナ民族主義者も多い。１９８０年代後半から、ウクライナの分離独立運動で機関車的役割を果たしたのがガリツィア地方である。

前にも指摘したが、ロシア・グルジア戦争で、東ウクライナの人々は概ねロシアを支持したのに対し、ガリツィア地方の人々はグルジアを支持した。さらにこの地方ではウクライナがＮＡＴＯ（北大西洋条約機構）に加盟し、ロシアと訣別することを望む人々も多い。ユシェンコ大統領は東ウクライナの出身であるが、政治的にはガリツィア地方の民族主義に依存するところが大きい。これに対して、チモシェンコ首相は東並びに中央ウクライナを政治基盤にする。ウクライナにはロシアの軍産複合体、宇宙産業が多数存在する。仮にウクライナがＮＡＴＯに加盟することになれば、これらの技術がアメリカに抜けてしまう。また、ロシアの兵器輸出に支障が生じる。メドベージェフ大統領もプーチン首相も、いかなる対価を支払っても、ウクライナがＮＡＴＯに加盟することを阻止するという腹を固めている。

ロシアは力の論理の信奉者だ。また、ウクライナはロシアの乱暴さを皮膚感覚で理解することができる。天然ガスの価格問題でロシアがこれだけ乱暴な態度をとれば、ＮＡＴＯにウクライナが加盟しようとした場合、ロシアがどのような陰険な内政干渉を行なうかをウクライナ人は想像することができる。また、プーチン首相がチモシェンコ首相とは合意し、ユシェンコ大統領とは合意できなかったことは、ユシェンコ大統領よりもチモシェンコ首相の方が次期大統領に相応しい人物であるというロシアの意向を示すことになった。もっとも東並びに中央ウクライナの出身者でも、ロシアの息がかかった傀儡のような人物がウクライナの大統領になることには強い抵抗感をもつ。今回、プーチン首相がチモシェンコ首相を厚遇したことは、ウクライナの国内政局において同首相に不利に働くであろう。

第３の事情はロシアの国内政局だ。ロシア・グルジア戦争後、メドベージェフ大統領の軍における信任が高まり、権力基盤が強化されている。これに対して、今回、ウクライナに対する「ごり押し外交」によりロシアの国益を押しつけることで、プーチン首相が久しぶりに存在感を示した。チモシェンコ首相との最終交渉をプーチンは首相府ではなくクレムリン（大統領府）で行ない、自らの権力基盤が十分強力であることを国際社会に誇示したのである。

（2009年2月11日、18日号）

ウクライナ政局を左右する「血の神話」

２０１０年2月7日、ウクライナ大統領選挙決選投票がビクトル・ヤヌコビッチ（元首相）とユリヤ・チモシェンコ（首相、女性）の間で行なわれた。その結果、ヤヌコビッチが48・6％、チモシェンコが45・7％を得票し、「親露派」と言われるヤヌコビッチが当選した。これに対して、チモシェンコは、選挙で不正が行なわれたと異議申し立てを行なったが、同20日に撤回し、ヤヌコビッチの次期大統領就任が確定した。

さて、つい先日まで、ビクトル・ユシェンコ大統領が「親欧米派」で、チモシェンコ首相が「親露派」と言われていた。今回の決選投票は、「親露派」の2人の間で行なわれたのだろうか？　それともチモシェンコが「親露派」から「親欧米派」に転向したのであろうか？　いずれの見方も違う。ウクライナ人を「親欧米派」と「親露派」に二分すること自体が間違いなのだ。

ウクライナの政治情勢を分析するときに、西部ウクライナのガリツィア地方とそれ以外の地方を区別する必要があることは何度か指摘してきた。ガリツィア地方は、歴史的にハプスブルク帝国に属する。19世紀にロシア帝国領だったウクライナでは、急速なロシア化政策がとられた。住民も日常的にロシア語を用いる。これに対して、ハプスブルク帝国は、ポーランド人、チェコ人、ウクライナ人などのスラブ系諸民族の言語、文化、宗教を保護する政策をとった結果、ガリツィア地方の人々は、日常的にウクライナ語を用いるようになった。ただし、ウクライナ語とロシア語の間の距離は、日本語でいうと標準語と京都弁くらいの差異なので、ゆっくり話せば相互に理解することができる。

ガリツィア地方とそれ以外では、宗教も異なる。ガリツィア地方の人々は「ユニア（東方帰一）派」と呼ばれるカトリック教徒である。この派は、見た目は正教とよく似ている。イコン（聖画像）を崇敬し、ミサ（聖体礼儀）のときに香炉を振る（香炉から出る煙が聖霊を象徴する）。また、下級聖職者は妻帯する（通常のカトリック教会は独身制）。しかし、ユニア派はローマ教皇（法王）がキリスト教会のトップであること（教皇首位権）を認め、教義的には、聖霊が「父及び子から発出する」（フィリオクエ）というカトリックの立場をとる。カトリック教会の立場から見ると、「正教会が正しい教会であるカトリックに帰ってきた」ということになるので、帰一（統一＝ユニア）ということになるのだ。

ガリツィア地方は「民族主義」、それ以外は「国家主義」

さて、ガリツィア地方がソ連の版図となったのは、1945年のことだ。また、ガリツィア地方においても1950年代半ばまで、ウクライナ民族主義者による武装反ソ闘争が展開されていた。1980年代後半、ゴルバチョフのペレストロイカ（改革）の結果、ソ連人と外国人との交流制限が緩和された。カナダのウクライナ人が、ガリツィア地方の民族主義者を支援するようになった。そして、この地方が、ウクライナのソ連からの分離独立運動の拠点になった。
「クライ」という言葉は、ロシア語でもウクライナ語でも「地方、田舎」を意味する。「ウ」という接頭辞は、「～のそばに」という広がりを意味する。ウクライナとは、田舎という意味であるが、それがいつのまにか、国名と民族名になってしまった。

ガリツィア地方のウクライナ人の自己意識は、ポーランド人、スロバキア人、チェコ人などの民族意識に近い。「共通の血筋をもっている」という意識（実際には血がつながっていなくてもいい）を重視する。これをとりあえず「血の神話」と呼んでおく。ガリツィア地方のウクライナ人にとって、ロシア人やベラルーシ人は「血の神話」を異にするから、同胞でない。これに対して、ガリツィア地方以外のウクライナ人は、言語や文化に基づく同胞意識よりも、ウクライナ国家に帰属することを重視する。従って、民族的にはロシア人、ベラルーシ人であっても対等のウクライナ国民という意識をもつ。

ガリツィア地方のウクライナ人は、ロシアに対する違和感が強いので、西側ではこの人々を「親欧米派」と呼んでいるが、その実態は「血の神話」を信じる人々なのである。一方、ガリツィア地方以外、特に東部、中央部のウクライナ人を「親露派」と呼んでいる。しかし、その実態は、ウクライナ国家主義者である。従って、ロシアとの間で利益相反が起きれば、「親露派」であってもロシアと対立する。

ヤヌコビッチとチモシェンコは、ともにウクライナ国家主義者だ。しかし、ヤヌコビッチの方がより国家主義的だ。そのため、ガリツィア地方を中心とする「血の神話」の人々の票が「ヤヌコビッチよりはましだ」という消極的選択でチモシェンコに流れたのである。ちなみにチモシェンコは、母親はウクライナ人だが、父親はアルメニア人で、旧姓はアルメニア系のグリギャンである。

2010年2月9日付露紙『イズベスチヤ』には、開票率93％時点における地域別の得票数が出ている。

ドネツク（東部）
ヤヌコビッチ　90・43％
チモシェンコ　6・46％
キエフ（中央部）
ヤヌコビッチ　25・71％
チモシェンコ　63・35％
リボフ（ガリツィア地方）
ヤヌコビッチ　8・90％
チモシェンコ　85・79％

キエフで、チモシェンコの得票が2倍以上あることが興味深い。国家主義的なウクライナ人でも知識層は、労働者出身のヤヌコビッチよりも知識人のチモシェンコを選択したのであろう。

ロシアが恐れたユシェンコ大統領の再選

ロシアは今回の選挙結果を歓迎している。前出の『イズベスチヤ』は、〈ウクライナ人は、新たな革命への準備ができていない。5年間の「オレンジ革命〈引用者註＊親欧米を掲げたユシェンコ大統領の当選〉の混乱」に疲れ、「集会の英雄たち」に幻滅した〉と記すが、ウクライナ民族主義的傾向がもっとも稀薄なヤヌコビッチが当選したことをロシア政府は歓迎している。

ロシアがもっとも恐れていたのは、ユシェンコ大統領が再選され、ＮＡＴＯ〈北大西洋条約機構〉にウクライナが加盟する方針を打ち出すことだった。ロシアの軍産複合体はウクライナにも工場と研究所をもっている。万一ウクライナがＮＡＴＯ加盟国になれば、ウクライナの装備体系がＮＡＴＯ規準になり、ロシア製兵器の市場を失うのみならず、ロシアの軍事機密が米国に流出することになる。これはロシアの国益を著しく毀損する。その場合、ロシアは謀略的手法を用いて、ウクライナの政権転覆を試みる可能性があった。ウクライナ人は、そのようなロシア人の行動様式をよく理解している。ウクライナ人は、ロシアに対するさまざまな異議申し立てをしても、本気でロシアを怒らせるような冒険を避ける。

今回のウクライナ選挙が、米露核軍縮交渉に与える影響について懸念する向きもある。しかし、筆者はユシェンコ大統領の続投の可能性がなくなった時点で、ウクライナ・ファクターは消えたと見ている。２００９年11月10日、訪日したゴルバチョフが筆者に「米露核軍縮の結果、通常兵器においては圧倒的な優位をもつ米国をどう牽制するかがロシアにとっての宿題だ」と述べていたが、ロシアとしては、多弾頭型のＩＣＢＭ〈大陸間弾道ミサイル〉「ＲＳ24」の配備によって、米国に対抗することになる。

〈２０１０年3月31日号〉

「モスクワ地下鉄テロ」で一つになる国家

２０１０年3月29日朝、モスクワの2つの地下鉄駅で自爆テロが発生した。1件目は7時57分（現地時間、日本時間12時57分）にモスクワの最中心部のルビヤンカ駅で爆発が起きた。それからちょうど40分後の8時37分（日本時間13時37分）にルビヤンカ駅から南西約3㎞に位置する地下鉄パルク・クリトゥーリ（文化公園）駅で爆発が起こった。同日のロシア緊急事態省の発表では38人が死亡、70人以上が負傷した（同4月2日には死者40人、負傷者80人以上）。モスクワの官公庁、企業、学校の始業時間は8時30分から9時だ。テロリストは通勤ラッシュを狙ってこの攻撃を行なったのだ。

ルビヤンカ駅は、ソ連時代、「ジェルジンスキー広場駅」と呼ばれていた。この名前はチェ・カー（非常委員会、ＫＧＢ〔国家保安委員会〕の前身）の初代長官をつとめたフェリックス・ジェルジンスキーにちなんで、帝政時代のルビヤンカ広場が改称されたものである。なぜならここにチェ・カーの本部が置かれたからだ。その後、ＫＧＢ本部となり、現在はＦＳＢ（連邦保安庁＝ＫＧＢの防諜、国内治安、通信傍受、国境警備などを担当する部局の後継機関）本部が置かれている。ソ連時代、この広場の中心に巨大なジェルジンスキーの銅像が建っていた。そして、その隣には「ジェツキー・ミール（子どもの世界）」という子ども用品専門のデパートがある。秘密警察の本部とこのデパートが隣接しているのはちぐはぐな感じがするが、実は特別な意味がある。ジェルジンスキーは、たいへんな子ども好きだったので、子ども用品専門のデパートがここに建てられたのだ。

1991年8月19日にソ連共産党守旧派によるクーデターが起きた。このクーデターは3日間で失敗したが、その幕引きになる同21日夜に民衆がジェルジンスキー広場に集まり、KGB本部を襲撃しそうな状況になった。このときエリツィン大統領がこの場に大型クレーン車を送り、ジェルジンスキーの銅像を引き抜き、移動した。KGBによって支えられていたソ連体制が終焉したことを象徴的に示す場面だった。これによってガス抜きがなされ、ジェルジンスキー広場に集まった民衆のエネルギーが暴発することもなかった。

これは〝弾圧未亡人の個人的復讐〟ではない

今回の自爆テロはFSB本部を狙ったものであるという見方があるが、元KGB分析局長のアナトリー・レオーノフ氏は、この見方を否定する。

〈FSB本部そばの「ルビヤンカ」駅で爆発が起きたことから、テロリストが特定の目標をもっていたと決めつけてはならない。それでは「パルク・クリトゥーリ」駅での爆発は何を目標にしているのか？（今回の事件には）別の意味があると思う。テロリストたちは地下鉄のもっとも混んでいる時間帯を選んだ。主要目的は、モスクワ市民と政権に心理的打撃を与えることだ〉（2010年3月30日付『イズベスチヤ』）

筆者もレオーノフ氏の見解に同意する。パルク・クリトゥーリとは、ゴーリキー・パークのことだ。ロシア最大の遊園地である。日本で言うと東京ディズニーランドの最寄り駅で自爆テロが起きたようなものだ。テロリストがメドベージェフ大統領・プーチン首相の二重政権とロシア国民に心理的打撃を与えようとしていることは間違いない。自爆テロは、精神に変調を来した者や、熱狂的な信仰によって引き起こされる偶発的事態ではない。今回の自爆テロの実行犯となったのは北コーカサス出身の女性2人で、その動機は、夫がロシア治安当局の掃討作戦によって殺害されたことに対する復讐だという報道が散見されるが、このような見方では事態の本質を捉えることはできない。もちろん自爆テロの実行者をリクルート（徴募）した際にテロ組織がこの2人の女性の個人的事情を最大限に活用したことは間違いない。しかし、テロ組織には、復讐を超える大きな戦略的目的がある。

それは、モスクワで自爆テロを頻発させる。そのことによって、政治エリートと国民の間に「面倒なので、チェチェン、イングーシ、ダゲスタンなどの北コーカサスからロシアは手を引いた方がよい」という気運を蔓延《まんえん》させる。そして、北コーカサスの山岳地帯に世界イスラーム革命を輸出する拠点国家をつくるのだ。今回、モスクワで自爆テロを実行した組織は、アルカイダとつながる国際テロリストであるという見方をロシアはしている。ロシアだけでなく、イスラエルやアメリカのインテリジェンス機関もそのような見方をしている。アルカイダなどのイスラーム原理主義過激派は、既存の国家システムを認めない（それだから国連に対して激しく反発する）。アッラー（神）がお一人であるのに対応して、地上では単一のイスラーム帝国（カリフ帝国）が成立すべきであり、この帝国は、一人の皇帝（カリフ）によって支配されるべきであると考える。アフガニスタンのタリバン政権がまさにこのような性格を帯びた世界イスラーム革命を実現するための拠点国家だった。最近、アフガニスタンでタリバン勢力が攻勢を強めている。日本人ジャーナリストがタリバンによって誘拐されたと見られているが、この動きとモスクワの自爆テロは深いところで連動していると筆者は見ている。

映画『大統領のカウントダウン』をお勧めする

今回の自爆テロに対するロシア当局の反応は素早い。FSBの初動態勢は決して悪くない。事件発生10分後の8時7分にボルトニコフFSB長官がメドベージェフ大統領に電話で報告を行なった。その後も分刻みで大統領に報告がなされた。緊急事態省も被害者の救出にすぐに駆けつけた。クレムリン(大統領府)もFSBもいつこのような事態があってもおかしくないと「臨戦態勢」を敷いていたことが窺われる。FSBは北コーカサスのテロ組織に協力者を潜入させている。テロ組織がモスクワで本格的な自爆テロを行なうという断片情報をFSBはもっていたのであろう。それだから事件発生後1、2日で実行犯や背後関係についての情報をFSBが組織的にリークしたのだと思う。

ロシア人は、普段は政府を信用せず、政治エリートに対してきわめてシニカル(冷笑的)な対応を取るが、国家が危機に直面すると、野党を含め政府を断固支持する。また、ロシア政府は、テロに対する国民啓発活動を日常的に行なっている。

例えば2004年の映画『大統領のカウントダウン(原題、リーチュヌィー・ノーメル[Личный Номер、認識票番号])』はロシア人ならば誰でも知っている対テロ闘争を扱った国策映画だ。アラブの国際テロ組織とイギリスに亡命したロシアの大富豪が、チェチェン問題を利用して、ロシアの体制を破壊しようとする筋書きだ。ロシア軍、緊急事態省などロシア政府が全面協力した映画で、この映画を観るとクレムリンの戦略的意図がよくわかる。「ロシア政府」対「チェチェン、イスラーム」という二項対立を廃し、「ロシアの政府、チェチェン人を含むロシア国民」対「アラブのイスラーム原理主義過激派、ソ連崩壊の混乱期に不正蓄財を行ない国外に逃げた大富豪」という対立図式をつくりだしている。この対立図式はロシアの政治エリートと一般国民の双方に浸透している。この映画のＤＶＤは簡単に入手できるので、チェチェン紛争に関するロシアの内在的論理を知りたい読者には、見ておくことをお勧めする。

２０１０年3月30日付ロシア国防省機関紙『赤星』は、クレムリンの会議室で起立して、自爆テロの犠牲者に対して追悼するメドベージェフ大統領らの写真を1面に掲載し、その横に「動揺せずに、最後まで！（テロリストを殲滅《せんめつ》せよ）」という見出しを掲げた。国防省機関紙の1面にこのような煽情的見出しが掲げられるのは異例だ。ロシア政府はテロに対して国家総動員態勢で臨もうとしている。マスメディアも自発的に協力し、国民も政府を支持している。この情勢を踏まえ、日本政府も対露政策を組み立て直す必要に迫られている。

（２０１０年5月12日号）

米露「21世紀のグレートゲーム」の行方

2010年4月6日、キルギス共和国北部のタラスで発生した野党のデモを警察隊が弾圧したことから大規模騒擾《そうじょう》に発展した。翌7日には、騒擾は首都のビシケクに波及した。この日、バキエフ大統領は、キルギス南部のジャララバードに脱出し、首都にはオトゥンバエワ元外相を代表とする臨時政府が樹立された。キルギスの南部と北部は歴史的、文化的な背景が異なる。住民の自己意識にも差異がある。南部のジャララバード出身のバキエフ大統領が、徹底抗戦した場合、二重権力状態になる可能性があった。そうなると、キルギス南部で、ウズベキスタン、タジキスタンと国境を接するフェルガナ盆地の実効支配ができなくなる危険性があった。この地域には、アフガニスタンのタリバンや中東のアルカイダとつながりをもつイスラーム原理主義過激派が潜伏している。かつてナマンガニ（2001年11月、アフガニスタンにおける米軍との戦闘で死亡）により主導されるウズベク・イスラーム運動（IMU）が、フェルガナ盆地に拠点をつくり、タリバンやチェチェンの過激派と連携し、地域情勢を著しく不安定にしたことがある。そのような事態の再来を防ぐために、ロシアは臨時政府側に露骨な梃子入れをした。

米露ともに臨時政府を支持

政変においては情報戦が重要になる。ロシア国営放送「ロシアの声」(旧モスクワ放送)の日本語版HP(http://japanese.ruvr.ru)を見ると日本のマスメディアでは知ることができない情報にアクセスすることができる。2010年4月13日、情勢がまだ混沌とした状況で、「ロシアの声」はバキエフ大統領の権力の再掌握はないという専門家の以下の見方を紹介した。

〈大統領の政権復帰について、CIS研究所・中央アジア課のアンドレイ・グロジン主任はほぼ可能性はないとみている。/「まずいえるのは、州規模でなく、地区を基盤にして政権の回復を主張するようなことは、現在のキルギスではありえない話ということだ。バキエフの支持者は時間を追うごとにどんどん減っている。官僚も急ぐようにして新政府に忠誠を誓い、正統性を認めている。/バキエフはどんどん不利になっているのだ。南北間の対立は絶対に起きない。南部3州でも大部分は臨時政府の統制下に入った。状況が先鋭化することはないだろう」〉(2010年4月13日「ロシアの声」日本語版HP)

これは事実関係について分析した報道というよりも、フェルガナ盆地が無法地帯化することを防ごうとする目的から、ロシアの希望的観測を述べたものだ。この流れを米国も支持した。結局、バキエフ大統領は同15日に辞意を表明し、キルギスから出国し、国家権力は臨時政府側に移った。

朝日新聞モスクワ支局の副島英樹記者は、米露の協調によって、バキエフ大統領の辞任と国外脱出が実現したと分析する。優れた洞察なので、関連部分を引用しておく。

〈7日からの首都騒乱を経て事実上の政権を握ったキルギス臨時政府は、バキエフ氏の拘束を主張してきた。しかし、故郷に逃れたバキエフ氏は支持者の集会を開くなど抵抗の構えを見せ、次第に手詰まり状態に。「親類や村人を人質にとって『人間の盾』に隠れている」と、臨時政府を率いるオトゥンバエワ氏も焦りを募らせていた。／こうした状況にロシアのメドベージェフ大統領も13日、核保安サミットで訪れた米国での講演で、キルギスが南北に分裂する危険性を指摘、「内戦が起こらないようにすることが大切だ」と懸念を表明していた。実際に15日には南部でバキエフ氏が予定していた集会に臨時政府支持者らが乱入。バキエフ氏の警護員が威嚇発砲するなど一触即発の事態にもなっていた。／オバマ米大統領、メドベージェフ大統領、カザフスタンのナザルバエフ大統領がキルギス情勢について協議した舞台は、オバマ氏が主導したワシントンでの核保安サミット（12～13日）だった。今月8日に核軍縮の新START条約の署名にこぎ着けた米ロはここでも協調姿勢を見せ、14日にはそろって臨時政府への明確な支持を打ち出した。カザフスタンにとっても、自国の存在感を誇示できる場面だった。／カザフスタンは現在、欧州安保協力機構（OSCE）の議長国で、欧米との関係強化を通して国際的な地位向上を手にする好位置にいる。受け入れを決めた15日、「キルギス安定化の重要な一歩。市民戦を予防した」との声明を出した。メドベージェフ大統領もロシア国防相に対し、バキエフ氏の乗った航空機の安全確保を命じていた。米国はブレイク国務次官補がビシケク入りし、臨時政府の今後のプロセス作りを支援していた〉（2010年4月17日付朝日新聞朝刊）

キルギスの政変をロシアが引き起こした？

米露は、キルギスで21世紀の「グレートゲーム」を展開しているのだ。「グレートゲーム」とは、19世紀から20世紀初頭にかけてロシア帝国とインド植民地を拠点とする大英帝国が中央アジアとアフガニスタンの覇権争奪戦を展開したことを指す。中央アジアをロシア、インド（パキスタンを含む）を英国の勢力圏と認め、アフガニスタンを緩衝地帯とすることで英露2大帝国が折り合いをつけた。21世紀では、英国に代わり米国がプレイヤーとなり、植民地争奪戦ではなく「テロとの戦い」の主導権を巡って新しい「グレートゲーム」が展開されているのである。いまのところこのゲームは、ロシアにとって優勢な形で進められている。バキエフ氏は、カザフスタンからベラルーシに移った。そこで、辞意をいったん撤回したが、同23日、ミンスクにおける記者会見で同氏は、辞任声明を発表した事実を認めた。このことについて、ロシアのメディアはこう報じた。

〈今月初めのクーデターで政権を掌握した同国臨時政府は15日、バキエフ氏の辞任を発表。同氏からファックスで送られてきた文書をメディアに公開した。これに対しバキエフ氏はベラルーシ到着後の声明で、自身の辞任は無効と述べ、国際社会に対し臨時政府の正統性を認めないよう呼びかけていた。／バキエフ氏は会見で、「軍事クーデター」による脅威を受けて辞任声明を書いたことを発表。一方で、「大統領として帰国することはない。私は辞任を認めないとの声明を出している。国に法的秩序が戻る可能性を残すためだ」と述べ、辞任について立場に変わりがないことも明らかにした。ただ、公正な選挙実施のために臨時政府と協力する姿勢もみせた。／このほか、今回のクーデターにロシアの特務機関が関与した疑いについては、自身の外交政策にロシアが不満を抱いていたことを指摘しつつ、「なんともいえない」と述べ、検証のための独立した国際委員会設置を提案した〉（２０１０年４

月23日「ロシアの声」日本語版HP）

キルギスの騒擾と政変をロシアが引き起こしたという見方には賛成できない。北コーカサス系のイスラーム原理主義過激派が、２０１０年3月29日にモスクワの地下鉄で自爆テロを起こした直後に、キルギスで冒険をする余裕などロシアにないからだ。しかし、キルギスで騒擾が発生した後は同国の内政にロシアが露骨に介入したと筆者は見ている。キルギス人はロシアの恐さを知っているので抵抗しない。先の朝日新聞が引用しているワシントンのブルッキングス研究所における講演でメドベージェフ大統領は、〈われわれの課題は、キルギスのパートナーがこの情況から抜け出すためにもっとも平穏な手段を見つける手助けをすることだ。人々を安心させ、個人的野心ではなくキルギス国民の利益に密着した決定を、自らの運命に関し責任をもった決定を行なう能力がある政府が形成されなくてはならない〉（２０１０年4月15日付『イズベスチヤ』）と述べた。要するに、ロシアにとって都合のよい政権をつくるということだ。アフガニスタン情勢で手一杯の米国にとって、キルギスの政局に本格的に関与する余裕はない。中央アジアにおけるロシアの影響力が拡大することは愉快ではないが、現状ではロシアと棲み分けておいた方が米国の国益に適うという判断が働いているのであろう。

（２０１０年5月26日号）

対グルジア工作に利用される「ソチ五輪」

ロシア情勢を読み解く鍵がある。ロシアが帝国であるという認識をもつことだ。ドイツ、英国、日本なども多民族国家であるが（現在の世界に単一民族国家は存在しない）、最大多数を占める民族によりその国家が統治されていることを理想型とする。しかし、ロシアは多民族からなる帝国なので、特定の民族による国家支配を指向すると、国家が内側から崩壊する。

旧ソ連は悪の帝国であった。しかし、ロシア人が少数民族を支配していたという図式で見ているとあの国家の本質が見えなくなる。例えば、ソ連の独裁者であったスターリンは、民族的にはグルジア人（父親はオセチア系）である。少数民族であるグルジア人のスターリンやベリヤ（秘密警察長官）が、ロシア人、グルジア人、ウクライナ人などソ連帝国に住む大多数の人々をイデオロギー操作と秘密警察の暴力によって支配していたのである。

ロシア語では、2つのロシア人概念がある。第1が、ルスキーというロシア人だ。日本人、ドイツ人、朝鮮人というときの民族だ。このルスキーというロシア人に対応する国家名がルーシになる。古代ロシア国家を指すときにこの単語が用いられる。

第2がロシヤーニンだ。これはロシア帝国に帰属する人を指す。1938年、女優の岡田嘉子が演出家の杉本良吉とともに樺太の日ソ国境を非合法に越えてソ連に亡命した。杉本良吉は39年に秘密警察によってスパイ容疑で処刑された。岡田嘉子は、一時期収容所に入れられていたが、ソ連国籍をとり、第二次世界大戦後、モスクワ放送（現在の「ロシアの声」）のアナウンサーになった。岡田嘉子は、民族的には日本人（ヤポンカ）であるが、国家への帰属という意味ではロシア人（ロシヤーンカ、ロシヤーニンの女性形）である。ロシアにとって重要なのは「血」に基づく民族ではない。ロシア国家への忠誠を誓うロシヤーニンが国家の基幹だ。

ロシアでは、毎日のように、いずれかのテレビで戦争映画が放映されている。そのことによって「敵のイメージ」を国民の記憶に刷り込み、団結させるのだ。学校教育でも軍歌を覚えさせられている。日本で知られている「カチューシャ」は、そもそも軍歌だ。一昔前の左翼は「うたごえ運動」でロシア民謡をよく歌ったが、その多くがソ連の軍歌なのである。

五輪を口実にコサックを動員

軍歌とともに重要なのが、スポーツだ。スポーツによってロシア人の団結を強めようとする。バンクーバー冬季オリンピック大会におけるロシアチームの成果が不十分であったことに関するプーチン首相の反応も、国家統合の強化という観点から読み解く必要がある。朝日新聞モスクワ支局の星井麻紀記者が本件についてロシア人の内在的論理をつかんだよい報道を行なっている。

〈ロシアのプーチン首相、ソチ五輪へ喝　バンクーバー不振「出場は勝つため」

ロシアのプーチン首相は5日、モスクワで開かれたバンクーバー五輪のロシア選手団報告会で「五輪に出るのは勝つためだ」と話し、２０１４年にロシアで開催するソチ冬季五輪での勝利に向け、ロシアスポーツ界に喝を入れた。

プーチン氏は「五輪のような競技会は汗を流すのが目的ではない」と力説。若者の才能を見いだすシステムを構築し、トレーナーの給料を上げて海外流出の食い止めを図るなど、スポーツ界の抜本的な改革の必要性を説いた。また、ロシアが06年のトリノ五輪の5倍の予算をバンクーバー五輪に割いたと指摘。それなのに選手たちはふるわなかったとして、予算の使途を調べるよう求めた。

ロシアはバンクーバー五輪で金メダル獲得国別順位が11位に終わり、メドベージェフ大統領が責任者の辞任を要求。ロシア五輪委のチャガチョフ会長が辞意表明した〉（２０１０年3月7日付朝日新聞朝刊）

２０１４年にロシアのソチで行なわれる冬季オリンピック大会を、ロシアは国民の連帯感を強め、国家体制を最大限に強化するために用いようとしている。ソチは、北オセチア、イングーシ、チェチェン、ダゲスタンなど北コーカサスの紛争地域に近いところに位置する。また、２００８年のロシア・グルジア戦争で、国交が断絶した状態にあるグルジアとも地理的に近い。「テロのないオリンピック」という口実で、ロシアは北コーカサス地域の治安対策を強化し、そこに国民を動員している。報道によると、そのためにコサックを活用し始めている。

〈スタブロポリ地方では、帝政時代のコサック騎兵の末孫らがソ連時代の抑圧を乗り越え、伝統文化を守っている。ソチ五輪の警備にも自警団が加わる〉（２０１０年3月12日付朝日新聞朝刊）

ロシアでは、コサックが、ロシア人、ウクライナ人などとは別の民族として認められている。屯田兵で、自らの命を捧げ国家を防衛するという自己意識をもっている人々を民族と認定して、国境警備に充てているのだ。そうすれば、FSB（連邦保安庁）傘下の国境警備隊や内務省国内軍のような上（政府）からだけでなく、国民有志からなるコサックのエネルギーを下から吸い上げることができる。それによって、メドベージェフ大統領とプーチン首相は国民の総力結集を意図している。

対サーカシビリ政権の狡猾な情報工作

ソチ・オリンピックの大きな障害となるのがグルジア問題だ。2008年8月の戦争は、グルジアの軍事挑発に対して、ロシアが過剰反応をしたものだ。日本の世論はグルジアに対して同情的であるが、筆者は排外主義的で挑発を繰り返すグルジアのサーカシビリ大統領は国際法と人権を無視するならず者と考える。同時に、軍事的な緩衝地帯を得るためにグルジア領の南オセチアとアブハジアを「独立」させ、軍隊を駐留させているロシアの姿勢も支持できない。サーカシビリ政権が続くならば、グルジアはソチ・オリンピックをボイコットするであろう。この動きに外国が連動することのないようにロシアは細心の注意を払っている。

ロシアは狡猾だ。「サーカシビリ政権の本質が排外主義で、国際秩序を混乱させる」といくら訴えても国際社会の共感を得ないことを熟知している。そこで、グルジアの野党勢力を活用して、グルジアがイランへのミサイル輸出に関与しているという情報を、ロシア紙が報じるという手の込んだ情報工作を行なった。2010年5月24日付露紙『イズベスチヤ』はこう伝える。

〈トビリシ市長選挙のズビット・ジジグリ候補（保守党党首）がセンセーショナルな発表を行なった。『レゾナンス』紙のインタビューでジジグリ候補は、「2、3年前に」グルジア国防省がウクライナで買い付けたミサイルをイランに転売したと述べた。その際、ジジグリ候補は、「インテリジェンス機関」の匿名の情報源からの話だと述べた〉

米国は、イランが保有する弾道ミサイルについてきわめて神経質だ。大量破壊兵器に関するインテリジェンスの原則は「推定有罪」。匿名のインテリジェンス筋というあいまいな情報源であっても、このような情報が新聞で報じられれば、米国は事実関係について必ずグルジアとウクライナに照会する。事実関係が否定されたとしても、そのような疑惑に関する報道がなされるだけでグルジアのイメージが悪くなる。その場合、情報源がロシア人だとロシアの謀略工作が疑われるが、グルジア人が記者会見で発表した内容を報じるだけならば、ロシアは「善意の第三者」という建前を守ることができる。しかも、ミサイルはウクライナ製なので、ロシアが非難される危険性もない。実に良くできた情報工作だ。このように、ソチ・オリンピックを睨んでグルジアの信用を失墜させる情報工作をロシアは継続的に行なっていくであろう。

軍事戦略家のクラウゼビッツは、「戦争は政治の延長である」と喝破した。これを「スポーツも政治の延長である」と言い換えてソチ・オリンピックに向けたロシアの動きを分析することが必要だ。

（2010年6月23日号）

大統領と首相は「2頭立ての馬車」になる

2012年3月にロシア大統領選挙が予定されている。現状では、メドベージェフ大統領、プーチン首相のいずれかが出馬すると見られている。筆者はときどきロシアに関心をもつ国会議員から「メドベージェフ大統領とプーチン首相の関係はどうなっているのですか。激しい権力闘争が行なわれているのではないでしょうか。ロシア国内のナショナリズムカードを使うためにメドベージェフ大統領が国後島を訪問したのでしょう。大統領がこれだけ焦っているところを見ると、実権はプーチンが握っていると見るのが妥当でしょうか」という質問を受ける。判で押したように同じ内容なので、こういう質問に対して筆者はこう尋ね返すことにしている。

「あなたはどうしてそういう風に考えるのですか。率直に言って、ロシアの内在的論理に通暁していない頓珍漢《とんちんかん》な見方です。あなたがこんな変なことを考え出すはずがない。誰があなたにいい加減な説明をしたのですか。メドベージェフ大統領が国後島を訪問したのは2010年11月1日です。大統領選挙は、2012年3月です。1年4か月も前に選挙のためのパフォーマンスをして、果たして効果があがると思いますか」

そうすると相手の国会議員から、「効果なんてないと思います。実は私も外務省の説明を聞いて、『ちょっと違うんじゃないか』と思いました。しかし、外務省のロシア専門家が言うことですから、信じてしまいそうになりました。もっとも外務省はメドベージェフ大統領の北方領土訪問はないと断言して、予測を完全に外したので、不安になって佐藤さんの見方を尋ねたのです」という返答がくる。

側近集団の抗争は統制可能

外務省のロシア専門家の能力低下が著しい。その最大の原因はロシア語力の低下だ。ロシア語の能力が基準に達していないと新聞、雑誌、クレムリン（大統領府）や政府のHPに掲載される膨大な量の公文書を把握することができない。それだから、ロシアが送るシグナルを見落としたり、読み間違えたりするのである。筆者が政府高官や国会議員にメドベージェフ大統領とプーチン首相の関係について説明する時は、以下の3点を強調する。

1．メドベージェフ大統領とプーチン首相は一体のチームを形成している。ロシア語で2人の関係を「タンデム」（2頭立て馬車）と呼ぶが、この馬車は同じ方向を目指して走っている。

2．メドベージェフ、プーチンのそれぞれの側近集団は、ポスト、利権を巡って深刻な抗争を展開している。ただし、この抗争がメドベージェフとプーチンの関係を決定的に悪化させることはない。政権内部の権力闘争は、メドベージェフもしくはプーチンの指示によって統制可能である。

3．意思決定においてプーチン大統領時代とメドベージェフ大統領時代では差異がある。プーチン大統領は重要事項を1人で決断した。これに対してメドベージェフ大統領は重要事項をプーチン首相と相談した上で決定する。

これら3点を踏まえた上で2012年の大統領選挙にメドベージェフ、プーチンのどちらが当選してもロシアの国家政策は基本的に変化しないと筆者は見ている。確実に言えることは、メドベージェフとプーチンは、調整した上で大統領選挙に臨むことだ。現時点で、どちらが大統領選挙に立候補するかについては誰も予測することができない。なぜなら、メドベージェフ、プーチンのいずれもこの問題に関する決断をしていないからである。こういう問題について予測しても意味がない。

2000年にプーチンが大統領に就任した後、ロシアの国家構造が変化した。ロシアで政権批判を展開したジャーナリストの殺害や失踪について精力的に取材した福田ますみ氏がメドベージェフ・プーチン双頭体制の内在的論理を見事に説明している。

〈あるロシア問題専門家が、「プーチン政権が目指したのは、〝制御可能な社会〟〝制御可能な言論の自由〟〝制御可能な自由経済〟」であると解説してくれた。その後の10年で、プーチン・メドベージェフ体制はこの制御の仕方を具体的に構築したという。そのひとつは、FSB（引用者註＊連邦保安庁。ロシア国内におけるスパイやテロリストの監視、摘発などに従事する。旧KGB第二総局）と税務警察による取り締まりである。NTV（引用者註＊独立テレビ）のオーナーだったグシンスキーの持株会社に家宅捜索に入ったのはまさに、このFSBと税務警察だった。

再びそのロシア問題専門家が言う。

「現体制は、活字媒体にはある程度の自由を許しているといわれますが、体制が認める範囲外の報道をしてしまった場合は、新聞や雑誌であろうとFSBや税務警察に踏み込まれる恐れがある。そして、どのような罪状を突きつけられるかわかったものではありません。そのために、記者や経営者はいつもこのことを念頭に置いて、自主規制しながら報道を行っていかざるを得ないのです」

それでは、体制が認める範囲外の報道とは何か。ひとつには、外国の利益を優先し国益を害するような報道、外国のプロパガンダを国内に浸透させるような報道である。これも、外国資本が無制限になだれ込んだエリツィン時代の反省に立っている。そしてもうひとつは、プーチンやメドベージェフの私生活を暴くことだ〉（福田ますみ『暗殺国家ロシア　消されたジャーナリストを追う』新潮社刊、2010年、271～272頁）

要するに、ロシアでは国民に対して許容されることとそうでないことの境界線が国家によって一方的に引かれるのである。この境界線を最終的に決定するのがメドベージェフ大統領とプーチン首相の2人なのである。

〝ファシズム的体制〟を大多数が支持している

この境界線を踏み越えたと見なされた人々には、法律が特に厳格に適用される。ロシアの寡占資本家（オリガルヒヤ）は、旧ソ連の国有財産の民営化によって巨万の富を築いた。誰もが違法行為を行なっている。エリツィン政権下では寡占資本家が国家意思の形成において重要な役割を演じた。プーチン自身も寡占資本家の支持によってエリツィンの後継大統領になった。しかし、大統領になったプーチンは「国家の主人は寡占資本家ではなく大統領である」という新たなゲームのルールを導入した。

この新ルールに従ったスモレンスキー・SBSアグロ銀行元会長、アブラモビッチ・シブネフチ元会長（英国のサッカーチーム「チェルシー」のオーナー）は生き残った。この人たちは政商をやめ、金儲けだけに専心し、国税庁が要求する税金を支払い、政治に関与しないおとなしい実業家に変貌した。これに対して、政治への関与を続けたグシンスキー・メディアモスト元会長、ベレゾフスキー・ロゴバス会長は国外亡命を余儀なくされ、ホドルコフスキー・ユコス元会長は脱税、国有財産横領の容疑で逮捕、投獄され、有罪が確定した。現在、ホドルコフスキー氏は東シベリア・ザバイカリエ地方のきわめて劣悪な環境の刑務所に収監されている。

メドベージェフ・プーチン双頭体制において政府機関が直接手を下してジャーナリストを暗殺しているという見方を筆者はとらない。ただしこれらのジャーナリストがマフィアや武器商人などとのトラブルに巻き込まれ、抹殺される危険が生じたときに当局はあえて何もしない。不作為という形で政権にとって不都合な者を処理することが現下ロシアで日常的に行なわれている。

実際のところ、圧倒的大多数の普通の国民が、メドベージェフ・プーチン双頭体制を支持している。次期大統領選挙で政権側が不正を行なわなくても、2人のうち大統領選挙に立候補した人が圧倒的多数を得票して当選することは確実だ。ソ連崩壊後、欧米基準の自由と民主主義がロシア社会にもたらした格差、混乱にロシア国民は心底嫌気がさしている。その結果、国家の強権によって安定と格差是正を保障するファシズム的色彩の強い政治体制を普通のロシア人が支持しているのである。メドベージェフ・プーチン双頭体制が草の根の国民から支持されていることを軽視してはならない。

（2011年2月9日、16日号）

中東の「反政府ドミノ」で強気になる「双頭の鷲」

ロシアが対日攻勢を強めている。中東情勢の悪化による原油価格の上昇がロシアを強気にしている。これがロシアの交渉カードを強化する主な要因だ。

ロシアは、ヨーロッパとアジアにまたがるユーラシア国家だ。ロシアの国章が双頭の鷲であることに象徴されるようにロシアは東と西をにらみながら外交戦略を練る。最近の中東情勢の悪化にはロシアにとってプラス面とマイナス面がある。

マイナス面は、イスラーム原理主義が台頭し、その影響がチェチェン、ダゲスタンなどのロシアの北コーカサス地方に及ぶことだ。エジプトでムバラク政権が崩壊する過程においては「ムスリム同胞団」が大きな役割を果たした。日本のマスメディアは「ムスリム同胞団」について、イスラーム原理主義だが穏健派であるという基本認識を示しているが、これは甘い。「ムスリム同胞団」を含めイスラーム原理主義組織の構成員の圧倒的大多数は穏健である。しかし、その一部に武力によってイスラーム世界革命を実現しようとする過激派がいる。穏健派も過激派の動きを力で封じ込めようとはしない。従って、イスラーム原理主義者が権力を掌握すると過激派が国際関係を不安定にするのである。

エジプト騒擾に関して、ロシアは欧米諸国との協調姿勢を示した。その理由は、「ムスリム同胞団」が権力を掌握することによって、北コーカサスに原理主義過激派の影響力が拡大することを恐れたからだ。

情勢複雑化は「ロシアの得」

しかし、騒擾がバハレーン、リビア、イエメンに拡大し、ロシアの態度が変化した。ロシア国営ラジオ「ロシアの声」(旧モスクワ放送)は中東問題に関するロシアの基本的姿勢についてこう報じた。やや長いが重要なので引用する。

〈北アフリカと中東に、大きな混乱の渦が拡大している。反政府運動が、モロッコからペルシャ湾にいたるアラビア諸国に拡大している。

何万人もの人々がデモに参加している原因は様々だ。チュニジアとエジプトでは、貧困と汚職が主な不満のもととなった。一方のバーレーンでは、宗教の違いが指摘されているほか、リビアとイエメンでは、地域の派閥間での争いが見られる。さらにヨルダンでは民族問題が解決されていない。なぜなら、権力を握っているのがヨルダン人であるのに対して、人口の大半を占めているのはパレスチナ人であるからだ。

モロッコ、アルジェリア、クウェート、イラクでも、それぞれ別の問題が存在している。

リビアは、各地域の派閥同士での対立が、内戦につながる可能性もある。そのような状況の下、欧州連合(EU)外相会議は、平和的デモに対する武力鎮圧を非難する声明を発表した。声明のなかでは、表現・集会の自由が、尊敬と保護に値する人間の基本的権利である、と述べられている。

アメリカおよびEUは、北アフリカ、中東諸国における民主的改革の実施と国民に対する自由の付与を支持している。ロシア科学アカデミー東洋学研究所アラブ研究センターのアレクサンドル・フィロニク・センター長は、アラブ世界の現実が十分に考慮されていない、と指摘している。

アラビア世界の市民社会は、発展したものではない。確かにいくつかのNGO組織などに関しては例外だ。それらの組織は限られた人員で運営される規模の小さなものであり、目的別に世論形成に携わっている。

アラブ諸国民には、自らの伝統と歴史があり、風土が存在する。そしてそれは多くの場合、西欧でみられるようなリベラルな価値観とは合致するものではない。そのような価値観の輸出は、状況を深刻化させるだけに終わる可能性もある〉（2011年2月21日「ロシアの声」日本語版HP）

「ロシアの声」は、ロシア政府のシグナルを送る機能を果たしている。専門家による論評という形でロシア政府の立場を示すのである。欧米メディアで流通している「ウィキリークスにより真実を知り、フェイスブックを用いて連帯した市民たちによる民主革命」という解釈をロシアはとらない。アラブ諸国では市民社会が未成熟であるので、民主革命は実現しないとロシアは考える。そうかといって、騒擾が起きている諸国の権威主義的政権をロシアが支持しているわけではない。様子見を決め込んでいるのである。

既に一部市場では、原油価格が1バレルあたり100米ドルを突破している。ロシアは産油国だ。リビア、バハレーンなどの産油国、さらに巨大産油国であるサウディアラビアと国境を接するイエメンの情勢複雑化はロシアにとって得なのである。中東情勢不安定化によるイスラーム原理主義過激派の影響力拡大というマイナス要因よりも、原油価格上昇というプラス要因の方が大きいとロシアは判断しているので中東の騒擾を「歓迎」しているのだ。

「対日包囲網形成」という目論見

このような中東情勢の悪化が北方領土交渉におけるロシアの立場を硬化させている。日本が「油乞い外交」でロシアに擦り寄ってくるとクレムリン（露大統領府）は考えているのだ。

そこでロシアは歴史認識をめぐって日本に対して攻勢をかけている。２０１１年2月24日に国連憲章の旧敵国条項を用いた変化球を投げてきた。

〈前原氏発言にロシア外務省反論「主権は絶対的合法」／ロシア外務省は24日、ロシアによる北方領土の領有には「法的根拠がない」と述べた前原誠司外相らの発言に対してコメントを発表し、「我々の主権は絶対的に合法であることに疑いはない」と反論した。第2次世界大戦の結果としてソ連側に移ったと主張。１９４５年のヤルタ協定やポツダム宣言、51年のサンフランシスコ平和条約、国連憲章第１０７条を根拠に挙げた。／１０７条は、戦勝国が敵国から取ったものを無効にしない、などとしている〉（２０１１年2月24日asahi.com）

北方領土が合法的にソ連（ロシア）領になった論拠として、ロシア政府はこれまでもヤルタ協定、ポツダム宣言、サンフランシスコ平和条約を強調してきた。これに加え今回は国連憲章１０７条を前面に押し出してきた。そこでは、〈第１０７条〔敵国に関する行動〕この憲章のいかなる規定も、第二次世界戦争中にこの憲章の署名国の敵であった国に関する行動でその行動について責任を有する政府がこの戦争の結果としてとり又は許可したものを無効にし、又は排除するものではない〉と定められている。国連憲章は日ソ開戦以前の1945年6月26日に署名されているので、それを根拠に北方四島のロシアへの編入を合法化しようというのがロシアの魂胆だ。

そもそも国際連合は英語で記すと、The United Nationsだ。これは第二次世界大戦中の連合国という意味だ。戦後、日本の外務官僚は、国際連合があたかも公平公正な機関であると見せかけようとして、連合国と異なる意訳をあえてしたのだと筆者は見ている。

ロシアは「連合国」対「ファッショ枢軸国」という二項対立を作り、第二次世界大戦においてファッショ陣営に属していた日本は、歴史に対する反省が不十分なので、中国とは尖閣問題、韓国とは竹島問題を抱えているのだという言説を作り上げて日本を追い込もうとしているのだ。

このような乱暴な言説に米国の一部有識者が同調する危険性を軽視してはならない。加藤陽子東京大学教授は、〈国防長官をやったマクナマラなど、日本が真珠湾奇襲をしたために、その罪科の果てに沖縄があるのだ、などと、公開されたばかりの外交記録上で述べていますね。罪科の等価交換と考えているふしがアメリカにはあります〉（加藤陽子／佐高信『戦争と日本人　テロリズムの子どもたちへ』角川oneテーマ21、2011年、176～177頁）と指摘している。

ロシア発の対日包囲網形成の動きを全力をあげて阻止することが日本外交の焦眉の課題である。

（2011年3月30日号）

獄中の資本家が発した「2人の指導者への評価」

ロシアのオリガルヒヤ（寡占資本家）の1人であったミハイル・ホドルコフスキー氏（48歳）との獄中書面インタビューを基に米誌『ブルームバーグ・ビジネスウィーク』（2011年6月16日付、邦訳同28日付『日経ビジネスONLINE』）に掲載された記事が話題になっている。

ホドルコフスキー氏は、ソ連崩壊までコムソモール（共産主義青年同盟）の中堅幹部をつとめていた。ソ連では、ほとんどの青年がコムソモールに所属していた。共産党や政府の官僚になるための登竜門がコムソモールの幹部になることだった。ホドルコフスキー氏は、モスクワ化学技術大学出身で、理科系のソ連エリートと良好な人脈をもっていた。そこで1988年に「メナテップ」（ロシア語で、「学際科学技術プログラム」の頭文字から作られた略語）という組織を立ち上げた。その金融部門が後に「メナテップ銀行」に発展した。ソ連崩壊後、「メナテップ銀行」は急速に成長し、ホドルコフスキー氏はエリツィン大統領（本項における肩書は記述する出来事が起きた時点のものとする）時代にロシアの国家政策に大きな影響を与えた8人の寡占資本家の1人になった。

エリツィン時代の「ゲームのルール」は変更された

ホドルコフスキー氏には、当初からコムソモールの資金を流用して、寡占資本家になったという噂があった。もっともソ連時代、生産手段はすべて国有であった。寡占資本家は、誰一人例外なく、ソ連の国有財産を個人財産もしくは自分の会社の資産に転換している。法規を厳密に解釈すれば、誰もが刑事責任から免れないような状態にある。

１９９１年12月のソ連崩壊から１９９８年8月の金融危機まで、ロシアにおける国有財産ぶんどり合戦は実に熾烈だった。当時は、「５００万米ドル（約5億円）の利権抗争で死者が1人出る」と言われていた。筆者が親しくしていたジュラブリョフ・モスクワ建設銀行会長も、自宅前で狙撃され死亡した。ジュラブリョフ氏が生き残っていたならば、寡占資本家になっていたと思う。裏返して言うならば、ホドルコフスキー氏、ベレゾフスキー氏（元「ロゴバス」会長、現在、英国に在住）、グシンスキー氏（元「メディアモスト」会長、現在、スペインに在住）たちは、文字通り命懸けの抗争に勝ち抜いて寡占資本家の地位をつかんだのである。

エリツィン時代、ロシア政府は、8人の寡占資本家の意向を無視して重要政策を決定することはできなかった。そこで、筆者もできるだけ寡占資本家と個人的信頼関係を構築することに努めた。幸い、ある寡占資本家と波長が合い、事務所に自由に出入りできるようになった。

その寡占資本家の事務所は、モスクワのトベーリ通り（日本の銀座通りに相当する）にあった。食料品店の横にマジックミラーがついたみすぼらしい扉がある。看板も表札もついていない通用門のような雰囲気だ。その脇にインターフォンがついている。それを押して「日本大使館の佐藤優です」と伝えると、扉が開く。中には迷彩服を着た武装警備員が2人、自動小銃をもって立っている。金属探知機で厳重なチェックを受けた後、2階に案内される。2階はクレムリンの晩餐《ばんさん》会場のような作りになっている。広い部屋のあちこちにアフリカ象やインド象の置物がある。この寡占資本家が象好きだからだ。待合室では、必ず与党幹部か大統領府高官がいた。ロシア政治に関する情報収集だけでなく、北方領土問題に関する日本の立場をロシアのエリート層に浸透させる上でも、この寡占資本家との人脈はとても役に立った。

当時、エリツィン大統領は、8人の寡占資本家と定期的に会合し、国家の重要事項について調整した。この会合で決定されたことがロシア国家の政策となった。プーチンがエリツィン大統領の後任になることについても寡占資本家の了承を得て進められた。寡占資本家は、プーチンならば統制下に置くことが可能と考えたのである。

しかし、この見通しは甘かった。プーチンは大統領に就任すると、「政治と経済の線引きは俺がする。経済人は政治に容喙《ようかい》せず、金儲けに専心し、国家に税金を支払え」というゲームのルールを定着させようとした。「国家政策は大統領が一方的に決定し、それに寡占資本家は従うべきだ」というのがプーチン大統領の考えだった。エリツィン政権時代に寡占資本家の利権のために国益が毀損されたというのがプーチン大統領の認識だった。グシンスキー氏、ベレゾフスキー氏は、「約束が違うではないか」とプーチン大統領の新方針に抵抗した。その結果、司直の手が及び、亡命を余儀なくされた。その他の寡占資本家は、ホドルコフスキー氏を含め、プーチン大統領が設定したゲームのルールを受け入れた。

それにもかかわらず、ホドルコフスキー氏は2003年10月に脱税容疑で逮捕、起訴された。なぜこのようなことが起きたのだろうか。

石油利権を巡りプーチン側近との利権抗争が起きたとか、ホドルコフスキー氏の共産党に対する政治資金供与が大統領側の逆鱗《げきりん》に触れたなどの解釈がなされているが、筆者はホドルコフスキー氏のカリスマ性をプーチン大統領が危険視したからと見ている。

「プーチン返り咲き」は何を意味するか

筆者は、東京とモスクワで、1回ずつホドルコフスキー氏と会見したことがある。特にモスクワでの会見はサシ（1対1）だった。夏だったので、ホドルコフスキー氏は、ジーンズにポロシャツというラフな格好で、石油会社「ユコス」会長室に筆者を迎え入れてくれた。他の寡占資本家と比較して、尊大なところがなく、事務所も簡素だった。ベレゾフスキー氏やグシンスキー氏が、郊外にホテルやレストランのついた豪華な別荘を造り、毎晩のように宴会をしていたのに対し、ホドルコフスキー氏は仕事一筋で、しかも若手研究者や学生など将来ロシアの知的エリートになる人々への支援に力を入れていた。

筆者はホドルコフスキー氏との会見を通じ、「この人は、マックス・ウエーバーが言うところの禁欲ができる人だ。これから影響力が一層拡大する」と思った。

ホドルコフスキー氏は、人間関係を大切にするので、以前応援していた政治家が影響力を失っても、政治献金を続けていた。前に述べたようにホドルコフスキー氏はコムソモール人脈から寡占資本家になった。コムソモール時代の友人で共産党幹部になった人も多い。それだから、共産党にも政治献金を行なっていた。もちろんプーチン大統領陣営にはそれ以上の政治献金をしていた。与野党を問わず、政治エリートの間で、ホドルコフスキー氏は自己抑制ができる経済人だという評判が高まった。プーチン大統領は、将来、ホドルコフスキー氏が政治的ライバルになると直感したのだと思う。そして、プーチンの政治的統制下に入るようにとのシグナルを出したが、ホドルコフスキー氏が無視したので、強硬策を取ったのだと筆者は見ている。

獄中書面インタビューでホドルコフスキー氏がもっとも外部に伝えたかったメッセージは以下の部分だ。

〈プーチン首相は2012年の大統領選挙に出馬する可能性がある。ホドルコフスキー氏は、プーチン首相が再び大統領に復帰したら、改革へのかすかな望みも失われると懸念している。一方、メドベージェフ大統領が再選すれば、事態は好転する可能性があると見ている。「メドベージェフ大統領は新しいタイプの指導者だ。同大統領は、独裁的な統制体制ではなく、より近代的な、各政治機構が相互に監視し合う国家統治体制を目指している」（ホドルコフスキー氏）〉

寡占資本家に対するメドベージェフ大統領とプーチン首相の姿勢は同じだ。ただし、メドベージェフ氏の方が、政治的老獪さに欠ける。現状でロシアの政治・経済エリートは、プーチン首相が大統領に返り咲くことを望んでいる。この流れを阻止しなくては、ホドルコフスキー氏が社会的に復権する可能性はなくなる。その思惑から、ホドルコフスキー氏は、今回の獄中インタビューを仕掛けたのだと筆者は見ている。

（2011年8月3日号）

第3章　亡国の組織

暴走する官僚たち

小沢秘書逮捕・起訴は危険な「官僚の世直し」

雑誌にはそれぞれの特徴がある。筆者が職業作家への道を歩むことになったのは、2005年3月に『国家の罠　外務省のラスプーチンと呼ばれて』(新潮社)を上梓した後のことだが、文筆活動はその前、2004年末から始めていた。それが、『SAPIO』における本連載だ。これには理由がある。

『SAPIO』にもときどき寄稿する歳川隆雄氏は筆者がとても尊敬するジャーナリストだ。米国、ロシア、中国、韓国にとてもよい人脈をもち、「奥の院」の情報に通暁している。一般にはあまり知られていないが、歳川氏が発行するニューズレター『インサイドライン』は、政局、国際情勢に関する情報や、ときには読書案内も入った永田町(政界)、霞が関(官界)に影響を与えるメディアだ。現役外交官時代も、外務省幹部と「歳川さんがこう言っているぞ」と『インサイドライン』の内容がよく話題になった。

2004年10月8日、筆者は、512泊513日の「小菅ヒルズ」(東京拘置所)独房暮らしを終え、娑婆に出てきた。しばらくしてから、歳川氏から連絡があった。

「優《ゆう》さん、出てきたという話を聞いたので、昔の携帯（電話の番号）が生きているかと思って電話をした」

「携帯電話は昔のままですよ」

そういって、よもやま話をした。筆者が人生を投げ出してしまうのではないかと歳川氏は心配していたのだ。そのとき「小学館の『ＳＡＰＩＯ』にとてもよい編集者がいる。手記をとろうとか、取材をしようというがっついた奴じゃない。優さんの事件はおかしいと思って、真相を知りたいと思っている。住所を教えてもいいか」と聞かれた。筆者はとっさに「どうぞ」と答えてから、ちょっと後悔して、「ただしご期待にそえるかわかりませんよ。それからきちんとしたお返事もできないかもしれません」と答えた。

鈴木宗男事件のときのメディア・スクラムで、新聞や雑誌に対して、警戒感が強まっていたのは確かだ。それから、その編集者は毎号、本誌を送ってきてくれた。そして、「佐藤優支援会」や筆者の公判の傍聴にもよく顔を出してくれた。人間的に親しくなった。「何か社会的活動をしないといけない。人生の可能性をせばめてはいけない」とその若い編集者は、せつせつと訴えた。「書く」という活動をしようと思ったのは、この編集者の熱意によるところが大きい。そこで、筆者は２００４年末から「坂上巌」というペンネームでこの連載を始めた。このペンネームは、編集者が司馬遼太郎の『坂の上の雲』と大山巌から合成してつくったペンネームである。

刑事被告人であり、外務省と対峙している筆者に連載をもたせるというのは、編集部としてもリスクを負うことだ。ただ、編集部はこの若き編集者の筆者に対する想いだけでなく、「いまの司法には問題がある」という認識があるから、筆者に連載をもたせてくれたのだと思う。

「鬼の特捜」と対峙する勇気

いままでタブーとされてきた特捜検察の問題について、『SAPIO』はもっとも切り込んでいる。例えば、リクルート事件を中心に特捜の捜査の危うさを扱った田原総一朗氏の連載は2007年に単行本『正義の罠　リクルート事件と自民党　20年目の真実』(小学館)として上梓され、「国策捜査」について知るための基本書になっている。

2009年3月24日、東京地方検察庁は、小沢一郎民主党代表の公設第一秘書・大久保隆規氏(47歳、3月3日逮捕)を起訴した。起訴理由は、準大手ゼネコン西松建設からの企業献金をダミーの政治団体から受け取っていたという政治資金規正法違反容疑(企業献金の受領、政治資金収支報告書への虚偽記載など)だ。弁護団によれば、大久保氏は容疑を否認している。

『SAPIO』2009年4月8日号の「小沢ひとりを狙い撃ちする地検特捜部の『勝算』」は、筆者がこれまでに目にした大久保氏の事案に関するもっとも深く、鋭い分析だ。特に以下の結論部が説得力をもつ。

〈特捜部の捜査が小沢氏と利害が対立する側の証言や供述で組み立てられているとすれば、政治的捜査の色彩が一層濃くなり、特捜部が本当に自民党を含めた政界全体のゼネコン利権や「政治とカネ」の疑惑解明に取り組む覚悟があるのか甚だ疑問になる。大手マスコミが徹底して特捜部擁護の姿勢であるだけに、事件の真相と捜査の進め方には、国民はよほど注意深い目を向けておかなければならな

い〉

　この指摘の通りだ。しかも、この記事は「本誌政界特捜班」のクレジットで書かれている。記事の責任は、特定の書き手でなく本誌編集部が負うということだ。「鬼の特捜」（東京地方検察庁特別捜査部）と対峙する腹は他の新聞や雑誌の編集部ではなかなか括《くく》れないと思う。

絶対的正義を確信する「思い込み」

　さて、国策捜査という業界用語を、一般の世界で通用するようにしたのは拙著『国家の罠』によるところが大きいという説が流布しているせいか、大久保氏の事案について、記者から「本件は国策捜査ですよね」という質問がたくさん寄せられた。しかし、筆者は本件を国策捜査とは考えていないのである。

　ここで議論が空中戦にならないようにするために、大雑把でもいいから、国策捜査の定義をしておく必要がある。幸い、筆者の場合、取調室で特捜検事が教えてくれた定義がある。

〈これは国策捜査なんだから。あなたが捕まった理由は簡単。あなたと鈴木宗男をつなげる事件を作るため。国策捜査は『時代のけじめ』をつけるために必要なんです。時代を転換するために、何か象徴的な事件を作り出して、それを断罪するのです〉（佐藤優『国家の罠』新潮文庫、2007年、366頁）

　筆者も巻き込まれた2002年の鈴木宗男事件は、公共工事によって富の再分配を行なうという田中角栄型政治（日本型社会民主主義と言い換えてもいい）との訣別という意味があった。事実、鈴木宗男事件後、竹中平蔵氏が提唱した新自由主義的な規制緩和、「小さな政府」路線が主流になる。これに対して、2006年のライブドア事件は「稼ぐが勝ち」「カネで買えない物はない」との発言で有名になった当時ライブドア社の社長をつとめていた堀江貴文氏等同社幹部を摘発することで、行きすぎた新自由主義に歯止めをかけるという意味があった。これに対して、今回の大久保氏の事案は政治資金規正法違反という旧来型事案で国家政策を転換するという象徴性はない。

国策捜査ではないとすると何が起きているのだろうか？　筆者は、特捜検察は本気になって「世直し」をしようとしているのだと思う。現下の日本は危機的状況にある。しかし、政治家も経済人も利己的で腐敗している。西松建設の政治献金を調べているうちに、特捜としては看過できない事案が、多くの政治家に絡んで出てきた。その中で、小沢氏の事案が特捜には特別大きな獲物のように見えたのであろう。

一昔前、俳優の杉良太郎が扮する「遠山の金さん」が、夜8時から始まるテレビドラマの8時20～30分頃に悪代官と越後屋（悪徳商人）の間の不正について知り、「許せねえ」と叫ぶあの雰囲気だ。そして、検察官がひとたび思い込むと、その対象は巨悪に見えてくる。劇画「巨人の星」の主人公・星飛雄馬のように瞳の中で炎を燃やした絶対的正義を確信する現場の特捜検事が、思い込みに基づき、試練の道を進んでいるというのが現状だ。

1936年の二・二六事件で決起した陸軍青年将校たちの心情も現在の特捜の現場検事に類比的だと筆者は想像している。しかし、軍事官僚であれ、検察官僚であれ、資格試験に合格しただけで、国民による選挙の洗礼を直接受けない者が進める「世直し」は危険だ。思い込みが間違えていた場合、国民による軌道修正ができないからだ。民主主義の観点から特捜検察の動きを厳しく監視する必要がある。

（2009年4月22日号）

石川知裕への「特捜検察の高等戦術」を危惧する

２０１０年1月15日、東京地方検察庁特別捜査部は、石川知裕衆議院議員（民主党、北海道11区）を政治資金規正法違反の容疑で逮捕した。筆者は、石川氏と親しくしている。特に疑惑報道が激しくなってからは、ほぼ毎日、連絡をとっていた。筆者も1人の人間として、石川氏に対する想いは当然ある。しかし、本稿では私情を捨てて、インテリジェンスの観点からあえて冷たい分析をする。

本件は、民主党と官僚の間で展開されている「誰が日本国家を支配するか」をめぐる国民不在の権力闘争に過ぎない。官僚は、国民は無知蒙昧《むちもうまい》な有象無象であると考えている。それだから、国民によって選挙された国会議員は無知蒙昧の濃縮液のようなもので、こんな連中が権力の実態を握るようになると日本国家が崩壊するとほんとうに心配している。これは明治憲法下の「天皇の官僚」という発想が少し変形したものだ。官僚は、天皇不在の抽象的な日本国家に忠誠を誓っている。いずれにせよ、国民に対する忠誠心はない。

これに対して、民主党の小沢一郎幹事長は、国民から選挙によって選ばれた国会議員が国家の支配者であると考える。もっとも代表を送り出す者（有権者）と代表される者（国会議員）の利害が一致するという保証はどこにもない。ポピュリズムの波に乗って、能力が低く政治家としての適性に欠ける者が国会議員に当選し、国民の利益を裏切ることはよくある。

検察は「小沢憎し」という感情で固まっているが、官僚にとって真実の敵は小沢幹事長ではなく、鳩山民主党政権だ。この政権は、官僚の司令塔である事務次官会議を廃止し、内閣法制局長官、外務省国際法局長の国会における答弁を禁止し、憲法を含む法令と条約、協定の有権的解釈を国会議員が行なう態勢にすることを決定した。これは官僚にとって死活的に重要な権限を奪うことになる。さらに米海兵隊普天間飛行場移設問題について自民党政権時代の日米合意（辺野古沿岸への移設）の履行を躊躇《ちゅうちょ》している。日本が米国との合意を反故にすることなどこれまで考えられなかった。鳩山政権が本気で対等の日米関係を志向すると米国が日本を見放すのではないかという恐怖感を霞が関（中央官庁）エリートはもっている。特捜検察は前衛（アバンギャルド）で、鳩山政権を潰してしまえという官僚の集合的無意識を体現している。

検察の勝利は二・二六の再来

民主主義的手続きを経てできた政権が、国民本位の民主主義を展開するとは限らない。ナチスも民主的手続きで国民の過半数の支持を得て権力を掌握したが、権力争奪後、民主主義とはほど遠いヒトラーの独裁政治を行なった。民主党がどのような政党になるかについては、皆目見当がつかない。現時点では、政権獲得を目的に結集した選挙互助会に過ぎない。そして、この互助会のとりまとめ役が小沢幹事長なのである。小沢氏は、政治権力を金に替え、その金で政治権力を強化するという田中角栄型の最後の政治家だ。小沢氏の歴史的使命は、田中型政治の弔辞を読むことである。

2009年3月3日、公設第一秘書の大久保隆規氏が特捜によって逮捕、起訴されたところで小沢氏も問題の所在に気がついたようで、企業献金、団体献金を全面的に禁止し、政治活動は個人献金だけで行なうべきだと主張し始めた。企業献金だと、上場企業の場合、社長が「無私の精神で献金しました」と言うと、株主に対する背任になる。「自分の会社の業績に貢献するために献金しました」と答えると、今度は贈賄に問われる。いずれにしても犯罪に巻き込まれる。この構造を転換しなくてはならない。利権を再分配する以外のシステムでどのような新しい政治の流れをつくることができるかが小沢氏の課題だ。

その課題に具体的に着手する前に2010年1月15〜16日に小沢氏の秘書をつとめたことがある石川氏、大久保氏ら3名が逮捕された。この逮捕によって、小沢・検察戦争が始まってしまったため、政治と金の関係について与野党が国会で新しい仕組みをつくるための建設的議論をすることは不可能になっている。いずれにせよ政治と金の関係について、国民が納得できる新しいシステムをつくることに成功しなければ、小沢氏も民主党も叩き潰される。検察ではなく、国民によって叩き潰される。

この戦争に小沢幹事長が勝利したらどうなるであろうか？　検察庁も官僚組織だ。小沢捜査に積極的に協力した検察官を東京地検特捜部から左遷《させん》する。そして、新しい特捜は、民主党に擦り寄ることになる。民主党はほんとうの権力党になり、国民による統制がききにくくなる。世の中は暗くなる。

この戦争で、検察が勝利するとどうなるであろうか？　国会議員が検察の意向に反する言動をしなくなり、官僚による支配が完成する。二・二六事件（1936年）以降、政治家、ジャーナリスト、論壇人、文学者のすべてが陸軍の意向を気にしたような状況が再来する。

小沢幹事長側が勝利しても、検察側が勝利しても国民によいことはない。ぎりぎりの選択で言えば、小沢氏を含む国会議員は、選挙で排除することができる。これに対して検察官を含む官僚を国民の意思で排除することはできない。それだから、検察が勝利することを筆者は危惧する。

「君がもっていかれる可能性は五分五分だ」

検察は焦っている。一般論として焦っている組織は乱暴な仕事をする。石川氏は2010年1月13日、14日の両日、任意の取り調べを受けた。取り調べの後、筆者は電話で石川氏と何度か話をした。同13日の取り調べで検察官は、「明日の取り調べで、（政治資金収支報告書に）故意に虚偽記載をしたことを認めないと、君がもっていかれる（逮捕される）可能性は五分五分だ」と言ったそうだ。誰も逮捕されたくない。これは圧力をかけて、検察にとって有利な調書を取ろうとする活動と筆者は認識している。同14日の取り調べで検察官は、「君は小沢先生に忠誠を誓っているが、小沢先生の方はどうかな。小沢側は君を切っているぞ。君は小沢事務所では冷や飯を食わされていたんだね。人生をやり直した方がいいよ。政治家を辞めるんだ」と言ったそうだ。取り調べは午後2時前から10時頃まで行なわれたという。「佐藤さん、頭が朦朧《もうろう》として、時間の感覚もなくなってしまいました。もう政治家を辞めてもいいと口走ってしまいました」と涙声で言った。それに対して筆者は、「国会議員に当選するのもたいへんなんだよ。あなたは、十勝（北海道11区）の有権者の代表として国会に送り出されたんだ。その責任があるよ。検察官が国会議員を辞めさせることはできない。これは民主主義の根本原理だよ」と答えた。石川氏は、「理屈ではわかっているんです。しかし、取調室のあの空間では、検事に引きずられてしまうんですよ」と言った。

筆者は「わかるよ。僕自身、特捜に逮捕され、取り調べを受けた経験があるからよくわかる。検察官は悪い奴らじゃない」と言った。

「そうなんです。怒鳴られた後、やさしい言葉をかけられると、この人はいい人だと思ってしまうんです」

「取調室の中は、人間と人間の真剣勝負の場だ。検察官は彼らの立場から、石川さんの将来を真面目に考えている。特に担当の検察官は、検察庁の内部では、石川さんの罪の負担が軽くなるように、あなたを守るべく本気で頑張っている。しかし、それはあなたを釜ゆで、ノコギリ挽きにはしないで、絞首刑で楽をさせてあげるということが大前提なんだよ。政治家としての石川知裕を『殺す』ことが検察官の仕事なんだ」

「わかっています」

「検察官に引きずられて、自分がやっていないことを認めたらダメだよ。その後、一生後悔することになる」

特捜事件では、物証よりも供述が中心となる。調書が作成される上でどのような取り調べが行なわれているかを録画、録音する可視化を急ぐべきだ。

（２０１０年2月10日、17日号）

私が「取り調べ隠し録音」をアドバイスした理由

石川知裕氏から2009年10月某日に電話がかかってきた。この瞬間から筆者は石川氏の運命に深く関与するようになる。このときの様子を石川氏が2011年7月に上梓した『悪党　小沢一郎に仕えて』から引用する。

〈「検察は『石川は階段だ』という言い方をしていましたよ」

読売新聞の第一報（引用者註＊2009年10月15日読売新聞朝刊1面に「小沢氏団体、04年報告書記載に虚偽」という見出しの記事が掲載された）の後、私の事務所によく来ていた別の新聞の社会部記者が政策秘書の上垣亜希にそう漏らした。

「階段ってなんだ？」

ただでさえ混乱していた私は、できるだけ疑問を抱えたくなかった。私は上垣に作家で元外務事務官の佐藤優さんの電話番号をすぐに探すように指示した。

「『階段』と言われたのですが……」

「それは小沢逮捕につなげる『階段』として石川先生が位置付けられているという意味。私も鈴木宗男さんの『階段』にされた」

佐藤さんは即答した。極めてシンプル、かつ残酷な答えだった。

「特捜部は小沢一郎を諦めていない。絶対つかまえにくる。いまから対策を練りましょう」

「はい」

「楽観論は捨てたほうがいい。典型的な国策捜査ですから。僕は全面協力しますよ」

受話器越しに佐藤さんの声を聞きながら、私の背筋はゾクッとした〉（石川知裕『悪党　小沢一郎に仕えて』朝日新聞出版、２０１１年、32～33頁）

その後、筆者は石川氏と毎日のように電話で連絡を取るようになり、また数回会って、頼りになる弁護士や特捜検察の内情に詳しい作家を紹介した。話を重ねる過程で、筆者は石川氏が、小沢一郎氏とは別個の、独立した政治家であるという確信をもつに至った。

検察は、石川氏を小沢氏という親分に従属した駒と考えている。こういう駒を崩す技法を特捜検察はふんだんに蓄積している。まず逮捕して、隔離する。そして、親分は駒を切り捨てたと説得し、駒の心理を孤立無援であるという不安な状態に陥れる。そこで、駒に「君はまだ若い。親分との関係を絶って、新しい人生をやり直すことが可能だ。僕たちはその手助けをする」と説得する。

検察官は、自供を引き出すテクニックとしてこのような話をするのではない。自白を引き出し有罪にするという仕事の範囲内で、駒の将来を本気で心配して説得をするのだ。マスメディアの疑惑報道には、事実とそうでない内容が混在している。そうでない内容に関しては、人格的な誹謗中傷が多数ある。また、政治家の場合、事務所に抗議の電話やファックスが多数寄せられる。そこには罵詈《ばり》雑言《ぞうごん》が記されている。それらと比較すると、駒には検察官が自分を理解してくれる味方のように見えてくるのだ。

拘置所に送った手書きの〝メッセージ〟

こういう駒の心理は、似た経験をした者にしかわからないところがある。それだから、事前に、逮捕後に被疑者の心理がどのように変化するかを石川氏に伝えておいた。こうして既視感をもたせておくことが、獄中で取り調べ担当検事に点を取らせようと思い、過剰に迎合した供述調書を作成しそうになったときに「あれ、僕の心理状態は少しおかしい」と気づくきっかけになるからだ。

石川氏が逮捕された後、東京拘置所で毎日30分の面会をする弁護士にファックスでメッセージを託した。A4判のコピー用紙にマジックで短いメッセージを記す。弁護士はこの紙を面会場のガラスに押し付ける。それを石川氏が声を出しながら読む。保釈後、石川氏から「そろそろ検察官が味方に見え、弁護人が敵に見えてくる。要注意！　敵と味方を間違えるな！」というメッセージを読んで、ハッと我に返ったという感想を聞いた。

石川氏は、2010年2月5日、東京拘置所から保釈された。政治資金規正法違反容疑で石川氏ら3人が起訴されたが、小沢氏は不起訴になった。これに関し、検察審査会に不服が申し立てられた。そしてこの年の5月17日に東京地方検察庁で石川氏から約5時間の事情聴取が行なわれた。この聴取の全過程を石川氏は鞄の中のICレコーダーで録音した。この録音を強く勧めたのは筆者である。筆者はそのとき、石川氏にこう伝えた。

「自分の身は自分で守るしかない。特捜検察がどういう取り調べをしているかは、経験した人以外には理解できない。裁判官だって弁護士だって実態を認識していない。今度の事情聴取は任意だ。録音しても法に触れるわけじゃない。検察官が『録音していないだろうね』と念を押してきても、とりあえず『はい』と答えておけばよい。外交の世界に相互主義という概念がある。相手が約束を違えた場合、それと同程度にこちらも約束違反をする権利があるという考え方だ。これまで石川さんが供述した内容を部分的に誇張して検察はマスメディアにリークした。内閣総理大臣名の質問主意書に対する答弁で検察はリークしていないと答弁しておきながらである。法廷外で検察は石川さんに対するネガティブキャンペーンを展開している。それに対して石川さんが、身を守る材料が必要だ。それだから取り調べの実態を録音することを強く勧める。それが歴史に対する責任を果たすことにもなる」

石川氏は腹を括って録音をした。この録音記録が法廷に証拠として提出された。その結果、2011年7月12日に東京地方裁判所は、石川氏の調書の一部を証拠として認めなかった。朝日新聞の報道を引用しておく。

〈小沢一郎・民主党元代表の資金管理団体「陸山会」の土地取引事件で、東京地裁（登石郁朗裁判長）は12日、衆院議員・石川知裕被告（38）ら元秘書の自白調書の一部を証拠採用しなかった地裁決定に対する東京地検の異議を棄却した。これ以上の不服申し立ての手段はなく、これらの証拠を排除して地裁が一審判決を言い渡すことが決まった。

政治資金規正法違反（虚偽記載）の罪で公判中の石川議員ら3人の調書計38通を検察側が証拠請求したのに対し、地裁は6月30日の決定で11通を「任意性がない」として全部却下し、他の多くの調書も一部却下としていた。却下された調書には「小沢氏に虚偽記載を報告し、了承を得た」とする内容も含まれていた〉（2011年7月13日 asahi.com）

裁判所が、検察官によって作成された供述調書を証拠採用しないことはきわめて異例である。証拠として採用された石川氏の録音記録が、検察官調書の任意性に関して裁判官に疑念をもたせる根拠になったのだ。

2011年7月20日の公判で、検察側は石川氏に禁錮2年を求刑した。これに対して弁護側が同8月22日に最終弁論を行ない、結審する。そして同9月26日に判決が言い渡される。

政治を変化させる主体は誰であるべきか

仮に石川氏が、「強大な権力を相手に戦うのは恐い。検察に迎合した供述をし、政治家を辞め、人生をやり直そう」という選択をしたならば、小沢氏は逮捕され、政治の流れは大きく変化していただろう。しかし、そこで政治を変化させる主体は検察官僚になってしまった。検察が正義の体現者でないことは大阪地検特捜部の主任検事による証拠改ざん事件の例で明らかだ。政治を糺《ただ》す主体はあくまでも国民でなくてはならない。保釈後、石川氏は、小沢一郎型政治について、徹底的に考え、〈「小沢頼みから脱却しなければならない」／よく仙谷（由人官房副長官）さんはこう言っている。確かにそうである。我々一人ひとりの政治家は自分自身の考え方をまとめ小沢一郎への依存から脱却し自らが政策を掲げ、それが日本の指針となるような、または対立軸となるようなものを作り上げねばならない時期に来ている〉（前掲書237頁）という結論に至った。手記を上梓することによって、石川氏は、小沢氏から独立した政治家であることを目に見える形で示したのである。

（２０１１年８月24日号）

＊２０１１年８月26日、東京地裁は石川氏に禁錮２年、執行猶予３年の判決を言い渡した。石川氏は控訴。

「外交文書廃棄」という歴史への犯罪

２００９年６月29日付毎日新聞朝刊で村田良平元事務次官（元駐米大使）が米軍の核持ち込み密約が存在すると暴露した。関連部分を引用しておく。

〈１９６０年の日米安全保障条約改定時に核兵器搭載艦船の寄港などを日本側が認めた密約について、87年７月に外務事務次官に就いた村田良平氏（79）＝京都市在住＝が、前任次官から文書で引き継ぎを受けていたことを明らかにした。村田氏は28日夜、毎日新聞の取材に「密約があるらしいということは耳に入っていたが、日本側の紙を見たのは事務次官になったときが初めて」と証言した。日本政府は密約の存在を否定しており、歴代外務次官の間で引き継がれていたことを認める証言は初めて。

村田氏によると、密約は「普通の事務用紙」１枚に書かれ、封筒に入っていた。前任者から「この内容は大臣に説明してくれよ」と渡され、89年８月まで約２年間の在任中、当時の倉成正、宇野宗佑両外相（いずれも故人）に説明。後任次官にも引き継いだという。

60年の安保改定時、日米両政府は在日米軍基地の運用をめぐり、米軍が装備の重要な変更などを行う際は事前に協議することを確認したが、核兵器を搭載した米艦船の寄港や領海通過、米軍機の飛来は事前協議の対象としないことを密約。81年5月、毎日新聞がライシャワー元駐日大使の「核持ち込み」証言を報じて発覚したが、日本政府は「米側から事前協議がない以上、核持ち込みはなかったと考え、改めて照会はしない」と密約の存在を否定し続けている〉

密約については、すでに米国政府の公式文書で明らかになっている。しかし、外務省事務方の最高責任者であった村田氏が秘密を暴露したことで外務省に激震が走った。

外交官の職業的良心とは

この記事が出た直後、2009年6月29日の夕刻、藪中三十二《みとじ》外務事務次官が村田発言を必死になって打ち消そうとした。外務省HPに掲載された以下の記録からでも藪中氏があわてている様子が浮かび上がってくる。

〈(問) 村田良平元外務次官が、核持ち込み密約について、いくつかの新聞に証言されていますが、それについてはどのようにお考えでしょうか。

(事務次官) 今日の官房長官の記者会見でも、日本政府の立場を明確に述べられていると思いますけれども、核持ち込み、密約といったものは存在しないと歴代の総理も外務大臣も仰って来られた通りです。我々としては、全くそのようなものは存在していないということです。それに尽きるということです。

(問) 今回初めて次官が「密約の引き継ぎがあった」ことを証言したということは、かなり重いのではないかと思うのですが。

〈事務次官〉何れにしましても、答えは一つ、そのような密約は存在しないということです。当然のことながら我々としても勿論、外務省全体として我々の考え方がありますけれども、私自身そのような引き継ぎも一切ありませんし、何も文書はないということは確認しております〉

藪中次官は、〈何も文書はないということは確認しております〉と述べているが、これは多分真実なのだろう。最近の外務官僚は、都合が悪くなった文書を湮滅《いんめつ》するからだ。この点に関して、2009年7月10日付朝日新聞朝刊が次の重要な報道を行なった。

〈日米両国が、60年の日米安保条約改定時に、核兵器を搭載した米艦船の日本への寄港や領海通過を日本が容認することを秘密裏に合意した「核密約」をめぐり、01年ごろ、当時の外務省幹部が外務省内に保存されていた関連文書をすべて破棄するよう指示していたことが分かった。複数の元政府高官や元外務省幹部が匿名を条件に証言した。

01年4月に情報公開法が施行されるのを前に省内の文書保管のあり方を見直した際、「存在しないはずの文書」が将来発覚する事態を恐れたと見られる〉

筆者も元外務省幹部から、この朝日新聞の報道を裏づける話を聞いたことがある。この元外務省幹部は、筆者に「情報公開法が施行される直前に北米局、条約局（現国際法局）が、米国との関係で存在しないことになっている文書を破棄したという話を聞いた。ロシア関係については、文書を廃棄すると今後の交渉に支障がでるので、残してある」と述べた。筆者はこの話を聞いて唖然として、元幹部に「それは歴史に対する犯罪じゃないですか」と詰め寄った。元幹部も、「確かに佐藤君の言うとおりだ。君が訴えられた裁判でも決裁書の原本が外務省から消えてしまったではないか（筆者註＊2

000年4月に袴田茂樹青山学院大学教授、田中明彦東京大学大学院教授らをテルアビブに派遣することを決定した外務事務次官の決裁サインがある決裁書の原本が外務省からなくなっていることが公判で明らかになった)。残念ながら、いまの外務省は都合の悪い文書を湮滅するような役所になってしまったんだ」と淋しそうに言った。

外交交渉に秘密はつきものだ。ときには、外務省が国民に真実を語れないこともある。密約が必要となることもある。しかし、そのような場合でも、後世の日本国民が真実をたどることができるような記録を残すことが外交官の職業的良心だ。この点について、外交ジャーナリストの手嶋龍一氏はこう述べている。

〈外交とはつまるところ公電を書き綴っていくわざなのだ。たしかに事態が動いているときには、外務大臣にも、直属の上司にすら見せない覚書きがある。だが、そんなときでも、プロの外交官なら、交渉の記録だけは手元に必ず残しておく。それは、外交を委ねられた者に課せられた責務である。三十年の後、それらの外交文書は機密の封印が解かれて、外交史家の手に委ねられ、歴史の裁きを受けることになる。これは外交官という職業を選んだ者が受けなければならない最後の審判なのだ〉(手嶋龍一『ウルトラ・ダラー』新潮文庫、2007年、292頁)

外務官僚は、国民の税金で生活している公僕だ。外務省が保管する秘密情報は、主権者である国民のものだ。歴史の真実に関する記録を抹消する権利を外務官僚はもたない。

元次官は刑事告発のリスクを負った

２００９年8月30日の総選挙で、民主党が勝利し、政権交代が起きることをにらんで、村田氏がこの時期に秘密を暴露して、日本外交に与える影響力の拡大を図っているという解説を耳にしたが、うがちすぎた見方だ。村田氏は、自己の政治的影響力の拡大に汲々とする品性下劣な人間ではない。国益観がしっかりした教養人だ。村田氏が、村山談話を厳しく批判していることも有名だ。村田氏は信念をもった国家主義者で、基本的に国家と対決することを望まない。しかし、もはや東西冷戦は終わったのであるから、日本政府が米国政府と米軍の核持ち込みに関する密約を結んでいた事実を明らかにしても日本の国益を毀損することにはならないと考え、真実を告白したのだ。真実を明らかにした上で日本の安全保障政策について議論し、有効な戦略を策定しなくてはならないと村田氏は考えているのであろう。村田氏は真実を明らかにすれば、古巣である外務省との関係が緊張する。また、状況によっては、国家公務員としての守秘義務違反で刑事告発されるリスクを負う。それでも真実を明らかにすることが日本国家と日本国民の利益に適うと確信しているのだ。筆者は村田良平氏のような元外交官がいることを日本の誇りと考える。

前出の２００９年6月29日の記者会見の最後、記者が「村田元事務次官がこのようなことを証言した意図というのは、どのようにお考えでしょうか」と質したのに対して、藪中次官は、「ご本人に伺って戴きたいということしかありません」と答えている。そう言いながら藪中氏は、村田元次官から事情を聴取する必要はないと答えている。不誠実きわまりない。外務官僚には、学校秀才型が多い。こういう官僚たちは、子供の頃から、褒められることが好きで、叱られることが苦手だ。米軍の核持ち込みに密約が存在したという事実を明らかにすると、外務官僚がこれまで国民に嘘をついていたことを厳しく追及される。そして、国会やマスメディアで外務官僚が叱られる。「僕はいい子で通ってきた。『嘘をついただろう』と叱られるのは嫌だ」という幼稚園児のような動機で外務省幹部はひたすら嘘をつき続けているのだ。

（2009年8月26日号）

元条約局長が外務省に突きつけた「最後通牒」

２００９年８月11～13日、札幌で、フォーラム神保町とフォーラム時計台の共催で「日本を変えよう――北海道から始める第一歩」と題する連続シンポジウムが行なわれた。同11日は、山口二郎氏（北海道大学大学院教授）、平野貞夫氏（元参議院議員）、東郷和彦氏（京都産業大学客員教授）、魚住昭氏（ジャーナリスト）、筆者の５人で日本外交の焦眉の課題について徹底的に討論した。

そのとき東郷氏が爆弾発言をした。その要旨は次の４点だ。

１．時期は、１９９９年８月23日に東郷氏が外務省の条約局長（現国際法局長）から欧亜局長（現欧州局長）に異動する直前の１か月半の出来事である。

２．東郷氏は、前任条約局長の竹内行夫氏（現最高裁判所裁判官）から、外交機密文書を引き継いだ。それは乱雑なまま条約局長室の４段キャビネットに入れられたままだった。これでは外務省がどのような機密文書をもっているかが明らかでない。そこで、条約局の条約課、国際協定課、法規課から事務官を１人ずつ出させ、特命を与えて機密文書を整理し、ファイルした。その際、文書はすべて東郷氏がチェックした。

3．「その中には、密約に関する文書もあった」

4．報道されているように、外務省が密約文書を廃棄したということならば、言葉がない。これは歴史に対する犯罪だ。

オフレコではない公開の場で東郷氏が「その中には、密約に関する文書もあった」と明言したのである。これは爆弾発言だ。そこで筆者が、「東郷さん、それは（安保条約や沖縄返還に関する）密約文書の存在を確認するということですか」と質した。これに対して、東郷氏は「当該密約文書があったとは言っていない。密約に関連する文書があったと言っているだけだ。いま、僕が言えるのはそこまでだ」と答えた。

その晩、JRタワーホテル日航札幌35階のラウンジで筆者は東郷氏と話し込んだ。東郷氏は腹を括ったと筆者は受けとめた。外務省では外交機密文書は、ロシア関係ならば欧州局、米国関係ならば北米局、北朝鮮関係ならばアジア大洋州局というように原局が管理している。ただし、その写しが条約局に必ず届けられることになっている。従って、条約局長は日本の外交機密のすべてを知りうる立場にいる。ただし、機密書類がきちんと整理されていないならば、どのような情報を外務省がもっているかがわからない。1999年7～8月にかけて文書整理を行なった東郷氏は日本の外交機密の全体像に通じる稀有《けう》な人物なのである。

「最後のチャンスを与える」

東郷氏は、現在、3つの問題について発言を抑制している。

第1は、吉野文六元外務省アメリカ局長が認めた1972年の沖縄返還時の土地返還関連経費を日本政府が肩代わりする密約文書、そして村田良平元外務事務次官が認めた米軍による核持ち込みに関する密約文書が存在することの確認。

第2は、外務省が第1の2つの密約文書を含む外交機密文書を湮滅したという情報の真否。

第3は、吉野氏、村田氏が明らかにした以外の密約文書の存否。

筆者は、東郷氏に「腹を括るならば、中途半端ではだめですよ。この問題に踏み込むと、どれだけ大変な嵐を呼び起こすかわかっているのですか。命がけでやるつもりですか」と問いつめた。東郷氏は、「僕は本気です。ただし、佐藤君と違って、外務省に最後のチャンスを与えたい」と言う。以下、筆者と東郷氏のやりとりを再現する。

――最後のチャンスですか。東郷さんは具体的にどういうことを考えているのですか？

「外務省が自浄能力を発揮することだ。密約をめぐる真実を外務省自らが明らかにする環境をつくることだ」

――僕はあの組織に自浄能力があるとは思いませんね。密約問題を外務官僚が認めれば、その存在を公の記者会見で否定した藪中三十二事務次官の首が飛びます。次官更迭《こうてつ》につながるようなリスクをあの組織が負うはずがありません。外務省に自浄能力を期待することは、八百屋に行って「魚をくれ」と言うようなものです。それは東郷さんが誰よりもわかっているはずです。

「いや、佐藤君、それは確かにそうなんだけれど、この問題を本当の意味で解決するためには、圧力一本ではだめだ」

――東郷さんの言っていることの意味がわかりません。

「外交機密文書が廃棄された場合、その復元について考えなくてはならない」

――復元ですか？

「そうだ。もしかすると廃棄された文書の写し、それに関するメモが外務省のどこかに埋もれているかもしれない。それもないときは、関係者を呼んで閉ざされた扉の中でヒアリングをする。まだ、関係者が存命なのでそれが可能だ。そうさせるためには、外務省員の良心を呼び覚まさねばならない。そのために最後のチャンスを与えることを僕は考えているのだ」

東郷氏は本気だ。筆者も外務官僚であったが、外交交渉においては現場の「斬り込み隊長」の機能を果たしていたに過ぎない。東郷氏は外交の全体像を見てきた。それだから、2002年に東郷氏を免官に追い込み、国外〝亡命〟を余儀なくさせた外務官僚に対しても温かいまなざしを維持しているのだ。それは、温情ではなく、その方が現状で国益に適うと東郷氏が考えているからだ。

自浄能力がなければ次官の首が飛ぶ

この話を札幌でした4日後の2009年8月15日、終戦記念日の朝日新聞朝刊に東郷氏の寄稿が掲載された。寄稿自体は長文なのでここでは引用を差し控えるが、朝日新聞はこの寄稿の意味について1面にこう記した。

〈「核密約関連資料あった」外務省元条約局長が寄稿

核兵器を積んだ米艦船や航空機の日本への立ち寄りを日米間の事前協議の例外扱いとする「核密

約」について、外務省で条約局長などを歴任した東郷和彦・元オランダ大使（64）が朝日新聞に寄稿した。「密約」文書そのものの存在は確認を避けたが、密約とされる日米合意への対処をめぐる大量の文書が省内にあったことを明らかにし、「何がどう問題で、どう対処してきたかを国民にきちんと説明する時期がきた」と訴えている。

手記によると、東郷氏は98年7月に条約局長に就任後、1960年の日米安保条約締結に向けた日米交渉やその後の運用をめぐる文書を整理した。その中で最も大量にあったのが、「日本への核持ち込みに関連する資料」だったという。歴代条約局長がこの問題にどう対処してきたかや、米側で「密約」について文書や証言が明らかになった際の外務省内での議論についての文書も含まれていたとしている〉

この寄稿を筆者は東郷氏の外務省に対する最後通牒と見ている。外務省執行部に告ぐ！　沈黙していれば事態を乗り切ることができると思ったら大きな間違いだ。東郷氏は正確な情報をもっている。どういう情報をもっているかは、東郷氏の特命に従って文書整理を行なった3人の外務省現役職員が知っているので、よく事情を聴取しておくことを勧める。外務省が東郷氏の呼びかけに誠実に答えないならば、次のステップが待っているはずだ。（東郷氏に直接質したわけではないが）筆者の見立てが正しいならば、外務省が自浄能力を発揮しないならば、2009年8月30日の衆議院議員選挙の結果、新内閣が成立したところで、東郷氏から、新たな情報を含む重要な発信があると思う。

そうなれば、密約を否定した藪中三十二外務事務次官、それから密約文書が破棄されたとする2001年春時点で北米局長をつとめていた藤崎一郎駐米大使が、目に見える形で責任をとる状況が生じると筆者は予測している。外務官僚は事態の深刻さを精確に理解すべきだ。

（2009年9月9日号）

「嘘をつく国家は滅びる」という重大な警告

1972年の沖縄返還に伴って、日米間で交わされた「密約文書」に関する情報公開裁判で、元外務省アメリカ局長の吉野文六氏が証言することになった。本件について、2009年10月28日付朝日新聞朝刊はこう報じている。

〈「密約文書」情報公開訴訟で元外務省局長が法廷へ　東京地裁

作家の澤地久枝さんら25人が、72年の沖縄返還に伴って日米間で交わされたとされる「密約文書」の情報公開を求めて起こした訴訟で、東京地裁の杉原則彦裁判長は27日、当時の交渉責任者だった元外務省アメリカ局長の吉野文六氏（91）を証人として尋問することを決めた。12月1日の口頭弁論で行われる。吉野氏は「密約」があったことを公言しており、尋問は原告側が請求していた〉

吉野氏は、これまでマスメディアに対して述べた通り、自らが密約文書に署名したことを認めるであろう。その結果、外務省が国民を騙していたことが明らかになる。本件に関しては、鈴木宗男衆院議員（衆院外務委員長、新党大地代表）が野党時代に質問主意書で外務省を手厳しく追及していた。

その第一号が2006年2月10日提出の質問主意書だ。これに対して同年2月21日に小泉純一郎首相が答弁書を送付した。このやりとりを見れば、問題の深刻さがよくわかる。

〈一九七一年沖縄返還協定を巡る日米密約に関する質問主意書

一　外務大臣は国会答弁において真実を述べる義務を負うか。

二　国家公務員法並びに外務公務員法で定められた秘密を守る義務に関し、外務省職員が職務上知りえた秘密は、職を退いた後も守る必要があるか。あるとするならばその法令上の根拠はどこにあるか。

三　平成十八年二月八日の北海道新聞朝刊は、沖縄復帰の見返りに本来米国が支払うことになっていた土地の復元費用を日本が肩代わりしていた密約が存在するのではないかという問題（以下「密約問題」という。）について、本件を主管した吉野文六元外務省アメリカ局長が「国際法上、米国が払うのが当然なのに、払わないと言われ驚いた。当時、米国はドル危機で、議会に沖縄返還では金を一切使わないことを約束していた背景があった。交渉は難航し、行き詰まる恐れもあったため、沖縄が返るなら四百万ドルも日本側が払いましょう、となった。当時の佐藤栄作首相の判断」と述べた旨報じている。吉野文六元外務省アメリカ局長の発言は事実か。また吉野元局長の述べた内容は外交秘密に該当するか。

四　吉野文六元アメリカ局長は職務上知り得た秘密を守る義務を現在も負っているか。

五　三の報道がなされた後、外務省が吉野文六元アメリカ局長に対して本件に関し、外務省の意見を述べたという事実があるか〉

これに対して、答弁書にはこう書かれている。

〈一について、国会における外務大臣の答弁の内容は、真実に沿ったものであるべきであると考えている。

二及び四について、外務公務員法（昭和二十七年法律第四十一号）第三条の規定により外務職員に適用される国家公務員法（昭和二十二年法律第百二十号）第百条第一項には、「職員は、職務上知ることのできた秘密を漏らしてはならない。その職を退いた後といえども同様とする。」と規定されており、御指摘の吉野文六元外務省アメリカ局長（以下「元アメリカ局長」という。）についてもこの規定が適用される。

三について、外務省としては、御指摘の元アメリカ局長の発言の内容については承知していない。いずれにせよ、沖縄返還に際する支払に関する日米間の合意は、琉球諸島及び大東諸島に関する日本国とアメリカ合衆国との間の協定（昭和四十七年条約第二号）がすべてである。

五について、御指摘の事実はない〉

河野・川口元外相に責任を被せる

まず、外務省は吉野文六氏の北海道新聞の発言の内容については、「承知していない」とシラを切り通している。そして、「沖縄返還に際する支払に関する日米間の合意は、琉球諸島及び大東諸島に関する日本国とアメリカ合衆国との間の協定がすべてである」という表現で、密約の存在を否定している。

鈴木氏はこの質問主意書でさらに踏み込んで、

〈六　平成十四年七月四日の参議院外交防衛委員会において、「密約問題」に関する質問に対して川口順子《よりこ》外務大臣（当時）は「この件については一昨年も報道がございました。そしてその際、当時の河野外務大臣が、元アメリカ局長でこの問題にかかわった吉野元局長に直接話をされて、密約は存在しないということを確認済みでございます。したがいまして、改めて調査を行う考えは持っておりません」と答弁したと承知するが、右答弁は外務省の公式の立場を表明したものか〉

と追及した。

これに対する答弁書には、

〈六について、御指摘の答弁は、川口順子外務大臣（当時）が外務大臣としての考えを述べたものである〉

と記されている。しかし、この密約を否定する発言が行なわれた経緯について、吉野氏は、2006年2月24日付朝日新聞朝刊のインタビューにおいて、「二〇〇〇年に密約を裏付ける米公文書の存在が報道された際、河野元外相とどんなやりとりを」との質問に対して、吉野氏は「河野さんからは『とにかく否定してくれ』と言われた」と答えている。

吉野氏が出廷すれば、かつての外務省が行なった答弁が虚偽であったことが明らかになる。それにもかかわらず、外務省が今回、吉野氏の出廷を認めたのは、民主党政権の誕生を受け、外務官僚が「過去、われわれは自民党政治家の圧力によって国民に対して嘘をつかざるを得ないような状況に置かれていたのです」と釈明することで、生き残ろうとしているからだ。河野洋平氏、川口順子氏に虚偽答弁の責任を被せることを外務官僚は考えている。外務省内部から、「密約問題に関して外務官僚に対する処分はなされないという確約を藪中三十二外務事務次官は岡田克也外相から取り付けている」という情報が筆者のところに流れてきている。

外務官僚の「働きかけ」を無視してはならない

２００９年9月16日、鳩山政権が成立したが、その直後、同17日未明に行なわれた記者会見で、岡田外相はこう述べている。

〈いわゆる「密約」の問題は、外交というのは国民の理解と信頼の上に成り立っていると考えていますので、そのような意味でこの密約の問題は外交に対する国民の不信感を高めている、結果として日本の外交を弱くしていると思います。私は従来、この密約の問題は、外務大臣なり総理大臣、つまり政治家が自らイニシアチブを発揮しなければならない問題であって、総理や外務大臣が「密約はありません」と明言する限りは事務方も同じように言うことしかないのであって、まさしく政治家のリーダーシップを試されているとかねがね申し上げてまいりました。

このたび外務大臣になりました、この機会を捉えて、いわゆる政権交代という一つの大きな変化を機会として、この密約を巡る過去の事実を徹底的に明らかにし、国民の理解と信頼に基づく外交を実現する必要があると考えております〉（外務省ＨＰ）

岡田外相の〈総理や外務大臣が「密約はありません」と明言する限りは事務方も同じように言うことしかないのであって〉という表現に、外務官僚を免罪する論理が隠れている。しかし、外務官僚の働きかけで、自民党の政治家が密約を否定してきた事実を無視してはならない。ここで信賞必罰原則を適用し、虚偽答弁に積極的関与をした外務官僚を処分しないと、外務省に対する国民の信頼を取り戻すことはできない。

筆者は、吉野氏から十数回にわたるロングインタビューをとった。その中で、密約について真実を証言するに至った動機として、吉野氏は、「嘘をつく国家は滅びるからだ」と述べていた。国民に対して嘘をつき続けてきた現職の外務省幹部を免罪してはならない。

（２００９年11月25日号）

「国益は毀損しない」――では、何が問題か

外交の世界には、必ず秘密がある。日米間にいくつもの密約があるのは公然の秘密だ。

２００９年8月30日の衆議院議員選挙（総選挙）で、政権交代が実現した。同9月16日夜に鳩山政権が発足した直後の17日0時50分に岡田克也外務大臣が外務省で記者会見を行なった。そこで、以下の4つの密約①１９６０年1月の安保条約改定時の、核持ち込みに関する密約、②朝鮮半島有事の際の戦闘作戦行動に関する密約、③１９７２年の沖縄返還時の、有事の際の核持ち込みに関する密約、④沖縄返還時の原状回復補償費の肩代わりに関する密約に関する調査を命じた。

これらの密約が結ばれた理由について筆者は、こう考える。東西冷戦体制下、日本の外交、安全保障政策は、米国に完全に従属していた。与党の政治家も外務官僚もそれが日本の国益に適うと確信していた。しかし、国民の間でそのような認識は共有されていなかった。唯一の被爆国としての核アレルギーが根強かった。また米国は日本の領土である沖縄の施政権を１９５１年に日本が独立を回復した際に、ただちに引き渡さず、国連の信託統治という名の下で支配した。沖縄返還にあたっては、米軍基地に用いられた土地の原状回復費は、当然、米国が払うべきであると日本政府も国民も考えてい

た。

しかし、日米の現実の国力の差から、このような日本の主張は通らなかった。それにもかかわらず、日本は米国と対等であることを偽装した。その辻褄をあわせるために密約が必要になったのである。

ここでは、前出の密約のうち、①1960年1月の安保条約改定時の、核持ち込みに関する密約と④沖縄返還時の原状回復補償費の肩代わりに関する密約を扱う。①については、村田良平元外務事務次官、④については、吉野文六元外務省アメリカ局長が、実名で密約の存在を証言しているので、事実関係について争う必要がないからだ。

「密約は外務省の先輩たちが行なった傑作」

1960年に日米安保条約が改定された際、当時の藤山愛一郎外務大臣とマッカーサー2世駐日米国大使との間で、「核兵器を日本に持ち込むことは日米の事前協議の対象になる。ただし、核を積んだ艦船の寄港、航空機の領空通過については、事前協議の対象にならない」ことが合意された。これが、マスメディアが呼ぶところの①の核密約である。

1999年、外務省条約局長をつとめていた時期に日米密約関連文書をまとめた「赤ファイル」を作成したと証言した東郷和彦氏は、密約の意義について、筆者に対してこう述べた。

「日本が核兵器を持たず、作らず、持ち込ませずという非核三原則の〝持ち込ませず〟については、〝陸上に持ち込ませず〟ということだという玉虫色の解釈の余地を残し、国民の核アレルギーと現実の国際政治の核抑止力との関係で調整をつけた。外務省の先輩たちが行なった傑作だ」

これが、現在、核密約の存在について証言している元外務省幹部の共通認識と思う。この人たちは、日本政府が非核三原則に違反していたと非難しているのではない。核抑止論と国民感情のはざまで折り合いをつけざるを得なかったと密約を正当化しているのだ。

④の肩代わり密約の概要は次の通りだ。1972年、沖縄返還に際して日米間の費用負担についてさまざまな交渉が行なわれていた。吉野文六氏は、この交渉の日本側責任者だった。日本側が米国が負担すべきとしていた軍用地の原状回復補償費などの400万米ドルを、秘密裏に日本側が負担するとしたのが、この肩代わり密約である。2000年に密約の存在を示す議事録の要旨が米国で発見された。この文書に「B・Y」という吉野氏のイニシャル署名がなされていた。吉野氏のもとに当時の河野洋平外務大臣から「とにかく否定してくれ」との電話があった。別途、外務省からも同趣旨の連絡があった。外務省が組織ぐるみで「密約は存在しない」と偽証するように吉野氏に働きかけたのである。

吉野氏もいったんは外務省の意向を受け入れ、事実と異なる証言をした。しかし、2006年2月8日、北海道新聞の取材に対して吉野氏は密約の存在を認めた。筆者は2006~08年にかけ、吉野氏に連続インタビューをしたことがある。筆者の質問に対し、真実を語った理由について、吉野氏は淡々とした口調で「僕は、自分のイニシャルがある文書を示されて、それが事実ではないなどということは言えませんでした。もはやこの事実を明らかにしても日本の国益は毀損されないと思います」と述べた。

2009年12月1日、東京地方裁判所で行なわれた密約に関する情報公開請求訴訟で、吉野氏が証人として出廷した。

〈吉野氏は法廷で、日本が米側に3億2千万ドルを支払うと沖縄返還協定に記されていることについて、この総額が積算根拠のない「つかみ金だった」と説明。そのうえで、協定では米側が「自発的支払いを行う」とされた土地の原状回復費400万ドルについて、本来は日本側が負担する必要がないのに、この総額の中に含まれ、日本が肩代わりする密約があったことを認めた〉(2009年12月2日付朝日新聞朝刊)。吉野氏が、法廷で密約の存在を証言した意味は大きい。

外務官僚の英語力の低下

さて、岡田外相は、当初、2009年11月末までに密約の全容について発表すると言っていたが、その時期が2010年1月に延期された。一部に、外務官僚が真相究明作業をサボタージュしているとの憶測もあるが、それは違うと筆者は見ている。なぜなら、前出、2009年9月17日の記者会見で岡田外相は、〈私は従来、この密約の問題は、外務大臣なり総理大臣、つまり政治家が自らイニシアチブを発揮しなければならない問題であって、総理や外務大臣が「密約はありません」と明言する限りは事務方も同じように言うこととしかないのであって、まさしく政治家のリーダーシップを試されているとかねがね申し上げてまいりました〉(外務省HP)と述べた。さらに同9月18日に岡田氏は、〈基本的に総理大臣や外務大臣が「無い」と言っている時に、(外務省の幹部が)「いや、あります。」と答弁しろと言うのは少し酷かなという感じは持っています〉(外務省HP)と述べている。

岡田外相は2009年9月の段階で外務官僚に完全に免責を与えているのである。「密約に関しては処分はない」と安全を保障しておかないと外務官僚は真実を明らかにしないからだ。岡田外相は、12年間通産官僚として働いた経験があるので、官僚の内在的論理に合致した判断をした。

このような状況で密約に関する成果をあげれば、外務省内で評価が上がる。それでも作業が遅れているのは、英語力の低下という外務官僚の能力に起因するものと筆者は見ている。

本件は、過去の事案で、しかも米国で密約関連文書が発見されているので、外務省の調査結果が明らかにされても日米関係に悪影響は与えない。もっとも非核三原則との絡みでは、〝持ち込ませず〟については柔軟に解釈する、すなわち密約のラインを是認するという考え方と従来の公式ラインを堅持するという考え方の間で、論争が起きるであろうが、現時点でその帰趨《きすう》については予測できない。

むしろ密約の実態よりも、２００１年４月の情報公開法施行前後に、密約に関連する文書を当時の外務省幹部が廃棄したのではないかという疑惑に関する問題が深刻になる。この事実が確認されれば、当時の幹部が責任から逃れることはできない。文書廃棄問題で、もっとも責任が重いのは、制度上、密約文書の原本を保管することになっていた２００１年春時点で北米局長をつとめていた藤崎一郎氏（現駐米大使）だ。駐米大使は外務省人事の頂点に立つ。藤崎氏の責任問題に発展すると、外務省幹部の大規模な人事異動が行なわれることになる。

（２００９年12月23日、1月４日号）

筆者が10年前に聞かされていた「疑惑の真相」

２０１０年3月19日、衆議院外務委員会において密約問題に関する参考人招致が行なわれた。参考人として意見を述べた元外務省条約局長の東郷和彦氏が、密約文書が破棄された可能性について証言した。東郷氏は条約局長在任中、１９６０年の日米安全保障条約改定時の核搭載艦船寄港をめぐる密約に関する文書など58点を箱形の赤いファイル5つに整理し、文書リスト、意見書を作成した。それを後任の谷内《やち》正太郎氏に引き継いだ。この58点中、16点に東郷氏は「最重要文書」として二重丸をつけていた。しかし、この「最重要文書」のうち、２０１０年3月9日に外務省が公開した日米関連文書に含まれていないものがあった。このことについて、外務委員会の参考人招致で東郷氏は、「外務省の内情をよく知る人から（２００１年4月の）情報公開法の施行前に破棄されたと聞いた」と証言した。この発言が、外務省に激震を走らせている。

東郷氏と筆者は、外務省で北方領土交渉に関し、もっとも考えが近かった。東郷氏は外務事務次官候補と見られていた幹部で、筆者は中堅の情報専門官に過ぎなかったが、何でも率直に話し合える関係だった。２００１年4月に小泉純一郎政権が成立し、田中眞紀子氏が外務大臣に就任した。田中氏は鈴木宗男氏を徹底的に敵視した。一部に、その煽りを食って東郷氏がオランダ大使に転出させられたという見方があるが、それは正しくない。東郷氏の人事は、2001年初頭、河野洋平外相のときに決定していたからだ。東郷氏は、条約局長、欧州局長という外務省の出世ポストを2つ終えたので、一度、大使として外国に出て、その後、総合外交政策局長か官房長として本省に戻り、それから政務担当の外務審議官に戻って、北方領土交渉の責任者に就任することになると筆者らは期待していた。しかし、外交に関する準備がまったくできていない小泉氏が総理になり、田中外相が「1973年の田中・ブレジネフ共同声明が原点になる」などという頓珍漢なことを言いだし、北方領土交渉が日本側の理由で停滞するという状態になった。

「文書破棄がばれれば外務省が吹っ飛ぶ」

2001年7月のことと記憶している。東郷氏と筆者は、永田町のホテルにある中華レストランで食事をしながら、今後の北方領土交渉と「鈴木・田中戦争」にどう対処するかについて相談していた。そのとき、東郷氏が声をひそめてこう言った。

東郷「佐藤君、実は、（2001年）4月に情報公開法が施行される前に、日米密約に関する文書を条約局と北米局が破棄したらしいんだ」

佐藤「滅茶苦茶じゃないですか。それじゃ真実が永遠にわからなくなってしまう。田中大臣が来たので、秘密が守れなくなると思ったのでしょうか」

東郷「いや、それよりも情報公開法が施行されるので、これまで歴代の総理、大臣や外務省幹部が

『存在しない』と言っていた密約が『存在する』ということになったら、自民党政権がもたなくなると思ったのだろう」

佐藤「しかし、アメリカ側は文書をもっているのですから、日本側の交渉ポジションが決定的に弱くなるじゃないですか。北米局や条約局はそれでいいと思っているのでしょうか」

東郷「わからない。密約がばれてしまう政治リスクを考えたのだろう」

佐藤「しかし、密約文書を破棄した事実がばれればもっとヤバイことになりますね。外務省が吹っ飛ぶ。ロシア関連の例の文書は大丈夫でしょうか。ロシア課長の横の4段キャビネットの中に公文書にしていない秘密文書が山ほど入っているでしょう。それからKGB（ソ連国家保安委員会＝秘密警察）やロシア人女性とトラブルを起こした外務省職員に関する記録もあります。あの書類をまさか破棄していないでしょうね」

東郷「それはない。ロシア・スクール（外務省でロシア語を研修し、対露外交に従事する外交官）は北方領土問題を抱えているので、文書を破棄したら交渉ができなくなる。その心配はないよ」

この話をしてから1年も経たないうちに鈴木宗男バッシングの嵐に東郷氏も筆者も巻き込まれた。東郷氏はオランダ大使を免官になり、外務省からの退職を余儀なくされた。筆者は東京地方検察庁特別捜査部に逮捕された。逮捕の危険を感じた東郷氏は、オランダに「亡命」した。

東郷氏は、2008年に「亡命」生活を終えて帰国した。筆者は、密約文書の破棄について何度か尋ねたが、東郷氏は踏み込んだ話をしなかった。ただし、やりとりの過程で、「東郷氏はこの問題について本気で何かしようとしている。タイミングを待っている」という感触を筆者はつかんだ。

赤いファイルの行方を知る2人からの情報提供

２００９年8月11日、札幌でのことだ。その晩、筆者たちは、民主党への政権交代を後押しするシンポジウムに出席した。その席で東郷氏は、「条約局長時代に前任者から引き継いだ文書を整理したが、その中には密約に関連する文書もあった」と発言した。当時、自民党政権も外務省も密約の存在を否定していた。シンポジウムの会場には新聞記者もいたが、東郷発言の重要性に気づかなかったようだ。しかし、筆者は東郷氏が腹を括ったと感じた。

その晩、札幌駅のすぐそばの高層ホテルのラウンジで、筆者と東郷氏は話し込んだ。そこで、筆者は東郷氏から機微に触れる以下の話を聞いた。

東郷氏は、前任の竹内行夫氏（現最高裁判所裁判官）から引き継いだ文書を3つに分類し、「赤いファイル」（日米関係等）、「青いファイル」（日露関係、北方領土交渉等）、「黒いファイル」（日中・日朝・日韓関係等）に整理した。「赤いファイル」は全部で5冊になった。そして筆者と東郷氏の間でこんなやりとりがあった。

東郷「あの中には、僕の父（東郷文彦元駐米大使、故人）が、安保課長、アメリカ局長のときに手書きで作成した極秘文書がたくさんあった。僕はそれを読んで父が外交官生命を賭けて何をやったかがよくわかった」

佐藤「そのファイルはいまも残っているのでしょうか」

東郷「破棄されたらしい。僕の父だけじゃない。外務省の先輩たちの苦悩があのファイルに込められている。佐藤君、密約関連文書が破棄されたのなら、これは歴史に対する犯罪であるとともに僕の父に対する侮辱でもある。父は自分が何をしたかを後世の国民にわかるように証拠をきちんと残した。それを破棄した人たちは歴史を冒瀆したことになる」
佐藤「その話を表に出して、『赤いファイル』の運命を確かめないとダメです。そうしないと外務官僚は、嘘をつき続け、公文書を廃棄し、国民をだまし続けることになります」
東郷「僕も本気でこの問題に決着をつけたいと思っている。日本はあまりに過去の問題をひきずり過ぎている。きちんと歴史に照らして事実を明らかにしたうえで、前に進まないといけない。だが総選挙もある。僕の知っていることを役立てるためには、いま話しすぎたらいけない」
佐藤「要は外務省が真相を語らざるを得ないような状況をつくりだすということですね」
東郷「どうするのが一番よいか、まだわからない。だが、外務省も自分で考える必要があると思う」
『文藝春秋』2009年10月号に東郷氏は「核密約『赤いファイル』はどこへ消えた」という論文を発表した。その後「赤いファイル」に関する興味深い情報が2人から筆者に入ってきた。いずれも外務省の内情に通じた人だ。その要旨は、「『赤いファイル』などの機密文書は東郷氏の後任となった谷内正太郎条約局長が引き継いだ。情報公開法が近づいてきたときに谷内局長は、部下の条約課長に『然るべく処理してくれ』と言ってこれらのファイルを渡し、処理を委ねた」という内容だ。情報源の1人は、その条約課長は杉山晋輔氏だと実名を筆者に伝えた。杉山氏は現職の外務省幹部（地球規模課題審議官・大使）だ。衆議院外務委員会は、谷内氏と同時に杉山氏を参考人として招致する必要がある。

（２０１０年4月14日、21日号）

＊この密約に関する情報公開請求訴訟は、２０１１年9月29日に東京高裁で控訴審判決があった。密約の存在と文書保有を認定して全面開示と損害賠償を命じた一審東京地裁判決を取り消し、文書は存在しないとして原告の請求を退けた。しかし、青柳馨裁判長は、「文書はかつて政府が保有していたが、秘密裏に廃棄した可能性を否定できない」との判断を示した。実質的には国による隠蔽工作が過去にあった可能性を判決で示した。原告団は同10月に上告。

メドベージェフとのパイプは「不作為」で失われた

2000年9月5日、東京都港区の迎賓館で森喜朗総理（当時。以下本項の役職はいずれも出来事当時のものとする）とプーチン露大統領の会談が終わった直後のことである。筆者は、森氏に呼び止められ、控室で15分間話をした。そこで筆者は森氏から、「どうも北方領土問題について、プーチン大統領とロシア外務省の間には温度差があるような気がする。鈴木（宗男衆議院議員）さんともよく相談して、大統領側近のうちで、誰がプーチンさんに一番信頼されているか調べてくれ。そして、そのときちんとしたパイプを作ってくれ」という指令を受けた。

鈴木宗男氏は、自民党総務局長をつとめていたが、北方領土問題に通暁し、ロシア要人との人脈をもち、橋本龍太郎、小渕恵三の両総理を支え、北方領土交渉の黒衣役を果たした経緯があるので、森政権になってからも、その役割を継続していた。鈴木氏が外務省にとって天敵となっている現在では、想像できないことであるが、当時は外務事務次官以下、外務省が組織をあげて「北方領土交渉で力を貸してください」と鈴木氏にお願いしていたのである。

ロシアの政治文化で、国家にとっての最重要事項は、皇帝、共産党書記長、大統領と名称は異なっていても、国家元首しか解決できない。領土問題は国家元首の決断によってしか解決できないのである。従って、北方領土問題の解決は、ロシアの現職大統領の決断によるしかないのである。ロシアの大統領は、日本の総理としか真剣勝負の交渉を行なわない。日本からクレムリン（大統領府）に密使による口頭メッセージや秘密親書（書簡）を送っても、大統領はそれに目を通すが、総理と膝を突き合わせて話をするまでは、メッセージや書簡の内容を信用しない。とにかく首脳会談がすべてだ。

このような首脳会談を成功させるためには、政治力があり、総理に直接接触することのできる人物がモスクワと頻繁に行き来して下準備をすることが不可欠だ。ロシア的感覚では、その人物が政治家、外交官、民間人（大資本家であることが多い）であるかは本質的問題でない。日本の総理ときちんとつながっていればよいのである。その意味で鈴木氏は最適な人物だった。

外務省は「別の役者」を用意しなかった

2000年秋、筆者は、モスクワを数往復し、情報収集につとめた。その結果、プーチンの最側近は、二人に絞り込まれた。一人目は、セルゲイ・イワノフ安全保障会議事務局長（書記）、二人目は、ドミトリー・メドベージェフ大統領府第一副長官だった。筆者は外務省幹部と森氏、鈴木氏に宛てた次のようなメモを作った。

〈プーチン大統領の権力基盤は二つのグループによって形成されている。

第一が、サンクトペテルブルク出身の改革派経済官僚で、その中心となっているのがメドベージェフ大統領府第一副長官だ。

第二が、旧ソ連国家保安委員会（ＫＧＢ）、軍、軍産複合体関係者の緩やかなネットワークによるグループで、この中心がイワノフ安全保障会議事務局長である（このグループは後に「シロビキ（＝武闘派）」と呼ばれるようになった）。

北方領土問題に関して主たる障害になるのは第二グループなので、ここの信頼関係を構築することを優先するのが適当と思料する。従って、イワノフとの人脈構築を最優先することを提案する〉

筆者のこの案が採用され、２０００年12月25日、森総理の親書を携行した鈴木氏がクレムリンでイワノフと会談した。鈴木氏とイワノフは波長が合い、信頼関係を構築することができた。

しかし、筆者がメドベージェフの重要性を忘れていたわけではない。２００１年３月25日、東シベリアのイルクーツクで森・プーチン首脳会談が行なわれたが、そこにメドベージェフがやってくるという情報をつかんだ筆者は、公式日程には組み込まれていないが、森総理に同行した鈴木氏とメドベージェフの会談を仕掛けた。筆者が親しくしていたロシア外務省が手助けしてくれ、短時間の会談が成立した。鈴木氏とメドベージェフの間で「今度はモスクワでゆっくり話をしよう」という合意がなされた。これでプーチンの二人の側近と良好なパイプを作ることができたと安心していたが、その後、日本側で番狂わせが生じた。小泉純一郎政権の誕生で田中眞紀子氏が外務大臣に就任した混乱で、北方領土交渉は停滞し、２００２年春には鈴木氏や筆者に対する「国賊キャンペーン」が展開され、二人は逮捕された。この経緯については拙著『国家の罠』（新潮文庫）に詳しく記した。鈴木氏や筆者が逮捕されても、外務省が別の役者を用意して、イワノフやメドベージェフとの人脈をつなげばよかったのであるが、それをしなかった。そのような事態を5年も放置しておくから、クレムリンとの人脈を日本は完全に失ってしまい、北方領土交渉の停滞を招いたのである。いまからでも遅くはない。当時のファイルを研究し、クレムリンとの人脈の構築についてロシアを担当する外務官僚が真剣に考えることだ。

ロシアの大統領にはそれぞれ強烈な個性がある。エリツィン大統領は、条約解釈などの細かい法律論議を嫌った。従って、日本の総理がエリツィンと交渉するときは、大きな戦略論について話し、条約解釈について詰めた議論が生じると両国外務省の専門家に委ねるという方式をとった。

これに対して、プーチン大統領はレニングラード国立大学法学部を卒業した法律専門家だ。条約解釈の問題についてもかなり踏み込んでくる。従って、首脳会談においては、条約論での理論武装を相当しておかなくてはならないのだが、小泉純一郎、安倍晋三両総理時代の日露首脳会談の様子を見ると、外務官僚が理論武装の必要性を総理に十分説明していなかったようだ。それだから首脳会談がうまく噛み合わないのである。さらに、チェチェンと中東世界にまたがる国際テロリズムの遮断にプーチンは強い関心をもっている。従って、森総理は、反テロ協力という切り口で、プーチンと突っ込んだ話をした。このことが北方領土問題解決に向けたよい土壌を作ることになった。

世論調査結果が示すもの

２００８年3月の大統領選挙でメドベージェフが当選することは確実だ。プーチンも影響力を残すが、北方領土問題に関する決断を行なうのは、現職大統領であるメドベージェフだ。２００７年12月12日『イズベスチヤ』に「メドベージェフはどのような大統領になるか」というインターネット世論調査（3400人参加）の結果が掲載されている。
11％　皇帝、ロシアではそれ以外の可能性はない。
41％　理想的な国民的指導者。
21％　プーチンよりもリベラルな大統領になる。
27％　石油価格次第で路線が変わる。

筆者が、東京を訪れるロシアの政治・経済エリートとの意見交換を通じて得られる感触とこの世論調査の結果はだいたい同じである。さらに、最近になって、ロシアの権力の重心が急速にプーチンからメドベージェフに移動しつつある。これは、逆説的であるが、プーチンがメドベージェフ政権下で首相就任の意向を示したからと筆者は見ている。

2007年4月26日の大統領年次教書演説で、プーチンは大統領職から退いた後には、「民族の理念」の探究をすると表明した。筆者を含むロシア政治専門家は、この表明をロシアの新しい国家イデオロギーを構築し、属人的カリスマ性を身につけて「民族の父」となることをプーチンが志向していることと受け止めた。しかし、現時点で、首相職就任を表明したことは、公職を失った場合、属人的カリスマ性で政治的影響力を保全することが難しいという認識をプーチンがもっているということとモスクワの有識者は受け止めている。

07年12月21日、サンクトペテルブルクでプーチンは森氏に対して、「メドベージェフは私と一緒に7年以上も仕事をしてきた。今後の日露関係についても、メドベージェフを私と思って付き合って欲しい」と述べた由である。この時点で、プーチンがメドベージェフとの一体性を外国人に強調するということは、「シロビキ」に対する牽制である。プーチンの権力基盤に亀裂が入り始めたと筆者は見ている。

（２００８年2月13日号）

国後島沖漁船銃撃事件の「本当の原因」

２０１０年1月29日、ロシア国境警備隊の武装ヘリコプターが、国後島沖で日本漁船を銃撃した。本件に関する報道を見てみよう。

〈北方領土・国後島西側のロシアが実効支配する海域で29日午後、北海道羅臼《らうす》町の羅臼漁協所属の漁船2隻が約3時間にわたり、ロシア国境警備局のヘリコプターから照明弾による射撃を受けたと外務省や北海道庁などに情報が入った。けが人はなく、２隻は同日夜、羅臼港に戻った。羅臼海上保安署が船体を調べたところ、銃撃を受けたような計20カ所の痕跡を確認した。道によると2隻は当時、ロシア側が日本漁船の操業を認める「安全操業」の海域内でスケトウダラ漁をしていたという。この事態を受け、外務省はロシア大使館に抗議した〉（２０１０年1月31日付朝日新聞朝刊）

歯舞群島、色丹島、国後島、択捉島からなる北方四島は、わが国固有の領土である。そこでロシアの国境警備隊が行動すること自体が、日本の主権に対する侵害で、容認できない。

それから、国家主権の問題を離れても、非武装の漁船を武装ヘリコプターが攻撃することは、人道的観点から、絶対にあってはならない。日本政府がロシア政府に対して、断固抗議するのは当然のことだ。

　本件に関して、ロシア側は日本の抗議を受け入れず、同2月1日にロシア外務省声明を発表し、〈北方領土・国後島沖で日本漁船2隻がロシア国境警備局に銃撃された問題で、ロシア外務省は1日、漁船が日ロ協定に違反してロシア領海に侵入したために取った措置であり、日本側の抗議は「根拠がなく容認しがたい。抗議すべき口実はむしろロシア側にある」〉（同2月3日付朝日新聞朝刊）と激しく反発した。この声明で、ロシア側は、事実関係について〈1998年の漁業協定で漁船は北方領土沿岸から3カイリ以内に入れないにもかかわらず、国後島から1・5カイリの距離まで近づいたと主張。無線照会にも応じなかったため照明弾3発を放ち警告射撃をしたが、無視して領海外へ去ろうとしたため、やむを得ず銃撃した〉（同右）と弁解した。

　その後、2隻の船長2人が航跡の記録装置を作動させなかったとして北海道海面漁業調整規則違反の疑いで逮捕されたのは残念だ。この問題について、理解するためには北方四島周辺での「安全操業」協定（1998年2月署名）について理解しなくてはならない。

「性善説」協定に必要な人脈構築をしなかった

　日本政府の立場からすれば、北方四島は日本領である。しかし、ロシアが北方四島を支配している。日本政府はこれを不法占拠であると認識している。ロシア政府は、北方四島は第二次世界大戦の結果、合法的にソ連に編入され、それが1991年12月のソ連崩壊後、ロシアに継承されたと主張する。北方四島がどちらの国家に帰属するかという点について、日露間の見解は対立しているが、この領域が係争地域であるという認識を共有している。

そのような特殊な係争地域で、日露双方の法的立場を害することなく漁業ができるようにしたのが「安全操業」協定だ。外務省欧亜局審議官としてこの協定交渉をまとめた東郷和彦氏はこう述べる。

〈かくして、一年弱の間に六回の非公式協議と四回の公式協議を経て、基本的に合意された協定は、第一条に、日本国漁船が四島周辺海域で漁獲を行うことが書かれ、第二条以下で、別途の文書によって定められる金額を払うこと、別途の文書で定められる手続きに従うこと、別途の文書で定められる魚種と漁期に漁獲を行うことなどが規定されるものとなり、管轄権条項は完全に削除された。翌九八年二月の協定署名後しばらくたってから、ある講演会で私はこう述べた。

「これは、私の知る限り、国際法上例のない条約であります。外国の船が入って来て魚をとる場合、通常は、規則に従わなかったらどうするかということを決め、それを条約の中に書く。それなのに、日本の船はきちんと行動するのだから、違反したときにどうするかは書かなくてもいいという信頼感が交渉の中でロシア側からでてきたのです。逆に、日本の方も、日本の漁船がこの海域に入った時にロシアの官憲が恣意的な、おかしな行動をとって捕まえるようなことはしないという点を信用する。そういう信頼を基礎とする協定ができあがりました。

本来、こういう種類の国際約束というものは、約束と違ったことをやったときにどうなるかということをきちっと書く、つまり、性悪説に基づいて作られているのが常識であります。だが、この協定は性善説に基づいて作られていると言えると思います。日本とロシアとの間で、こういう性善説に基づいた協定をとにかく作ってみようという、そういう新しい発想が出てきたということは、私は、日ソ関係、日ロ関係の長い歴史の中でひじょうに大事な一つの方向性ではないかという気がします」〉（東郷和彦『北方領土交渉秘録　失われた五度の機会』新潮社、2007年、230〜231頁）

日本側が絶対に操業規則に違反しないので、罰則については書かないという信頼関係に基づいて作られた協定であっても、実際には潮に流されて、漁船が操業を禁止されている区域に入ってしまうときもある。そういう場合にもロシア側が絶対に銃撃することがないように、1998年から2002年まで、日本政府は、ロシアの国境警備隊と日本の外務省や海上保安庁の間に人間的な信頼関係を構築するための努力をした。その結果、違反行為の疑いがあっても、人命にかかわるような銃撃をロシア側は差し控えてきた。しかし、2002年に対露外交に強い影響力をもった鈴木宗男衆議院議員が失脚した後、このような人脈構築の努力を日本外務省は放棄してしまった。その結果、起きたのが2006年8月16日に歯舞群島貝殻島付近で第三十一吉進丸がロシア国境警備隊のゴムボートに銃撃され、乗員1名が死亡した事件だ。日本の外務官僚が国境警備隊ときちんとした信頼関係を構築していれば、この悲劇を避けることは可能だったと筆者は認識している。

ひるむことなく抗議しなくてはならない

今回の事件について、北海道新聞を読むと深層に迫ることができる。

〈北方領土・国後島沖で安全操業中、ロシア国境警備隊に銃撃された根室管内羅臼漁協所属の漁船2隻で、衛星通信漁船管理システム（VMS）の記録に長時間の空白があることが判明し、ロシア側に銃撃を抗議した外務省に困惑が広がっている。「漁船への銃撃は認められない」とする主張は政府、

与野党とも一致しているが、外務省内には「日本側に原因があるなら抗議の矛先が鈍る」（幹部）との声も出る。（中略）

外務省は銃撃が判明した30日に大使館ルートでロシア側に厳重抗議。取材に対しても当初は「漁船側に落ち度はなかった」との見方を示していた。

しかしその後、銃撃跡の補修やＶＭＳの空白問題などが次々判明。外務省は「事実関係がよく分からない」（幹部）などとして、漁船が安全操業水域外で操業していた可能性もあるとの見方を強めている第1管区海上保安本部などの調査待ちの姿勢に傾いている。

安全操業は、ロシア主張領海内で主権問題を棚上げする形で政府間協定に基づき行われており、鈴木宗男衆院外務委員長は「事実関係の確認が先だがルールは守る必要がある。安全操業の枠組み自体がなくなれば困る」と懸念を示している〉（２０１０年2月3日付北海道新聞朝刊）

今回は日本側に落ち度があった可能性が高いが、北方四島はわが国固有の領土であるから、ロシア側の公権力の行使に対しては、ひるむことなく断固抗議しなくてはならない。それと同時に、いかなる場合でも、絶対に非武装の漁船に対してロシア側が銃撃しないような態勢を、日本外務省が全力をあげて作らなくてはならない。筆者が現役の頃、この任務に従事し、態勢を構築することができた。現在の外務官僚にできないはずがない。

（２０１０年3月10日号）

第4章　情報戦の敗北

インテリジェンス後進国の惨状

「友人の友人がアルカイダ」を巡る失敗の検証

インテリジェンスの世界で「いったい日本はどうなってしまったんだ」と大顰蹙を買う出来事があった。鳩山邦夫法務大臣による「友人の友人はアルカイダ」発言である。

２００７年10月29日、東京の日本外国特派員協会主催の講演で、鳩山法相は以下の発言をした。

〈私の友人の友人がアルカイダなんですね。私は会ったことはないんですけれども、２、３年前は何度も日本に来ていたようです。毎回いろんなパスポートに、いろんなひげで、わからないらしいんですね。（中略）彼はバリ島の中心部の爆破事件に絡んでいた。（中略）私は彼の友人の友人ですけれども、バリ島の中心部は爆破するから近づかないようにというアドバイスは受けておりました、私は。そういう方がしょっちゅう日本に平気で入って来られるというのはやはり安全上好ましくないので、指紋を採っていただく〉（２００７年10月30日付朝日新聞朝刊）

鳩山氏が「友人の友人はアルカイダ」と述べたことだけが独り歩きし、「アルカイダの友人が日本の法務大臣だ」という悪印象だけが残った。政治エリートである鳩山氏がアルカイダが日本に潜入しているという情報を入手し、また２００２年10月12日のバリ島爆弾テロ事件に関する事前情報を察知していたにもかかわらず、何の対処もしなかった、すなわち法務大臣として不適格な人物ではないかという評価が定着しつつある。

しかし、情報を総合的に判断すると問題の本質は違うところにあると筆者は考える。鳩山氏が、「友人の友人がアルカイダ」という表現ではなく「友人からアルカイダが日本に潜入したという話を聞いたことがある。入国管理局や警察にこの情報を伝えたが反応がなかった」と発言したら、別の意味で大問題になっていたと思う。

「警察にも入管にも防衛庁にもかなり厳しく言いました」

事態の真相は、新聞報道よりも衆議院公式ＨＰhttp://www.shugiin.go.jpに掲載されている２００７年10月31日の衆議院法務委員会議事録を見れば明らかになる。民主党の加藤公一議員が実に的確な質問をし、鳩山法相も正直に答えている。

このやりとりを読み解きながら問題の本質を考えてみよう。

〈**加藤議員**　まず、鳩山法務大臣のお友達のお友達はアルカイダのメンバーでいらっしゃるんですか。本当なのかうそなのか、正確にお答えいただきたいと思います。

鳩山法相　私はアルカイダの定義はわかりませんが、少なくともアルカイダと極めて関係の深い過激派の幹部であり、アルカイダに対して資金や情報を提供しているぐらいの関係の方であります。

加藤議員　アルカイダのメンバーかどうかはわからないけれども、少なくともテロ組織の支援をしている可能性が極めて高い人物……（鳩山国務大臣「幹部」と呼ぶ）幹部だ、こういう認識だというふ

うに理解いたします〉

アルカイダに資金や情報を提供している過激派幹部につながるネットワークをもっていることを鳩山氏は率直に認めている。この事実自体は非難されるべき性質の問題ではない。こういうネットワークを用いて、テロ組織に関する情報を入手するインテリジェンス工作を仕掛けることができるからだ。しかし、このような話はインテリジェンス機関や捜査機関の閉ざされた扉の中で行なわれるべきだ。

〈加藤議員　その友人の友人という方はいろいろなパスポートで日本に入国をしてきておった、二年、三年前何度か日本に来ていた、こういうお話がありましたが、これは確かでいらっしゃいますか。

鳩山法相　私は、彼が日本に何回も入国をしているということは、入管から聞いたのではありません。現実に彼と会った人間が、何回も来ているということを言うものですから、ああ、そういう人物がどうして入国できるんだろうかといって、当時の入管を呼びました。何回も何回も、そういうアルカイダのメンバーと言ってもいいぐらいの関係の深い人間がなぜ入国できるんだと言いましたら、それは、パスポートの偽造だとか、変装とかあれば、とても膨大な量の中からそれらを選別して見つけるというのは難しいと言うから、そんないいかげんな入管でいいのかと厳しくしかった記憶がございます〉

鳩山氏は、アルカイダ関係者の入国情報については入国管理局に提供しているのだ。これに対する入国管理局の対応には明らかに不作為がある。特に「パスポートの偽造だとか、変装とかあれば、とても膨大な量の中からそれらを選別して見つけるというのは難しい」などということは、職責放棄に等しい暴言だ。更に加藤議員は追及を続ける。

〈加藤議員　今の大臣のお話でありますと、そのお友達のお友達という方は、かなりの確率で我が国の出入国管理法違反を犯している、法に触れた状態で日本に入ってきているということが推察されます。それは、大臣もおわかりのことと思います。だからこそ、入管当局をお呼びになったんだと思います。刑事訴訟法では、国家公務員は法に触れるという事実を認めたときにはそれを告発しなければならない。これは、一般人とは違います、国家公務員は告発の義務を負っています。私の知る限り、この法律では、大臣であっても国会議員であってもこの義務はかかると考えております。告発されましたでしょうか。

鳩山法相　してはおりません。（中略）私は、警察にも入管にも防衛庁にも、公安調査庁に言ったかどうかはよく覚えておりませんが、かなり厳しく言いました。言っていろいろと、こういう手がかりできちんと調査できないのか、危ないじゃないかと。ただ、友人の立場とか友人の身の安全というものは少々気になりましたが、私はテロに関係することでございますから真剣に訴えましたが、各政府機関すべて動きが極めて鈍かったと記憶しております〉

「転んでもただでは起きない」が鉄則

複数の政府機関が鳩山氏の情報を無視したというのは驚きだ。確かに、友人の立場を思って告発しなかったというのは、公人としての認識が甘いと批判されてしかるべきだが、ここには鳩山氏の率直な心情が述べられているので、かえってこの答弁の信憑《しんぴょう》性が増す。鳩山氏の答弁におけるテロ情報は具体的だ。

〈つまり、バリ島中心部、クタでしょうか、ディスコでしょうか、爆発が何カ所か起きて大変多くの犠牲者が出た忌まわしい事件がありました。その数カ月後に私がバリ島に参りましたときに、私は友人から、実は事前に、時期は示されていないが、バリ島の中心部で事件が起きる可能性が強いから中心部に近づかないようにという話があったんだと。彼は、彼はというのはその過激派の人は、かつては一緒に事業をやっておったが、アンボン島というところはクリスチャンとイスラム教徒の殺し合いが非常に激しくて、身内あるいは仲間が命を落とすようなことがあって、いわゆるイスラムの過激派の方に走っていって、パキスタン等にいるのか、連絡がつかなくなっていると。その連絡がつかなくなっている人間から久しぶりに連絡があって、バリ島のクタの中心部に近づかない方がいいという話を受けて、本当にそういうことがあるのかなと思っておったら実際事件が起きた、こういうふうに話を聞いたわけであります。(中略)まだ整理していないのですが、それから二年とかそういう月日がたって、その過激派の男が日本に二回も三回も来ているということを聞いたわけでありまして、その段階でまた各方面にお話ししましたし、特にそのときは入管に、どうしてそういうのが入ってきてしまうんだということを厳しく言った記憶がございます〉

法相でもある鳩山氏を「脇が甘い」と非難することは簡単だ。しかし、この脇の甘さは、他の国会議員にしてもそう大きく変わらないというのが実態と思う。鳩山氏を批判するよりも、鳩山氏から情報提供を受けた入国管理局、警察庁、防衛庁(当時、現防衛省)なりの政府機関が、どのようにその情報を扱い、内容について判断したかを検証することが重要である。そうすれば官僚組織の不作為が明らかになる。

不作為による国益、公益の毀損は見えにくいのであるが、それを一目瞭然にしてくれた鳩山法相の

「正直さ」を今後のテロ対策に生かすのである。「転んでもただでは起きない」というのもインテリジェンスの鉄則である。

（２００７年12月26日、２００８年1月4日号）

なぜ日本人外交官が「中国でスパイ認定」されたか

2008年3月11日、読売新聞朝刊は1面トップで、2006年9月に中国が非公開裁判の判決で、日本外務省国際情報統括官組織をスパイ組織と断じ、2人の日本人外交官をスパイと認定したと報じた。少し長くなるが、記事を正確に引用しておく。

〈中国の北京市高級人民法院（高裁）が2006年9月の判決で、日本外務省の国際情報統括官組織を「スパイ組織」と認定したうえで、同組織で勤務していた現外務省幹部と、在北京日本大使館書記官を「スパイ」と断定していたことがわかった。在東京関係筋が10日明らかにした。中国の裁判は2審制で、2人と接触していた中国人男性（48）に対しては、この判決により、「スパイ罪」で無期懲役が確定した。中国が日本の外務省組織と外交官をスパイと断じたことが表面化するのは極めて異例で、判決は当時の小泉政権下で関係が冷却していた日本への根強い警戒感を映し出している〉

インテリジェンス活動の中で、専ら非合法な部分をスパイ活動という。しかし、どのような行為がスパイ活動に該当するかは、国によって大きく異なる。日本人の常識では、合法的な情報活動でも、国によっては非合法活動と認定されることがある。

「要人電話帳」の入手場所

筆者の経験に基づく具体例を話そう。

日本の要人リストや官公庁や政治家の住所、電話番号に関する資料を欲しいと思ったら、本屋に行って『国会便覧』（日本政経新聞社）や『政官要覧』（セイサクジホウ・アイ・ピイ）を買い求めればよい。インターネット書店を用いれば、モスクワや北京からでもこのような資料を購入することができる。これは、まったく合法的な行為だ。

しかし、ソ連において、要人名簿を入手することは至難の業だった。新聞に出る人事異動に関する記事を丹念にファイルし、要人に関するデータベースを整理するのが、ロシア語を研修した新人外交官の仕事だった。

共産党幹部のところに行くと要人電話帳が置いてある。そこには「執務参考用」という赤字の印刷がなされていた。秘密指定がなされた文書ではないが、外部に提供することは禁止されている。この電話帳を見れば、ソ連共産党や政府にどのような部局があるかがわかり、秘書の電話番号も書いてあるので要人とのアポイントをとりつけるためにとても便利だ。ロシア内政の専門家として、喉から手が出るほどこの要人電話帳が欲しかった。

あるソ連共産党中央委員（ソ連時代は国会議員よりも偉かった）とウオトカをしこたま飲んだときに、「あなたの要人電話帳を1日だけ貸してくれないか」と頼んだことがある。中央委員が「何に使うつもりだ」と尋ねるので、筆者は、「コピーを取って、参考資料にしたい」と正直に答えた。この人から、「要人電話帳には通し番号がついているのみならず、電話帳の途中に数字や記号のスタンプが押されているので、コピーをとると出所がわかってしまう。そうだ、明日、いいところに連れて行ってやるから、来い」と言われた。

翌日、訪ねていくと、この中央委員は、「一緒に飯でも食べよう」と言って、筆者をソ連外務省の裏手にあるソ連共産党中央委員会付属の「オクチャブリ第1ホテル（現アルバート・ホテル）」に案内した。スターリン時代の重厚な建築で、床には一面赤じゅうたんが敷き詰められている。レストランに入る前に、この人は筆者をホテルの中にある小さなキオスクに案内した。新聞や絵はがきとともに本が数十冊並べられている。そのうちの1冊が筆者が探し求めていた要人電話帳だった。「執務参考用」という赤字の印刷はなされておらず、その代わりに価格が刷り込まれている。50コペイク（約115円）程度だったと記憶している。早速、キオスクにある要人電話帳2冊を買った。その他、モスクワ市の正確な地図も売っていたので、買った。ソ連時代、モスクワの地図は、防諜《ぼうちょう》上の観点から、道が消されたり、縮尺が実際と異なるようにした加工がなされていた。これでは車の運転に役に立たないので、筆者はＣＩＡ（米中央情報局）が作成した地図を使っていた。

「オクチャブリ第1ホテル」はソ連共産党幹部しか利用できない。ここのキオスクでは、共産党幹部が個人的に購入するための要人電話帳やモスクワの地図が売られていたのである。いずれにも何か所か小さなスタンプが押されていたので、この売店から購入したことが突き止められる形になっていた（ちなみに現在でも、北朝鮮が外国に出す書籍には、小さなスタンプが何か所か押されている。これによって、北朝鮮当局は、どこに流した本であるかをチェックできる態勢になっている）。

その後、この要人電話帳は大活躍した。「日本大使館の佐藤優は三等書記官なのに、要人の連絡先をすべて知っている。クレムリンに深く食い込んでいる」という評判が立ったが、種明かしは簡単で、この要人電話帳をもっていたからだ。ここにはKGB（ソ連国家保安委員会）の連絡先も書いてあった。1991年8月21日深夜、ソ連共産党守旧派によるクーデター計画が失敗して、民衆がジェルジンスキー広場のKGB本部を取り囲んだ。その様子をCNNで見ながら、筆者はこの電話帳にあるKGBの24時間当直の電話番号を回した。

〈十回程呼び鈴を鳴らしたところで、誰かが受話器をとった。

「当直です」

「KGBの当直ですか」

「そうです。あなたはどなたですか」

「在モスクワ日本国大使館の三等書記官の佐藤優と申します。教えていただきたいことがあるのですが」

「私に授権された範囲内のことでしたらお答えします」

「クリュチコフKGB議長が逮捕されたという報道がなされています。事実でしょうか」

「確認できません」

「いま多くの群衆がKGB本部建物を取り囲んでいると承知していますが、不穏な事態に発展するのでしょうか」

「わかりません。われわれは通常通りに任務を遂行しています」

当直の声からは動揺している様子は、全くうかがわれなかった〉（佐藤優『自壊する帝国』新潮社、2006年、369〜370頁）

この情報によって、KGBがパニックに陥っていないので、モスクワで騒擾自体が発生する可能性は低いという判断をすることができた。要人電話帳がなければ、この情報はとれなかった。

入手するなら「下から」ではなく「上から」

エリツィン時代、要人電話帳の内容がそのまま別の活字に組まれ、200ドル近くで販売されていたので、カネで情報を買うことができるようになった。しかし、プーチン時代になって、再び情報統制が厳しくなった。クレムリン（大統領府）や政府に、外部には公表されていない秘密部局が設けられるようになった。実を言うと要人電話帳の扱いはソ連時代よりも厳しくなった。「秘密（секрет）」という赤字が刷り込まれている要人電話帳が大統領府高官の机の上に置かれているのを見たことがある。この電話帳には、秘密の機構とそこで勤務する係長クラスの職員の名前と役職が書かれているので、非常に便利なものだった（どうやって筆者がこの要人電話帳の中身について知ったかについては、黙秘する）。

一般論として、外交官は秘密文書の入手はできるだけしない方がいい。内容を頭に入れ、極力書類は手にしない。文書流出の痕跡が残るとスパイ容疑で国外追放にされる危険性があるからだ。しかし、どうしても秘密文書が必要になる場合もある。そのときは、秘書や電話交換手、清掃員という「下から」ではなく、大統領府副長官、閣僚、次官、国会議員など「上から」とる。情報漏洩が万一発覚した場合でも、高官から得た情報ならば、これら高官の失脚につながる事件を摘発することに捜査当局が躊躇するからだ。

前出の報道によれば、中国人が「指導者用電話帳」などを日本人外交官に提供したことがスパイ罪に問われたということである。中国のような共産主義国において、このような情報収集活動がもつ危険性を国際情報統括官組織は、明らかに軽視していた。その結果、今回のような事故が起きたのである。このような事故は、今後、日本政府の情報収集活動に悪影響を与える。どこに問題があるのかを検証し、改善に向けた提言をしたい。

（2008年4月9日号）

イスラエルと日本外務省の「決定的な違い」

筆者が尊敬するインテリジェンスのプロの一人がエフライム・ハレビー前モサド長官（イスラエル諜報特務局長官、現ヘブライ大学教授）だ。筆者が現役時代、外務省は本格的なインテリジェンス専門家を養成することを考え、各国のプロから話を聞いていた。ハレビー氏は、「とにかく人を大切にすることだ。それに尽きる。組織は自分の職員を徹底的に守る。それから、協力者も、自分の組織のメンバーと同じように全力をあげて守る。国によっては、イスラエルに協力することで命を失う危険がある。モサドは友人をいかなる対価を支払っても守るという文化が定着しない限り、まともなインテリジェンス活動などできない」と強調していた。

2000年4月、イスラエルのテルアビブ大学が主催したロシア関連の国際学会に袴田茂樹青山学院大学教授、田中明彦東京大学大学院教授らを派遣する事業に外務省関連の支援委員会から資金を支出したことが背任に問われ、筆者は犯罪者にされた。この支出は、上司の決裁を得て行なわれたもので、外務事務次官の決裁がある。民間企業ならば、稟議《りんぎ》書に代表取締役社長のサインと判子があるものだ。東京高等裁判所で行なわれた控訴審では、本件決裁権者である東郷和彦元欧州局長が、「支出は適切で、佐藤君は何ら違法行為をおかしていない」と証言したが、裁判所はそれを認めなかった。国策捜査、政治裁判とはそういうものである。

外務省が筆者を「トカゲの尻尾切り」したのと対照的に、イスラエルの友人たちは、筆者が2003年10月8日に東京拘置所の独房から保釈になった直後から、文字通り一人の例外もなく「あたかも何事もなかったが如く」筆者と付き合った。筆者が「無理をしないでいい。僕と付き合い続けると日本外務省との関係が難しくなる」と言っても、友人たちは「それはそれ、これはこれ。佐藤さんと付き合っていると面白い。理由はそれで十分」などという。情報屋の筆者には、イスラエル人たちが人情だけで筆者と付き合い続けたのではないことがよくわかる。そこには冷徹な計算があった。まず、「こいつ（筆者）は、イスラエルについて知りすぎているので、人間関係を崩して余計なことをしゃべると困る」と考える。次に「こいつは、もしかしたらこの事件に巻き込まれたので、社会的に抹殺されて『終わり』かもしれない。しかし、不思議な生命力があるので、もしかしたら甦るかもしれない。苦しいときにも友人付き合いを続けておけば、将来、甦ったときに一層、イスラエルとユダヤ人に対する親近感を強める」と考える。

イスラエル側の思惑は見事に当たった。親アラブ、親イラン的傾向が強い日本の論壇において、国際情勢についてイスラエルの立場を踏まえた上で論評する数少ない立ち位置を筆者がとっているのも、筆者が心の底からイスラエルのインテリジェンス能力を尊敬しているからだ。そこには人心掌握力も含まれる。イスラエルは「これ」と思う有識者に対しては、つまらない情報操作など行なわない。イスラエルにとって都合の悪い情報もあえて提供し、その上でイスラエルの立場の理解を求めるという高等戦術を用いる。

官僚の自己保身がインテリジェンスを壊す

このようなイスラエルと対極の自己保身、嘘つき文化が、2008年3月11日の読売新聞報道で露見した日本外務省国際情報統括官組織と在中国日本大使館の複数の職員による「スパイ」活動で明らかになった。以下は、同3月13日に筆者が田原総一朗氏から直接聞いた話である。田原氏がある外務省幹部に本件について事実関係と中国政府に抗議する意向の有無について問い質した。それに対し、外務省幹部はこう答えたという。

「中国政府に抗議することはもとより、この件について、照会するつもりもありません。『スパイ』とされた外交官は北京の大使館で、普通に仕事をしていますよ。われわれは身に何の危険も感じていません」

この話を聞いて、筆者は頭に血が上ってきた。右翼の友人と相談して、街宣車で外務省に乗り付けて、中国課と国際情報統括官組織を徹底糾弾し、密教で修行を積んだ霊力の高い知り合いのお坊さんと、やはり知り合いの霊能力が高い沖縄のシャーマンに頼んでこの幹部に呪いをかけてもらおうかと一瞬考えたが、もっと陰険で効果的な手法で批判することにする（ただし、街宣活動と呪いも併用するかもしれない）。手の内をいまから見せることはしないが、まずは、国会の場で外務省のインテリジェンス活動が問題になるような状況が増えるのではないかと予測している。これは予測であって、筆者が「仕掛ける」ということではないので、河相周夫総合外交政策局長、竹内春久国際情報統括官におかれては、くれぐれも誤解なされることがないように！

前出の読売新聞の報道によれば、日本外務省職員に協力したが故に48歳の中国人協力者の無期懲役が確定したのである。外務官僚は、日本に協力した中国人が置かれた境遇に対して、何の痛みも感じていないようである。このようなことでは、今後、中国人の協力者を獲得することができなくなる。外務官僚の自己保身が日本のインテリジェンスを内側から壊しているのだ。

かつて外務省は、中国残留孤児2世の原博文氏（当然、日本国籍の保持者である）に情報収集活動を依頼した。その結果、原氏は北京で、1996年から2003年までの7年も投獄されたのである。この問題も近未来にいままでとは違った形で取りあげ、外務省のインテリジェンス体制にきちっとした筋を通さなくてはならない。外務官僚に対しては、「対話と圧力」ではなく「圧力と圧力」、「アメとムチ」ではなく「ムチとムチ」で対応することが重要だ。国会議員の皆さんが心を鬼にして、できるだけ厳しい姿勢で外務官僚に臨み、対中国インテリジェンス絡みで外務省の膿《うみ》を出すことが国益に適うと筆者は確信する。

チベット語を理解する職員が存在するのか

チベット情勢に関する外務省のインテリジェンス活動も、まったくなっていない。そもそも外務省にチベット語を理解する職員が何人いるのか？　またウイグル語を理解する日本人外交官が何人いるのか？　筆者は恐らく一人もいないと推定している。筆者が現役外交官の頃、モスクワの日本大使館で民族問題を担当していた。ソ連が維持されるか否かで鍵を握るのはウクライナの動向だった。当時、日本外務省でウクライナ語を理解する外交官は一人もいなかった。モスクワのカナダ大使館、ドイツ大使館、チェコ大使館にはウクライナ語に堪能な外交官がいた。この人たちはウクライナ語の新聞を丹念に読んで、西ウクライナにおける分離傾向は相当深刻で、ソ連崩壊傾向が急速に進んでいるという分析を1990年秋には出していた。日本外務省にウクライナ語の専門家がいないならば、自分が専門家になるしかないと思い、上司に進言したら、昼休み時間中に家庭教師を雇ってウクライナ語の勉強をすることを認めてくれた。後に制度が整い、特殊語学研修手当が出るようになった。筆者はモスクワの日本大使館にいる間にウクライナ語、ベラルーシ語を本気で勉強し、現地語の新聞や雑誌を読んで、情勢分析のために用いた。現状でも、職員が少し努力をして、外務省が体制を整えるならば、チベット情勢、ウイグル情勢など、中国の国家統合に影響を与える問題について、日本が自前で分析をできるようになるはずだ。

さらに、宗教という切り口からもチベット情勢を見るべきだ。中国政府がチベット仏教に対する宗教弾圧を行なっている。この辺の事情については、バチカンが情報を集約している。また、ジュネーブの世界のプロテスタント教会と正教会によるNGO「世界教会協議会（WCC）」にもチベット情勢の情報が集まっているはずだ。さらに、モンゴルもチベット仏教の強い地域で、しかもモンゴルのインテリジェンス機関は、中国を潜在的脅威と認識し、中国の弱点について、精力的に情報を収集している。ロシア科学アカデミー傘下でも極東研究所（1960年代は中国研究所と称していた）は政治的観点からチベット情勢を継続的に観察している。いま、日本がもっているカードにどのようなものがあり、それをどう活用するかについて考えるのがインテリジェンス感覚であるが、外務官僚の実態を見ると、実に頼りない。

（2008年4月23日号）

私はなぜ「機密費を渡された」と明かしたか

2010年6月8日、天皇陛下の認証を得て、菅直人政権が正式に発足した。就任記者会見で、内閣官房機密費（正確には、報償費）との絡みで筆者の名前も出た。そのやりとりを以下に記しておく。〈官房機密費のことで、先ほどお答えになっていなかったようなので重ねて質問します。野中元官房長官が機密費をメディアに配って情報操作をしたという証言をした。その後、私も取材し、この野中発言だけでなく、はっきりと機密費を受け取ったと証言する人物も出てきている。佐藤優さんは、かつて江田憲司さんから機密費を受け取ったとはっきり証言した。政治とカネならぬ報道とカネという問題について、きちんと調査をし、そして使途について、これまでの分やこれからの分を公開する考えはあるか。

「ま、この機密費という問題、あのー、なかなか、何と言いましょうか、あのー、根源的な問題も含んでいるわけです。ま、あのー、物の本によればですね、いつの時代でしたでしょうか、戦前でしたでしょうか、当時のソ連の動きをですね、明石大佐ですか、色々、こう、調査をするときにですね、巨額のまさに、そういう費用を使ってですね、色々、そういう意味での情報のオペレーションをやったというのは、ま、色々歴史的には出ております。ま、そういう意味でですね、あのー、確かに、そのー、何て言うんでしょうか、国民の皆さんの生活感覚の中で考えられることと、場合によっては、機密費という本質的な性格の中にはですね、一般的な生活感覚だけでは測ることのできない、もうちょっと異質なものもあり得ると思っております。ま、今この問題、あの、官房長官の方で検討されていると思いますが、ま、あのー、色んな外交機密の問題も、ある意味で、ある期間が経た後にきちんと公開するということのルールも、必ずしも日本でははっきりしていないわけですけれども。ま、この機密費の問題もですね、何らかの、ま、ルールは、あのー、そういう意味でですね、あの、必要なのかと思いますが、現在、その、検討は官房長官ご自身に委ねているところです」〉（2010年6月8日asahi.com）

ここで「あのー」とか「ま、」とかいう言葉が入ったままの、菅首相の生の言葉をあえて引用しておいた。また、日露戦争時に活躍した明石元二郎・大佐の調査対象国をソ連と間違えていることについてもそのままにした。そうすることで、菅首相の機密費に関する認識が浮き彫りになるからだ。

「国民目線」とは「別の位相」にある

結論から言うと、菅首相の機密費に関する認識は若干の事実誤認と歯切れの悪さは否めないが、国際基準に照らして、合格点だ。満点に近いと言っていい。その理由は、2つある。

第1に、「機密費という本質的な性格の中にはですね、一般的な生活感覚だけでは測ることのできない、もうちょっと異質なものもあり得る」というインテリジェンスとカネの大原則を菅首相が正確に認識していることだ。左翼、市民派の「政治はすべて国民目線で」、「台所の感覚を政治に」という通念と別の位相で菅首相はインテリジェンスについて考えている。

第2は、機密費の公開について、菅首相が「何らかの、ルールは、必要なのかと思いますが、現在、その、検討は官房長官ご自身に委ねている」と述べたことから明らかなように、仙谷由人・官房長官のもとで既に機密費公開の基準設定について、検討しているというからだ。

平野博文・前官房長官は当初、機密費の公開について前向きだった。それが突然、後ろ向きになった。2009年末、鈴木宗男・衆議院外務委員長（新党大地代表、現在は新党大地・真民主代表）が提出した機密費に関連する質問主意書を撤回してくれと、平野氏が鈴木氏に働きかけた。閣僚が国会議員の質問権を制限することは、権力分立の原則に抵触する越権行為だ。そのことを踏まえてもあえて平野氏は鈴木氏に電話した。それだけのリスクを負わなくてはならない理由が平野氏にあったのだと筆者は推定している。その謎解きは少し後で行なうことにする。

石川議員との勉強会で話した「裏のカネ」

さて、筆者は2010年6月4日『東京新聞』朝刊の「本音のコラム」にこう記した。

〈官邸　機密費の闇

筆者は情報業務についていた関係で、機密費（正確には報償費）を用いて仕事をしたことが何度もある。機密費は領収書や伝票などの証拠書類がいらないので、要人の買収、いかがわしい接待で相手の弱味を握るなどどのようなことにでも使うことができる。

筆者が初めて内閣官房機密費をもらったのは1997年、江田憲司首相秘書官（当時／現衆議院議員・みんなの党）からだった。江田氏から「モスクワに出張する前に（首相）官邸に顔を出しなさい」と言われていたので、挨拶に行った。1階の会議室に案内された。江田氏はポケットから白い封筒を出し、「これを使って」と言って差し出した。筆者は「ありがとうございます」と礼を言い、封筒をかばんに入れた。封筒には30万円が入っていた。

このとき、江田氏が「官邸にきて初めて知ったけれど、外務省は裏のカネをたっぷりもっている」と言っていたことを鮮明に記憶している。今になって思うと外務省から秘密裏に上納されていた機密費のことを江田氏は示唆していたのだ。

江田氏は機密費の闇について知る生き証人だ。普天間問題で窮地に陥った官邸が沖縄の分断工作に機密費を用いることを牽制するために、江田氏が機密費について知る真実を国民の前に明らかにすることがみんなのためになると思う〉

実は、この話を筆者が公にしたのはこの記事よりも少し前のことだ。筆者は月1回、石川知裕・衆議院議員（北海道11区、無所属）と衆議院第一議員会館の会議室で、マックス・ウエーバー『職業としての政治』を輪読する勉強会を行なっている。石川氏は国会議員に当選する前に小沢一郎氏（前民主党幹事長）の秘書をつとめていた。そのときの事務処理が政治資金規正法違反に問われ、東京地方検察庁特別捜査部に逮捕、起訴された。筆者が「石川さんは、今回の経験を通じて、ウエーバーが言うように国家の本質が暴力にあることが、皮膚感覚でわかったでしょう。この経験を無駄にせず、他の国会議員と一緒にウエーバーの『職業としての政治』の勉強会をしたら面白い」と言い、石川氏も

「いったいなぜこういうことが起きるのか、見えてくるものがあるかもしれない」と言って、この勉強会が始まった。この勉強会には民主党の国会議員、秘書の他、新聞記者、編集者も参加している。２０１０年５月20日の勉強会で、筆者は江田憲司氏から機密費30万円を受領したという話をした。その話を聞いた複数のジャーナリストから「記事にしたい」という話があったが、「私は物書きなので、私自身が当事者の話については自分で書く」と答えた。民主党関係者がいる勉強会でこういう話をすれば、首相官邸に必ずこの情報は入ると筆者は読んだ。首相官邸が海兵隊受け入れに賛成する勢力をつくる目的で、沖縄県民の分断工作に機密費を投入することを牽制するために、筆者はこのタイミングであえていままで秘密にしていた話題を口にした。平野氏は普天間問題をめぐりさまざまな非公式ルートを用いて情報収集や工作を行なっていた。こういう仕事には、目につかない機動的なカネが必要だ。こういう裏仕事に機密費は使いやすい。普天間問題に深く関与することと機密費問題をめぐる情報公開に平野氏がきわめて神経質になったこととの間には関係があると筆者は推測している。

機密費は、日本国家に脅威をもたらす外国やテロ組織に関する情報収集や協力者獲得工作に用いられるべきカネだ。日本の一地域である沖縄を工作の対象とし、沖縄県民を分断する目的のために用いるものではない。外交評論家や軍事評論家などの民間人に調査を委託するならば、正規の手続きで予算をとればよい。沖縄県民の不信を招くような機密費の使用をしないことが、菅政権の権力基盤の強化にも貢献する。

（２０１０年７月14日号）

「機密費公開請求訴訟」での言い訳を検証する

2010年8月13日、大阪地方裁判所（山田明裁判長）において、内閣官房報償費（機密費）の使途公開請求訴訟の口頭弁論が行なわれ、千代幹也《ちしろみきや》内閣総務官が証人として出廷した。内閣総務官は官房機密費を管理する事務方（官僚）の最高責任者である。内閣総務官が機密費問題について法廷で証言するのは初めてのことだ。自民党政権時代にもこの種の訴訟は何度も行なわれたが、政府は「国益」を盾にして、情報開示に一切応じようとしなかった。今回、千代内閣総務官が証言に応じたこと自体は、民主党政権が機密費についても国民に情報を開示する姿勢を示したもので、評価できる。ただし、その証言の内容は合理性を欠くと言わざるを得ない。朝日新聞によると以下のやりとりがあった。

〈—官房機密費に関する文書（領収書など）はどう管理されるのか
私たち事務補助者のみが入れる首相官邸内の部屋の書庫に厳重保管されている。
—領収書などを明らかにできない理由は
相手は名前が出ない前提で協力しており、出れば今後の協力は一切期待できない。金額だけ明らかにしても（別の相手と）比較され、不満が出て信頼関係が崩れる可能性がある。日付だけでも会った日が特定され、相手が推測されてしまう。

——書籍の購入代の領収書も明らかにできない理由は

購入した書籍名を明らかにすると、我が国がどんな問題に関心を持っているのかが明らかになり、外交関係で支障が生じる可能性がある〉（2010年8月14日朝日新聞朝刊）

機密費であっても、国民の税金を原資とする公金だ。領収書などの関連文書が保管されているのは当然のことだ。ちなみに外務省報償費（外交機密費）は、外務省大臣官房会計課審査室に保管されている。審査室という名称では、何を担当しているかがよくわからないが、機密費に関する事務を取り扱う特別の部屋だ。

2001年に田中眞紀子外相（本項における役職は出来事が起きた時点のもの）が、突然、この部屋を訪れ、「機密費関連書類を見せろ」と要求したことがある。審査室の事務官は抵抗して見せなかった。その後、外務省内はパニックになった。筆者も外務省幹部に呼ばれ、「誰が審査室に報償費関連の書類が保管されているという情報を婆さん（田中外相のこと）にチクったのか？　情報が入ってきたら教えてくれ」と言われた。

「重要な情報源はカネで獲得できない」

機密費で〈購入した書籍名を明らかにすると、我が国がどんな問題に関心を持っているのかが明らかになり、外交関係で支障が生じる可能性がある〉というならば、機密費以外で首相官邸や外務省が購入した書籍名を明らかにしても、同じく「外交関係で支障が生じる」ということになる。それならば、政府が外交関連で購入した書籍、あるいは外交関係の委託研究や助成金の支出については、すべて明らかにできないということになる。合理性を欠く説明だ。そもそも書籍購入に機密費を用いること自体が間違えていると思う。強いて言うならば外国人の協力者に提供するための書籍ならば機密費から支出することに馴染むと思う。その場合でも書籍名を公表して、日本の国益が大きく毀損されることはない。

情報提供者から提供された領収書を公表しない理由について、〈相手は名前が出ない前提で協力しており、出れば今後の協力は一切期待できない。金額だけ明らかにしても（別の相手と）比較され、不満が出て信頼関係が崩れる可能性がある〉という説明も合理性を欠く。領収書を公開することで、情報提供者Aに月10万円支払っているが、情報提供者Bには月20万円支払っていることが露見すると、Aが不満をもって「よくも俺を軽く見たな。それならば今後は情報を提供しない」とか、あるいは腹いせに「機密費をもらったとバラしてやる」とか言って暴れることを想定しているのであろう。馬鹿馬鹿しくて話にならない。領収書が公開されるか否かにかかわらず、こういう情報提供者はいつでもカネを理由に協力を拒否する可能性があるということだ。インテリジェンスの現場で、実際にエージェント（情報提供者）を運営したことがある人ならば、誰でもわかることであるが、重要な情報源をカネで獲得することはできない。カネを目的とする者は、より多く支払う機関にすぐになびくからだ。内閣がこのような認識を本当にもっているとするならば、インテリジェンスの基本がなっていないと言わざるを得ない。

「沖縄の民意をカネで誘導した」という重大証言

筆者は、内閣官房機密費と外交機密費の双方を仕事で用いた経験がある。その経験から言えることは、機密費の使用については、それを使う政治家と官僚の職業的良心に委ねられているということだ。機密費を私的に流用するのは論外であり、犯罪だ（実際、それで外務官僚が刑事責任をとらされた）。しかし、民主主義の原則に反する機密費の使い方がなされることがあるのも事実だ。

２０１０年7月21日のテレビ番組で、鈴木宗男衆議院外務委員長（新党大地代表）が、１９９８年の沖縄県知事選挙に3億円の官房機密費が自民党の推す稲嶺恵一候補の陣営に使われたと証言した。鈴木氏は当時、内閣官房副長官の立場にあった。この件に関し、筆者が同7月29日に鈴木氏と面談したときのやりとりについて記しておく。

佐藤「記憶ははっきりしていますか」
鈴木「はっきりしている」
佐藤「額はいくらですか」
鈴木「3億円使ったと聞いている」
佐藤「どこでその話を聞きましたか」
鈴木「（内閣総理大臣）官邸の食堂で、昼食のときだ。小渕（恵三首相）さんは、『沖縄の選挙ではそんなにカネがかかるのか』と言っていた」
佐藤「内閣官房機密費は年額12億円でしょう。3億円は額が大きすぎませんか」

鈴木「小渕さんは『外務省枠があるから、足りなければそれを使え』と言っていた。当時、外務省から裏で20億円の外交機密費が官邸に上納されていたからね。3億円なら出せる」
　外交機密費は、首相の外交活動のために用いるという口実で外務省から首相官邸に上納されていた。沖縄は外国ではない。沖縄での民意を機密費を用いて、当時の自民党政権に都合のよい方に誘導するなどということは、民主主義の原則からしてあってはならないことだ。さらにこんなやりとりをした。
佐藤「稲嶺さんは、TBSのテレビ番組で、『お金にはまったくタッチしていないし、そのようなことはまったく知らない』とコメントしています。真相はどうなんですか」
鈴木「佐藤さん、稲嶺さんがそんなことを言っていると天国にいる小渕さんが知ったら悲しむよ。もちろん稲嶺さんは候補者だから、直接カネには触っていないはずだ。ただし、（首相）官邸から物心両面の支援を受けたことを稲嶺さんは知っている」
佐藤「物心の〝物〟とは、カネのことですか」
鈴木「そうだ。だから、知事に当選した後、稲嶺さんは、首相官邸にやってきて、小渕総理にお礼を言ったんだ。あのとき、よかれと思って、沖縄に機密費を流した。しかし、機密費は選挙のために使うカネではない。権力の中枢にいて、私は感覚が麻痺していた。反省している」
　テレビで機密費について証言した後、鈴木氏のところには、「機密費について、これ以上話すな。鈴木さんのためにも、日本のためにもならない」というような、助言と脅しが入り交じったような「忠告」が複数寄せられたという。しかし、鈴木氏は怯えずに真実を語り続ける決意だ。2010年11月の沖縄県知事選挙に、内閣官房機密費が投入され、民主主義が歪められるようなことがあれば、沖縄と中央政府の関係が決定的に悪化し、日本の国家統合が内側から崩れる――鈴木氏はそう考えているのだ。

（2010年9月8日号）

「美人スパイ逮捕」で見えたロシアのホンネと建前

２０１０年６月28日、米国司法省は、司法長官に事前の届け出をせずに米国内で政治活動を行なったリチャード・マーフィー（自称）容疑者ら10人を一斉に逮捕したと発表した。

〈米国内法では、外国政府機関の要請に基づいて個人がこうした政治活動を行う場合は、司法長官への事前届け出が必要。「マーフィー」容疑者らは届け出を怠ったまま政治活動を行い、一部はマネーロンダリング（資金洗浄）を行った疑いももたれている。有罪が確定すれば、５～20年の懲役刑が科される。／逮捕のきっかけは、ロシアの対外情報庁（ＳＶＲ）から、逮捕した容疑者10人のうち２人にあてた秘密指令を米捜査当局がキャッチしたことだ。／指令の内容は、（１）米政府の政策決定に影響力のある関係者を探し出し、協力者として開拓せよ（２）この結果を機密情報として報告せよというものだった〉（２０１０年６月29日ＭＳＮ産経ニュース）

この事件に関しては、さまざまな憶測情報が流れている。例えば、「美人スパイ」アンナ・チャップマンに関する報道だ。

〈米連邦捜査局（ＦＢＩ）がロシアのスパイだとして男女10人を逮捕した事件で、アンナ・チャップマン容疑者（28）の元夫で英国人のアレックス・チャップマン氏（30）が英紙デーリー・テレグラフの取材に応じた。同容疑者の父親は旧ソ連国家保安委員会（ＫＧＢ）幹部で、結婚後の英国在住時にスパイになった可能性が高いという。／同紙は、スパイ映画００７シリーズの題名「私を愛したスパイ」の見出しで報じた〉（２０１０年7月4日付朝日新聞）

各紙の報道によれば、アレックス氏は、２００１年にモスクワ国立大学の学生だったアンナ容疑者が旅行で訪れたロンドンで出会い、５か月後に結婚。その結果、アンナ容疑者は英国籍を取得した。そして２００６年の離婚後もチャップマン姓を名乗り続けていたという。

〈02年夏、アフリカ・ジンバブエを新婚旅行で訪れた時、同容疑者の父（53）に初めて会い、「とても怖い」印象を受けたという。後に、元妻から、父親はＫＧＢの幹部だったと打ち明けられた。同氏は「父は娘の人生のあらゆることをコントロールした」と話している。／アンナ容疑者は05〜06年になって、ロシアの友人と頻繁に会うようになった。同氏が紹介を求めても「ロシア語で話しているから」と強く拒否された。そのころから、アンナ容疑者の生活が変わり、嫌いだった米国に移り住むなどと言い出したという〉（同前）

離婚した元妻について、元夫が語る否定的な話については、割り引いて聞かなくてはならない。また、ＳＶＲでスパイとしての本格的な訓練を受けた女性ならば、父親がＫＧＢ幹部であると打ち明け、ロシア人との秘密接触が露見するような、稚拙な行動をとらない。この種の報道に惑わされると、問題の本筋を見失う。

問題になるのは「摘発の時期」

筆者は今回、ロシアの諜報機関が米国で非合法な情報活動、すなわちスパイ活動を行なったことは間違いないと見ている。この読み解きをするのに役に立つのがロシア国営ラジオ「ロシアの声」（旧モスクワ放送）の日本語版ＨＰ（http://japanese.ruvr.ru）だ。

ロシアは宣伝謀略手段として「ロシアの声」を重視している。この放送を通じ、諸外国のインテリジェンス専門家に、何が起きているかについて、ロシアの認識をさりげなく伝えるのだ。特に２０１0年6月30日付の「米のロシア人スパイ逮捕　関係への影響は」という論評が興味深いので、読み解いてみる。

〈米司法省は28日、ロシアの情報機関のスパイとして同国内で情報収集などを行ってきた疑いのある10人の逮捕を発表した。この時点で行方不明とされていた残る1名もキプロスで身柄を拘束され、現在は保釈された模様だ。／事件が注目を集めたのは、訴追資料から明らかになったその手口である。ネットの画像に埋め込んだ画像で本部と連絡をとったり、路上でバッグを交換したり、地面に埋めた資金を数年後に掘り返したりと、スパイ映画さながらである。彼らはフランスパンの似合う奥さんとして、ソーシャルサイトに写真を載せる旅行会社の添乗員として、社会に浸透していた。ロシア外務省のネステレンコ報道官は声明で、容疑者たちがロシア国民であることを認めている〉

ここで重要なのは、ロシア政府の公式の立場を表明するネステレンコ外務報道官が、スパイ事件の事実関係について、争う姿勢を示していないことだ。ロシア政府は、スパイ行為を行なったことを事実上認めている。

〈新たな核軍縮条約のプラハ調印を経て、オバマ大統領が掲げる「関係リセット」が実を結びつつあるなかでの発表である。ロシアのラヴロフ外相は、訪問先のイスラエルで声明を表し、大統領の帰国直後という時期になんらかの意図があったのではないかと疑いを語っている。／リセットの鈍化を狙ったものなのか。露下院（国家会議）安全委員会のグドコフ副委員長は、ポリート・ルーからの取材に対し、「逮捕劇を仕組んだ勢力は、ロシアが米国を邪魔する狡賢い国だということを米国民に今一度伝えることに成功した」と語る。その上で露米関係への影響については、逮捕劇が「オバマ氏やその周辺と調整した上で演出された場合」にのみ悪化するとの見方だ〉

ラブロフ外相は、「スパイ事件がでっち上げだ」と非難するのではなく、摘発の時期を問題にしているに過ぎない。さらに国家院保安（国家会議安全）委員会は、SVRやFSB（露連邦保安庁）が公には発信しにくいメッセージを伝える機能を果たしている。〈逮捕劇が「オバマ氏やその周辺と調整した上で演出された場合」にのみ悪化する〉というのが、クレムリンが米国に伝えたいメッセージなのである。さらに「ロシアの声」の論評はこう述べている。

〈オバマ氏は事件についてコメントしていない。ただ、ギブズ報道官は、大統領が事前に報告を受けていたことを明らかにしている。操作（引用者註＊「捜査」の誤記）の過程で数度に渡り情報を得ていた。ただ、時期については捜査機関の判断だったという〉

要するにオバマ大統領の本件に対する対応は、クレムリンの要求を満たしているというシグナルを出している。

インテリジェンス専門家のプーチンの対応

〈グラニ・ルーは、ロシア側も情報提供を受けていたのではないかと報じている。これまでのスパイ事件の時に比べて反応が小さいというのが理由だそうだ。例えば4年前にグルジアで発生したロシア人将校の逮捕事件では、プーチン大統領（当時）が「グルジアにはベリヤ（スターリンの側近）の習慣が残っているようだ」と皮肉った。今回もクリントン元大統領との会談で冗談を飛ばしたが、関係悪化への配慮も見せた。先日ドイツの内務相がロシアの産業スパイを指摘した際には、外務省が「冷戦時代から借りてきたような根拠のない批判」と断固とした立場を示した〉

プーチン首相はKGB第一総局（SVRの前身）出身のインテリジェンス専門家だ。プーチン首相の抑制された対応は、今回は米国に対するスパイ活動を行なったという事実があるから、ロシア側に非がある事案について傷口をあえて大きくするようなことはしないというプロの判断に基づいている。

「ロシアの声」は、以下の結語で論評を終えている。

〈今回の出来事はソ連時代から変わることのない冷戦時代さながらの「影のロシア像」とうまく合致した。もちろん諜報活動は長期的な視野を必要とする安全保障の手段であり、入国時期から判断して、ソ連時代から引き続き指令が下っていた可能性を指摘する専門家もいる。ただ、米国をはじめかつての西側陣営と戦争する可能性は極めて低くなり、国際テロという共通の敵も存在する。事件の真相は定かでないが、そんな新たな時代における情報戦は我々の親しみやすい固定されたイメージとはかなり違った姿をしているのではないか〉

「今回はこちらに行き過ぎがありました。アメリカとは国際テロとの戦いで協力していきたい。大人の対応で、事態を穏便に処理しましょう」というのがロシアの本音と筆者は見ている。

（2010年8月4日号）

秘密交渉のおとりとなった「アンナ・チャップマン」

米国におけるロシア人スパイ事件は、2010年7月9日にオーストリアの首都ウィーンで米露のスパイ交換が行なわれ、幕引きとなった。その過程で「美人スパイ」アンナ・チャップマンに関するさまざまな情報がマスメディアを賑わせた。

実はスパイの世界で絶世の美女とか美男はほとんどいない。また極端に醜い男や女もいない。なぜだろうか？　スパイの世界で重要なのは、目立たないことだ。美人は目立ち、記憶に残りやすいのでスパイには向かないのである。アンナの写真や動画を冷静に見てみよう。モノによっては美人に見えるものもなくはないが、この程度の容姿のロシア人女性ならば、掃いて捨てるほどいる。

公開情報をとりまとめたロシア語HPとして定評がある「レンタ・ル（http://lenta.ru）」（2010年7月21日更新）によると、アンナ・チャップマン（旧姓クシチェンコ）は、1982年2月23日、ハリコフ市（ウクライナ）で生まれた。その後、アンナはロシアのボルゴグラードの高校を卒業している。ここでは美術に特化した特別コースで学んだ。このコースは、絵画の才能があるだけでなく、学科の成績も優秀な生徒しか受け入れない。

インテリジェンス機関と出身大学の関係

1999年から2003年まで、アンナはモスクワの「ロシア諸民族友好大学」の経済学部で学んだ。モスクワ国立大学には及ばないが、ロシアの難関大学の一つである。この大学は、アジア・アフリカ諸国のエリートを養成するために1960年に創設された。1961年にパトリス・ルムンバ名称民族友好大学と改称された（以下、ルムンバ民族友好大学）。パトリス・ルムンバ（1925〜61年）は、コンゴ民主共和国の初代首相だったが、1961年に白人（ベルギー人）の傭兵らによって暗殺された。東西冷戦を背景に、ルムンバ暗殺の背後には米国の意向が働いたという見方も強い。ソ連は、ルムンバの業績を讃えて、この民族友好大学にその名を冠したのである。当初、日本からも留学生を受け入れたが、中ソ対立を背景に、ソ連派と中国派の日本人学生が内部抗争を引き起こしたので「日本はもはや先進国なので留学生の受け入れを中止する」という決定をソ連当局が行なった。

石原慎太郎氏（現・東京都知事）の小説『日本の突然の死——亡国』（角川文庫、1985年、上下巻）では、ルムンバ民族友好大学がテロリストを養成する特別の教育訓練機関と描かれているが、これは創作で、実態を反映していない。ソ連寄りの政治家や経済人を養成することが、この大学の目的だった。ルムンバ民族友好大学に留学した新谷明生氏が、この学校の実情についてこう述べている。

〈私も、六七年の七月に、卒業して日本に帰るための手続きをとって、最後に別れるまぎわに、学校側の担当教師が「では、さようなら」と言って最大限の歓送の辞をのべてくれた。どういうことかというと「日本に帰ったら、いい職におつきなさい。高い給料をとりなさい。金持ちで美しい奥さんをもらいなさい」というわけだ（笑声）。こっちは二の句がつげなかった」（新谷明生、足立成男他『ソ連は社会主義国か─モスクワ留学生は語る』青年出版社、1971年、17頁）。スパイ教育を行なうという環境からはほど遠い。スパイ教育は、KGB（ソ連国家保安委員会）のアカデミーや研修センターで行なわれていた。

ソ連時代、ルムンバ民族友好大学の学生の約半数は、アジア・アフリカ・中南米からの留学生で、残りがソ連人学生だった。ソ連人学生でも、中央アジアやコーカサス出身者の比率が高かった。1992年にルムンバの名称を外し、ロシア諸民族友好大学になった。現在、この大学の在学生のほとんどはロシア人だ。従って、アンナがこの学校を卒業したことをスパイ活動と結びつける見方には無理がある。ちなみにSVR（ロシア対外諜報庁）外国におけるインテリジェンス活動に従事する機関。旧KGB第一総局の後継機関）でもっとも多いのはモスクワ国立国際関係大学出身者である。諸民族友好大学の出身者はほとんどいない。

10人の中にいた「アンナ以外の重要なスパイ」

アンナは卒業後、英国に渡り、金融関係の仕事をしている。スパイがビジネスパーソンを偽装しているというよりも、大学の卒業成績が優秀で、英語に堪能なので、ロンドンの外国企業に就職したのだろう。ユーチューブにアンナと見られる人物が、今回の事件が発覚する前に、ロシアの同窓生に送ったビデオレターがアップされているが、ここで彼女は、文法的に正確なロシア語を論旨鮮明に話している。アンナがビジネスパーソンとして、有能であることが窺われる。SVRが、外国の民間企業に勤務しているロシア人を協力者にするのは、それほど珍しい話ではない。アンナの父は、ケニアとジンバブエのロシア大使館に勤務していた。アンナの元夫アレックス（英国人）が述べるように、アンナの父親がKGBそしてSVRの海外駐在員であった可能性は十分ある。

筆者は、モスクワの日本大使館に外交官として勤務するかたわら、1992年から95年までモスクワ国立大学哲学部で教鞭をとっていた。教え子の中に父親が旧KGB幹部の女子学生がいた。彼女は父親をとても尊敬していた。複数のSVR高官や元KGB幹部とも筆者は親しく付き合ったが、いずれも家族の信頼関係は強かった。職業柄そうでないと円滑に仕事を進めることができないからであろう。このような家庭で育った子供は、SVRに対して協力的だ。従って、ロンドンやワシントンに駐在するSVR機関員から協力を要請されたならば、アンナが断わることはまずないと思う。そして職務を通じて知り得た事項や、独自の人脈で得た情報をSVRに伝えたのであろう。アンナを含む今回逮捕された10人がロシアのためにスパイ活動を行なっていたことは、間違いない。冤罪ならばロシアがスパイ交換に応じるはずがないからだ。

今回、米国がスパイ交換で引き渡しを求めたのは、CIA（米中央情報局）に協力してスパイ活動を行なった罪で2004年に懲役15年を言い渡された服役中のイーゴリ・スチャーギン元ロシア科学アカデミー米国・カナダ研究所軍事技術・軍事政策課長や2006年に英国のスパイとして逮捕され服役中のセルゲイ・スクリパル元GRU（ロシア軍参謀本部諜報総局）大佐などの大物だ。となれば、ロシアが米国から取り戻したいと考えた今回逮捕された10人の中に重要なスパイが含まれていたと考えるのが自然だ。

ただし、それはアンナではない。そもそもアンナがスパイ養成機関で本格的な教育と訓練を受けているならば、余計な話をして工作の障害になる可能性が高い元夫をあらかじめ始末したはずだ。それこそ、アフリカ旅行に誘い、旅先で事故に見せかけて殺すというのは、スパイの世界でよくある話だ。さほど重要でないアンナにマスメディアの関心を向かわせ、その間に事件を上手に処理する方策をCIAとSVRが水面下で行なったのではないか。アンナはこの米露秘密交渉が露見しないようにするために「おとり」にされマスメディアはみごとにそれに食いついた。今回の事案は、米露の対外インテリジェンス機関の間に、かなり高いレベルの信頼関係が構築されていることを示すものと筆者は見ている。

米国もロシアも帝国主義国である。ただし、かつてのようなイデオロギー対立は存在しない。米露共に自国の国益を極大化することを常に考えている。そのためには、合法的手段だけでなく、必要に応じて非合法活動にも踏み込む。この世界のルールでは、非合法活動に従事していても、相手国が文句をつけてこないかぎり「黙認されている」と見なす文化がある。スパイ活動が露見した場合、ルール違反をした側は、そのことを率直に認めた上で、双方の国益に与える打撃を極小にするように共同作業を行なう。今回のスパイ事件から学ぶのはこのような大人の国家間関係だ。

（2010年8月25日号）

中国と「戦略的パートナー」を演じるロシアに学べ

ロシア人の中国に対する警戒心と嫌悪感は国民の草の根レベルまで浸透している。

これには、歴史的背景がある。ロシア語では中国のことを「キタイ」という。この語源は10世紀に現在の中国北部に「遼」という国を建国した遊牧民族「契丹《きったん》」だ。ロシア人は、中国が契丹のように国境を越えて侵略してくるのではないかという恐れをもっている。

日常語でも、悪性のインフルエンザを「中国風邪（キタイスキー・グリップ）」という。また「あいつは中国人百人分くらい狡い」という表現があり、極めて卑劣な人間を罵るときに使う。現在、ロシアと中国は「戦略的パートナー」であるが、ロシア人の感覚からすると「戦略的（ストラテギーチェスキー）」とは、「お互いに後ろから斬りつけない」「人前でつかみ合いの喧嘩をしない」程度の意味だ。

1960〜80年代初頭まで、ソ連と中国は激しく対立した。特に1969年、ウスリー河の中州ダマンスキー島（中国名珍宝島）での中ソ国境紛争は事実上の戦争だった。この紛争で双方にどの程度の被害があったかについては、いまだ明らかになっていない。

戦争をすれば「絶対に勝つ」ということを相手に教える

1999年3月2日朝日新聞朝刊がこんな報道をした。

〈ダマンスキー島事件、旧ソ連側にも多数の死傷者

【モスクワ1日＝大野正美】旧ソ連と中国が領有をめぐって激しい武力衝突を演じた一九六九年のダマンスキー島（中国名・珍宝島）事件から三十周年になるのを機会にロシア国境警備局は一日、中国側に多数の死傷者が出たとされてきたこの事件でソ連側にも死者四十八人、負傷三十五人という大きな被害が出ていたことを明らかにした。

インタファクス通信によると、当時のソ連国境部隊には島のあるウスリー川の氷上に弾薬を一組しか持っていけない規則があった。このため三月二日朝に約三十人の中国兵が島に現れた時、八人のソ連側守備隊は十分に反撃できず、応援した別の守備隊と共に同日中にほぼ全滅してしまった。

ソ連側が正規軍も加わって本格的に反撃したのは中国兵が再び島に現れた十四日で、三日間激しい白兵戦を続けた後、十六日に中国領に猛烈な砲撃を加えて戦闘は終わったという。

ダマンスキー島はソ連が実効支配を続けた後、国境交渉で中国に移管された〉

筆者がモスクワに出張したとき、ＳＶＲ（露対外諜報庁）の幹部からこんな話を聞いたことがある。

「ダマンスキー島に駐屯していた十数名のソ連国境守備隊は、ＫＧＢ（国家保安委員会）に所属していた。中国側の不意打ちで、ソ連守備隊は全滅した。ソ連は正規軍を投入し、ダマンスキー島の中国人を皆殺しにし、ソ連がこの島を実効支配した。そして、ソ連崩壊後、中露国境交渉で、ロシアはこ

の島を中国にくれてやった。あんな奴らと共同支配をしても碌《ろく》な事にならないからだ。戦争をすれば絶対にロシアが勝つということを教えた上で、島をくれてやる。こういうやり方が中国との関係でロシアの安全を保障するためにいちばんよいのだ」

ロシアは帝国主義国だ。まず一方的にロシアの利益だけを主張する。それに誰も異議を申し立てないならば、ロシアの権益を拡張する。相手国が抵抗し、国際社会もロシアに対して批判的になり、このままごり押しを続けると、結果としてロシアが損をすることが明らかになったときにだけ、国際協調に転じる。

ロシアが「第二次世界大戦終結の日」という名称で、事実上の「対日戦勝記念日」を制定しても、日本政府は抗議しなかった。また尖閣諸島沖中国漁船衝突事件でも、菅直人政権は中国政府の恫喝外交に恐れをなして、逮捕した中国人船長を釈放してしまった。この問題を巡る日中関係の緊張をロシアは最大限に利用している。

特に2010年9月27日、北京でメドベージェフ大統領と中国の胡錦濤国家主席が合意した「第二次大戦終結65周年に関する共同声明」において、「日本の中国侵入後、ソ連は隣国に極めて大きな援助を提供した。中国国民もソ連軍に加わり戦った」「歴史の歪曲を断固非難する」との言及がなされた。中露両国が戦勝国の立場で連携し、北方領土問題、尖閣問題における日本の動きを牽制している。もっとも、これでロシアが日本よりも中国を「友好国」と見なすようになったということではない。ロシアは自国の利益に役に立てば、あるときは中国、別の状況では日本を使う。それだけのことだ。

中国に「帝国主義」が埋め込まれているとソ連は見抜いた

ロシアには、潜在敵国としての中国を研究するシンクタンクがある。ロシア科学アカデミー極東研究所だ。1966年9月に中国、北朝鮮、韓国、日本を調査する目的で設立された。ソ連時代はソ連共産党中央委員会との関係が深かった。現在も大統領府や政府の委託研究を行なうとともにロシア軍との関係も深い。この研究所から、中ソ対立が激しい頃、潜在敵国としての中国に関する基礎研究、応用研究に関する論文や著作が多数刊行された。その一部がモスクワのプログレス出版所から刊行されている。単なる反中国プロパガンダにとどまらず、中国の侵略性について、深く掘り下げた研究もある。筆者が現在もよくひもとくのは、『中国と隣接諸国の関係（古代と中世）』（モスクワ・プログレス出版所、1981年）と題する論文集だ。セルゲイ・チフビンスキー教授（ソ連科学アカデミー準会員）が編纂《へんさん》している。ちなみにチフビンスキーは、当時のフルシチョフ・ソ連共産党第一書記の指令で、1955年にロンドンで日ソ国交回復のソ連次席代表をつとめた。北方領土交渉に関する秘密を知っている人物だ。筆者もモスクワに勤務した時期に3回会ったことがある。筆者が会ったときは既に80歳になっていたが、記憶力もよく頭の回転も速かった。

この論文集の目的について、チフビンスキーはこう記している。

〈この論文集のなかに含まれている資料は古代と中世における中国の外交の大国的伝統についての明白な観念をあたえ、中国の指導者たちの現在の民族主義は長い歴史をもっていることを示し、民族主義と中華思想は中国における封建的、ブルジョア的、プチブルジョア的イデオロギーおよびユートピア的な農民的社会主義に共通の特徴であって、封建的国家は儒教の助けによって自己の人種的共同体への所属の感情を煽ろうとし、このことが原因になって、中国人民とその哲学および文化は他に比類なくすぐれているという間違った考えがあらわれ、自分たちの保守的な伝統に追随することになったというテーゼを確認している〉（同書15ページ）

当時、中国はソ連を「社会主義の仮面を被った帝国主義国」と規定し、社会主義国と見なしていなかった。これに対してソ連は、種々の逸脱はあるが、中国は本質において社会主義国であるという立場をとっていた。しかし、この論文集でチフビンスキーらが展開する中国論にはマルクス主義的視点がほとんどない。むしろ歴史的連続性の中で中国という国家に帝国主義が埋め込まれている構造を解明しようとしている。チフビンスキーは中国は周辺諸国にとって脅威であると断言する。

〈古代と中世における中国の外交的ドクトリンと手法を受けついでいる北京の対外政策的実践、国のとどまることなき軍国化、地球の大気を汚染している間断ない核実験、隣国インド、現在ではベトナムに対する侵略的戦争、東シナ海での反日武装デモ、それからソ中国境および蒙中国境における中国の武力挑発これらすべてのことは世界の世論に中国の大国的覇権主義はそれの直接的隣国にとってだけでなく、またすべての平和愛好諸国と諸国民にとって脅威となっていることを確信させている〉（15～16ページ）

中ソ対立期のロシア専門家による中国研究を日本の国益のために活用することが可能だ。

（２０１０年11月10日号）

「ウィキリークス」と向き合うメディアへの提言

ジャーナリズムは社会の木鐸《ぼくたく》であるとか、国民の知る権利を保障する機関であるという議論から出発すると、事柄の本質が見えなくなる。共同通信と徳島新聞が社団法人、ＮＨＫ（日本放送協会）が特殊法人であるのを除き、それ以外のマスメディアはほぼすべて株式会社だ。株式会社の目的は、「金儲け」である。情報はそのための商品なのだ。新聞や雑誌も宗教団体、学術団体、政治団体、趣味の会が発行する機関紙・誌を除けば、営利を抜きにした運営は不可能だ。資本主義社会における「金儲け」という制約条件を無視して論じるメディア論は現実に影響を与えない。

機密情報の扱いについても、それが「売れる」ならばメディアは扱う。官僚からのリークであろうが、盗んできた情報であろうが、それが商品になるならば、報道するというのが資本主義社会におけるメディアの職業的良心である。ただし取材にあたって窃盗、盗聴などの刑事犯罪に該当する行為を行なえば、処罰されるリスクがある。

もっともメディア・スクラムと呼ばれる報道が過熱した状況になると、違法行為を行なうメディアはいくらでも出てくる。筆者自身の体験について記す。２００２年の鈴木宗男疑惑のときに筆者もメディア・スクラムの対象になった。自宅の前にはいつも記者が張っている。ゴミを集積所に出すとすぐに持ち去る人がいる。メディアに雇われている人で、ゴミの中から何か役に立つ書類が出てこないか探しているのだ。筆者が捨てたゴミの所有権は、行政に移っているので、ゴミを持ち去ることも厳密に言えば窃盗だ。

喫茶店や薬局に入ってもその様子を隠し取りするテレビ記者がいる。そうしなければ競争に遅れてしまうという焦りからこういう行動を取るのだ。さらにメディア・スクラムが過熱すると、自宅の郵便箱から手紙が抜き出され、開封した上で再び戻されているようになった。これは刑事犯罪だが、異常な興奮状態になるとメディア関係者は一線を越えることに関する抑制が利かなくなるというのが筆者の経験則だ。特にテレビメディアにその傾向が強い。それだから、筆者は原則としてテレビ出演は断わることにしている。このようなテレビの取材文化が嫌いだからだ。

尖閣映像流出は「義挙」ではない

機密情報の取り扱いについても、メディアは、その情報が真実で、商品価値があれば報道するという職業的良心を貫くことが、結果として国民の知る権利に奉仕することになると筆者は考える。ただし、そのときにメディアとしては、当該情報の精度や問題点、さらに機密情報を提供した人の動機や社会的意義についても併せて報じ、情報の受け手となる国民が総合的な判断を行なうことができる材料を提供することが重要と思う。

それは報道関係者のモラルとして必要とされるのではない。そのような材料を提供せずに情報を垂れ流すと、当該メディアの信用が失墜し、結果として株式会社としてのメディアの利益が毀損されるからである。

具体例に即して考えてみよう。海上保安庁の職員が、尖閣諸島沖での中国漁船衝突事件に関するビデオ映像をユーチューブに投稿した。この行為を国民の知る権利に適う義挙とは言えない。まず、このビデオ映像が海上保安庁によって編集されたもので、そこには編集者である国家機関の自覚的もしくは無意識の意図（利害関心）が含まれているからだ。例えば、ユーチューブに流出した動画には中国人船長が逮捕された瞬間の映像がない。この事件で海上保安庁が国際的に確立された人権基準と日本の法令を遵守《じゅんしゅ》していたかを判断する重要な部分だ。報道を総合すると、海上保安庁は中国人船長を逮捕した瞬間を映像に撮っていた。この部分を欠いたユーチューブ上の映像で事件を評価することはできない。

それとともに海上保安庁が機関砲をもつ、国際基準では軍隊に準ずる「力の省庁」であることを軽視してはならない。今回の事案は、海上保安庁内の違法行為に対する内部告発ではない。ビデオ映像を公開しないというのは、内閣の決定である。それに対する「力の省庁」の職員による下克上を看過してはならない。戦前の五・一五事件、二・二六事件のような青年将校による「世直し」運動が、結局、社会を閉塞状況に追い込み、メディアも軍部による圧迫を受けたことを想起すべきだ。そのような傾向を入り口で遮断しておくことがメディアの利益に適う。

アナキストにどう対すべきか

ウィキリークス（以下WLと略する）に流出した米国国務省の公電が世界を震撼させている。日本のメディアや有識者は、WLを官庁や企業の内部告発と同種の現象と見ているようだが、これは大きな間違いだ。WLは、既存の国家システムを破壊するという明確な目標をもった政治運動だ。WLの創設者兼編集長であるアサンジ氏の見解を分析すれば、同氏の思想がアナーキズムときわめて親和的であることがわかる。

〈アサンジ氏は11月30日、米国務省の外交公電約25万通の公開開始後初となる米タイム誌とのインタビューで、「我々の活動は市民主体の世界を築き、腐敗した組織に対抗するものだ」と述べ、機密文書公開を正当化した。

アサンジ氏は、11月上旬にスイスで記者会見して以来、公の場に姿を見せていない。タイム誌とのインタビューは、インターネットの映像通話サービスを通じて行ったが所在は明かさなかった〉（2010年12月1日付読売新聞夕刊）

アサンジが述べる「市民主体の世界を築き、腐敗した組織に対抗する」という主張がまさに「暴力装置である国家を除去した方が人間の社会は健全に発展するはずだ」というアナーキズムに基づいている。

アナーキズムは無政府主義と訳されることが多いので、国家や政府を破壊し、無秩序を礼賛する思想のように見られがちだが、そうではない。アナキストは、国家による法律を認めない。ただし仲間内の掟はとても大切にする。明治・大正期のアナキスト、大杉栄は、当時の論壇に大きな影響を与えた文筆家でもある。大杉の翻訳によるファーブル『昆虫記』が1922年に刊行されたが、実は昆虫の社会モデルとアナーキズムが親和的なのだ。「蟻や蜂などの昆虫は群れをつくる社会的動物だ。蟻や蜂の社会に国家はない。国家がなければ政府も存在しない。それでも蟻や蜂の社会はうまくいっている。人間も群れをつくる社会的動物だ。自然状態で、人間は自ずから秩序をつくることができる。合法的に暴力を行使することができる国家は、支配者が支配される民衆を収奪するために人為的につくられた機関だ。従って、国家による法律も、収奪のための道具だ。国家や法律を廃止し、人間の社会が自発的につくる掟があれば、人類は秩序を維持し、より幸せになる」という信念をアナキストはもっている。

アサンジの言説についてさらに考察してみよう。

〈民間告発サイト「ウィキリークス」創設者のジュリアン・アサンジュ氏は30日、米タイム誌の電話取材に応じた。同サイトが28日に公開した米外交公電で、米外交官の「スパイ活動」ともいえる疑惑が浮上したことを受け、「責任があるのならば、クリントン国務長官は辞任すべきだ」と述べた。

米政府から「米国の財産を盗んだ」と指摘されるウィキリークスの違法性について、アサンジュ氏は「法律はクリントン長官が決めるものではない」と、米政府との対決姿勢を鮮明にした。また、別の情報流出事件で逮捕された米軍上等兵が、ウィキリークスへの情報提供者とみられているとの指摘には「我々は情報源を保護する団体だ」と述べた〉（2010年12月2日付朝日新聞朝刊）

アサンジは法律を決めるのは米国国家ではないと考えている。そして、WLは、法律に違反してでも「情報源を保護する」という掟に従うという立場を鮮明にしている。

ちなみにアナキストは、アナーキズムを含む特定の主義を否定する傾向が強い。従って、「私はアナキストだ」と言わないアナキストも多い。筆者が承知する範囲で、アサンジもアナキストであると自己規定したことはないが、同氏の行動と思想を第三者的に突き放してみれば、19世紀フランスのプルードン、ロシアのバクーニンやクロポトキンなどのアナキストの主張ときわめて親和的だ。

メディアは、WLに流出した機密情報が真実で、国民の知る権利に適う（要するに商品になる）と考えるならば、職業的良心に従って報道すべきだ。国家機密の保全について懸念するのはメディアではなく国家の仕事だ。

他方、WLが提示する期日指定や、WLの求めに応じて機密情報のもつ意義や重要性について評価、分析することは避けるべきと思う。WLの目標とする国家システムの破壊に手を貸すことにより、商業メディアの存立基盤となっている社会システムも破壊されるからだ。アナーキズムの影響力が拡大することは、日本の国家と社会に災いをもたらす。


（2011年1月26日号）

対露交渉に「米外交公電公開」が与える影響

ウィキリークス（ＷＬ）を企業や官庁の内部告発者と同一視すると大きな過ちを犯す。ＷＬは既存の国家システムを破壊するという明確な目的をもった政治運動だ。ある会合で同席した警察庁幹部（警視監）が「佐藤さんのＷＬに関する論考を興味深く読みました。私も佐藤さんと同じ認識でＷＬはとても危険だと思っています。ＷＬは情報を用いた一種のテロリズムだと思うのです」と述べていた。この警察庁幹部の認識は正しい。ＷＬの政治目的に筆者は与しない。しかし、だからといってＷＬが不正な手段で入手し、公開した情報を無視すればいいということではない。情報は、それが表に出れば、入手経路にかかわらず独り歩きする。真実であれば、その情報は世の中の現実に影響を与える。政府が「ＷＬの情報を無視しろ」と訴えても、それは逆効果になるだけだ。

朝日新聞が２０１１年5月4日付朝刊でＷＬから入手した約７０００本の米国国務省公電をもとに、その内容と分析についての特集を発表した。この瞬間からＷＬは日本の外交を根底から揺るがす政治問題になった。新聞記者には他紙のスクープ記事の後追いはしたくないという心理が刷り込まれている。従って朝日新聞の読者以外にはＷＬ問題が日本の国益に与える影響が十分に認識されていない。

しかし、注意深く観察すると、深刻な事態が進捗していることがわかる。

外務官僚が「米国を通じて」大臣に圧力

２０１１年5月4日付第一弾の特集では普天間問題が中心になった。沖縄タイムスは、朝日新聞の記事をすべて転載した。こんな事例は新聞業界で異例のことだ。琉球新報は、ＷＬが公開した米国国務省の秘密公電を独自に分析して、朝日新聞が報道しなかった以下のような重要な情報を発掘している。

〈普天間関連米公電 米に不満表明促す 外務官僚暗躍 新たに判明

内部告発サイト「ウィキリークス」が公開した米公電で、米軍普天間飛行場の返還・移設問題をめぐり、交渉相手の米政府と内通し日本の閣僚への影響力を行使させようとする外務官僚の姿が6日、新たに照らし出された。外務官僚が閣僚に対し、在沖海兵隊のグアム移転と普天間飛行場代替施設建設を切り離せないとさとしたり、外務省の「前担当者」が当時の鳩山政権の普天間問題に対する取り組みを批判し、米政府に対して公式に不満を表明するよう促していたことが分かった。／２００９年10月5日作成の在沖米総領事館発の公電は、外務省日米安全保障条約課長の船越健裕氏が、岡田克也外相（当時）とやり取りした発言を紹介。船越氏が「岡田氏は、米国が普天間代替と、海兵隊のグアム移転を切り離すことを受け入れられないとする官僚らの主張を認めなかった」などと話したという。船越氏は「普天間代替なしに、議会がグアムに予算を認めることなどあり得ないと、岡田氏に伝えた。しかし彼（岡田氏）は米国から直接それを言わなければ信じなかった」と述べたという。／２００９

年12月16日作成の在東京大使館から米国務省など宛ての電文は、外務省の「前担当者」らが東京に招集され、うち3人が同月10日に駐日米大使館の職員と面談した内容を報告。／「前担当者らは、鳩山政権の普天間代替施設問題への取り組みを強く批判しており、米政府に公式に不満を表明するよう促した」としている。この3人について「さまざまな表現で普天間代替施設計画への鳩山政権の扱い方や政治性について、不満を表した。米政府が普天間代替計画において、日本政府に全面的に合わせるべきではないし、合意済みのロードマップで譲歩するのも避けるべきだということだ」と伝えている。（内間健友）〉（2011年5月7日琉球新報電子版）

特に船越健裕氏は、現在も普天間問題に関する鍵を握る外務省北米局日米安全保障条約課長の地位にいる。この報道によって船越氏は沖縄県民の信頼を失った。さらに2009年10月5日作成の秘密公電にはこんなことも記されている。

〈船越が言うには、岡田（克也）外相の考え方は大部分において沖縄選出の下地幹郎国民新党政務調査会長の入れ知恵に基づいている。彼（船越）は、下地が岡田に（1）現在、普天間飛行場には25機の飛行機しかないので、飛行場に顕著な負担をかけることにはならない、（2）米国高官にも嘉手納《かでな》統合案に共感している者がいる、（3）米国はアフガニスタンでの追加的支援と普天間代替施設に関する譲歩を相殺する意思があることを確信させたと述べた〉（筆者註＊公電では敬称が略されているのでそのまま訳出した）

船越氏は、アメリカ・スクール（英語を研修し、対米外交、特に日米安保問題に従事することが多い外交官。外務省の主流派を形成している）に属する日本の外務官僚として、是が非でも自民党政権時代の辺野古移設案を実現しようと考えていた。その障害が岡田外相で、外相に嘉手納統合案を入れ知恵しているのが沖縄選出の下地衆議院議員だという日本の内部事情に関する情報を米国政府に提供している。当然、米国側はこの情報をもとに岡田外相と下地議員の切り崩しに全力をあげたはずだ。

WLから明らかになった船越氏の行動は官僚の民主的統制の観点からも大問題だ。外務省の課長は、外務大臣の指揮命令に従わないとならない。課長が外国に内通し、外国から上司である外務大臣に圧力をかけるなどということは、あってはならない話だ。WLに記された船越氏の行動が事実ならば、国家公務員法上の懲戒の対象になる事案と筆者は考える。

米国務省の「認識」を見てロシアが行動に出た

朝日新聞は、2011年5月10日付朝刊でWL特集の第二弾として日露関係を扱った。ここで興味深いのは、米国政府による以下の評価だ。

〈在日米大使館はロシアのプーチン首相の訪日を翌月に控えた2009年4月、日ロ関係全般についての分析を国務省に報告。「日本には、北方領土返還交渉のための計画も、計画を策定して最後までやり遂げる指導者も欠けている」と、当時の麻生政権を酷評していた。／同年2月、麻生太郎首相とメドベージェフ大統領は「独創的なアプローチ」で解決を目指すことで合意。日本側では進展への期待が高まっていた。だが、公電は、麻生首相について複数の情報源の見方として「北方領土問題について信頼できる助言者がほとんどいない。彼の指導スタイルが他人に耳を傾けることを妨げている」と指摘した。／野党・民主党についても見方は厳しく、北方領土問題では「政策の真空状態」に置かれていると指摘。新しい発想が出てこない理由として、「〈02年にロシアに柔軟姿勢を示したと批判された〉鈴木宗男前衆院議員を巡るスキャンダルの後遺症」を挙げた〉（２０１１年5月10日朝日新聞朝刊）

この記事に対して、ロシア政府が反応している。ロシア国営ラジオ「ロシアの声」（旧モスクワ放送）は同年5月14日の日本向け放送で、〈09年の公用文書に書かれた「日本には、北方領土返還交渉のための計画も、計画をより積極的に最後までやり遂げる指導者も欠けている」という指摘は、当時の麻生内閣に信頼できる助言者がほとんどいなかったことをさしている。またこのほかにも、「日本には政府に領土問題の賢い解決方法を提案できるような分析センターが少ない」ことも指摘されていた。／日本側には四島を要求する権利があることを実証するのが難しいという原因があったとも言える〉（「ロシアの声」日本語版ＨＰ）と論評した。日本外務省の対露情報収集・分析に関する態勢が弱い、つまりロシアを担当する外務官僚の能力が低いと米国国務省が認識しているという情報は、ロシア政府にとって貴重だ。相手の能力が低いならば、徹底的な攻勢に出るというのがロシアの外交戦術だ。２０１１年5月15日にイワノフ副首相、ナビウリナ経済発展相らが北方領土の択捉島と国後島を訪問した。東日本大震災後、日本は苦しい状態に置かれているので、ロシアが北方領土の現状固定化に乗り出しても、日本外務省にそれを阻止する能力はないとＷＬが公開した日露関係関連の公電分析を通じてロシア外務省とＳＶＲ（対外諜報庁）が判断したのだと筆者は見ている。

（２０１１年6月15日号）

第5章　領土の危機

揺らぐ国家の根幹

情報操作に騙されないために「原理原則」を知れ

情報操作（ディスインフォメーション）に引っかけられないようにするためには、感情をできるだけおさえて、論理をていねいに追っていくことが重要だ。

２００２年春以降、外務省は北方領土問題について、質の悪い情報操作工作を続けてきた。北方領土交渉の土俵だけを定めたに過ぎない１９９３年10月の東京宣言を、あたかも北方領土の日本への返還が担保された文書であるが如く装う情報操作だ。筆者は外務省と北方領土返還運動の利権にむらがるはらわたの腐りきった北方領土ビジネスパーソンが展開するこの情報操作を「東京宣言至上主義」と名づけている。

東京宣言では、北方四島の帰属に関する問題を解決して、平和条約を締結することが約束されている。このことを論理的に考えてみよう。帰属に関する問題の解決は、日４／露０、日３／露１、日２／露２、日１／露３、日０／露４の５通りの場合がある。もちろん、筆者は、歯舞群島、色丹島、国後島、択捉島の北方四島の日本への帰属が確認されて初めて平和条約を締結すべきであるという立場だ。しかし、東京宣言の文言では、４島が日露のいずれのものかの結論はまったく出ないのである。

日本外務省が「東京宣言至上主義」という立場を鮮明にしてから、プーチン露大統領は、「それでは4島はすべてロシア領ということで平和条約を締結しよう」と呼びかけるようになった。前に述べたように論理的には、これでも東京宣言違反ではない。プーチンは、「そんなに東京宣言がお好きならば、それでメニューを作りましょう」と日本人をからかっているのである。こういうことを言われたら、「平和条約締結後の歯舞群島、色丹島の日本への引き渡しを約束した1956年日ソ共同宣言に違反する。プーチンさんは2001年3月のイルクーツク声明で、共同宣言と東京宣言の有効性を確認したのを忘れたのか。物忘れが激しいようだったら、日本の名医を紹介してやる」と言って、切り返せばよいのだ。それができないのは、外務官僚の能力低下が著しく、必要な知恵が、瞬時に頭に思い浮かばないからだ。

ロシアへの譲歩を隠蔽

実は、東京宣言の作成にあたって、外務官僚はロシアに対して本質的な譲歩をしたのであるが、その事実を国民に対して隠している。「外務省の嘘」は、論理をたどっていけば露呈する。

1956年の日ソ共同宣言で、ソ連は平和条約締結後に歯舞群島、色丹島の2島を日本に「引き渡す」ことに同意した。なぜ「返還」ではなく、「引き渡し」にしたかというと、返還ならば日本から盗んだ島を返すことになるが、「引き渡し」ならば、ソ連の島を日本に贈与するという説明が成り立つからだ。もっとも、外交の世界では、同じ行為について国内説明が異なることはしばしばある。重要なのは、日露平和条約が締結されれば、歯舞群島、色丹島の2島は日本に戻ってくることだ。東京宣言で日露両国が平和条約締結について合意したのだから、その時点で日本への2島引き渡しは担保されたのである。国益を増進する外交交渉はこういう形で進めなくてはならないのだが、外務官僚は腰抜け交渉をした。イルクーツク声明に「4島の帰属の問題を解決し」という、あたかも歯舞群島、色丹島の日本への帰属が未定であるかの如き文言を残してしまったのだ。これは明らかにロシアに対する譲歩である。本来は、「国後島、択捉島の帰属に関する問題を解決して平和条約を締結する」としなくてはならなかったのである。しかし、外務官僚はこの譲歩を隠し、東京宣言が日本外交の大勝利であるかの如き「大本営発表」を行なった。

領土は国家の原理、原則である。「バナナの叩き売り」のように領土の数が、「面積二分割（歯舞群島、色丹島、国後島と択捉島の一部）」であるとか「（択捉島を除く）3島」などとするのは論外だ。このように国家の原理原則を崩すと、日本の国家を成り立たせる基本、伝統的言葉でいう「国体」が内側から崩れてくることになる。北方領土は、ソ連が日本の国土を不法占拠したことで日本の国権を侵害し、当時、北方四島に居住していた日本人を強制追放したことで、日本人の人権を侵害した。自国の国権と自国民の人権を保全できないような国家は存在する意味がない。北方領土問題を解決することは、日本の国体を護持することであるのだが、問題の根底を外務官僚がよく理解していないようである。

ところで、北朝鮮による日本人拉致問題も、日本の国体護持の問題だ。拉致により、日本人の人権が侵害されたとともに、北朝鮮という外国の公権力が主権国家日本の領域において日本国家の国権を侵害したからである。拉致問題の完全解決はわが国体を護持するために、日本として絶対に譲ることのできない原理原則なのである。

北方領土問題と拉致問題への政府の取り組みに熱意が見られなくなっていることは、日本の国体が弱体化していることの証左だ。その最大の原因は、北方領土交渉、日朝交渉をになう外務省に不作為体質が蔓延し、外務官僚の能力が急速に低下しているからである。ロシアはソ連共産全体主義体制を打倒し、成立した民主主義、市場経済という基本的価値観を日本と共有する国家であるが、国際法的にはソ連の継承国であるので、ソ連の不始末を処理する責任がある。

沖縄返還の歴史から学べ

さて、北方領土に関し、奇妙な情報が流れている。２００７年10月23日に日露外相会談が行なわれたが、その席上、高村《こうむら》正彦外務大臣がラブロフ外務大臣に対して、「2島先行返還」を非公式打診したという報道だ。同25日の産経新聞は、「2島先行返還を非公式打診／北方領土日本側」という見出しで、〈ロシアのコメルサント紙は24日、ラブロフ露外相が23日に訪日した際、日本側が北方領土四島のうち国後、択捉両島の地位に関する交渉継続を条件に平和条約の締結を非公式に打診したと報じた。国営イタル・タス通信のゴロブニン東京支局長が消息筋の話として同紙に寄稿した。／記事によると、日本側は日ソ共同宣言（１９５６年）に基づき平和条約を締結、色丹、歯舞両島の引き渡しを受けるものの、前提としてロシアが残る2島の「係争的性格」を文書に明記することを提案したという〉という記事を掲載している。同26日、衆議院外務委員会で、高村外務大臣がこの憶測報道について、「この提案をしたのなら私は腹を切る」（同27日読売新聞朝刊）と答弁した。高村氏は確かにコメルサント紙記事を激しく否定した。高村氏は、弁護士資格をもつ法律専門家で、北方領土交渉をめぐる過去の経緯と法的側面についても熟知している。確かに2島の返還だけを担保し、国後島、色丹島の帰属が未定という状態で平和条約を締結することはできない。

それでは、2島先行返還で、平和条約は絶対に締結できないのだろうか。そうではない。これも論理の問題だ。いまここで完全な主権を潜在主権と施政権に区別する。1951年のサンフランシスコ平和条約で日本は独立を回復したが、1972年の返還まで、沖縄はアメリカの施政権下に置かれた。沖縄では米ドルが使われ、車も右側通行だった。しかし、沖縄がアメリカ領になったわけではない。潜在主権は日本にあると国際法的な整理がなされた。これに即して、歯舞群島、色丹島の日本への返還と国後島、択捉島に対する日本の潜在主権が確認されるならば平和条約を締結することは可能なのである（図①）。

仮に歯舞群島、色丹島の日本への返還だけが確認され、国後島、択捉島の帰属に関する問題について合意されない場合はどうするか。平和条約が締結できないことは当然だ。しかし、テーブルを蹴っ飛ばして、交渉を中断するのが国益のために最上策かというと、そうともいえない。継続協議に「×年以内」、「1855年に択捉島とウルップ島の間に両国の国境が平和裏に引かれたことを想起し」などという日本に有利な文言（＋α）が入れば、筆者は平和条約に至らない中間条約を締結することは可能と考える（図②）。2島先行返還を担保する道筋を最初から閉ざしてしまうことは得策でない。この条約の名称は、平和条約と区別するために「21世紀日露共同宣言」のようなものにすればよいと思う。いずれにせよ、現段階では、「面積二分割論」、「3島返還論」によって生じた混乱を克服するために、北方四島の日本への帰属が確認されて平和条約を締結するという原理原則の確認を優先すべきと思う。

（2007年11月28日号）

図①
「2島先行返還」による平和条約

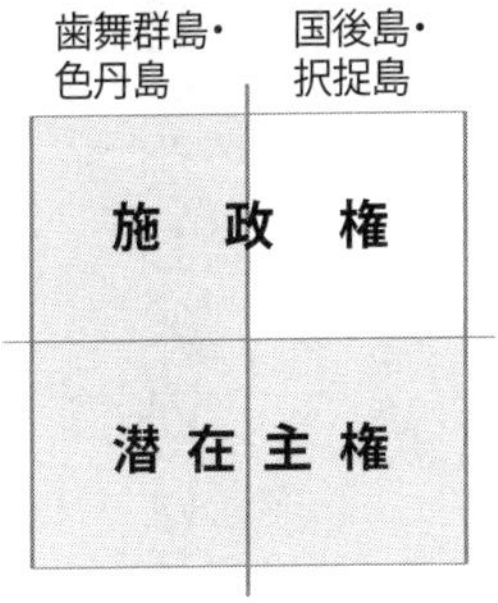

図②
「2島先行返還」による中間条約（＋α）

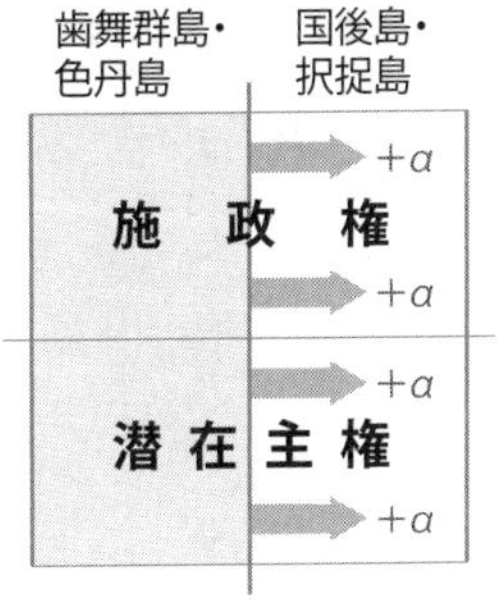

「ビザなし交流」は日本が得たロシアの譲歩

北方領土問題をめぐって日露間で厄介な問題が発生した。2009年1月27日、北海道の根室から北方領土に向かって、人道支援物資を積んだ日本のチャーター船が出航した。しかし、ロシア側が「出入国カード」の提出を求めたために上陸を断念し、そのまま帰還した。

歯舞群島、色丹島、国後島、択捉島の4島からなる北方領土はわが国固有の領土だ。ロシアは北方四島を不法占拠しているに過ぎない。日本から北方四島への渡航は、国内旅行である。パスポート（旅券）をもちロシアのビザ（査証）を取って北方領土を訪れることは、北方領土に対するロシアの主権を認めることになりかねない。従って、日本政府は国民に対して、海外旅行の手続きをとって北方領土に渡航することの自粛を呼びかけている。

もっとも、一部のジャーナリストは、パスポートをもち、ロシアのビザを取って北方四島に渡航している。この手続きをとって現地に長期滞在した日本人もいる。外務省が本気になれば、このような人々を旅券法違反で告発することができるはずであるが、そのような事例は1件もない。憲法で保障された「移動の自由」をめぐって裁判で争うことになると負ける可能性があると外務省は恐れているのだと思う。政府の自粛要請を無視して北方四島に渡航してもペナルティーが加えられないというのが実情だ。

ロシアへの税関申告書はあくまで「自発的に」提出

ソ連時代末期の1991年、日ソ間で北方四島に日本国民がパスポートとビザをもたずに訪問する枠組みができ、翌1992年から実施された。筆者も「ビザなし交流」代表団の外務省担当官として北方領土を数回訪れたことがある。パスポートの代わりにA4判1枚の「身分証明書」という書類を用意する。この書類には写真が貼られ、氏名、現住所、生年月日が記され、署名がなされている。これとほぼ同様の記述がなされた、「挿入紙」というA4判の書類を1枚用意する。ロシア側にビザの代わりに「挿入紙」を提出するのである。日本側の理屈では、北方領土は日本領なので、この地域への出入域手続きをするということになる。

もっともロシア側の解釈は、日本側と異なる。「身分証明書」をパスポート、「挿入紙」をビザと見なして、正規の出入国手続きを行なっているという理解だ。

ビザなし交流船が国後島の古釜布《ふるかまっぷ》（ロシア名ユジノクリルスク）の沖合に停泊するとロシア国境警備隊の艦艇が横付けになり、国境警備隊員、税関職員、また場合によっては検疫職員が渡ってきて「入国」手続きを開始する。このとき、日本側はロシアの税関に税関申告書を渡す。ロシア語で書かれた税関申告書という文字をボールペンで消して「携行品申告書」と日本語の手書きで書いてある。要は、「ロシアの管轄権に服するのではなく、自発的に携行している物品を申告する」という体裁にしている。税関申告書には、渡航先の国名を英文でRUSSIA（ロシア）と明示することが要求されている。もしこの記述をしないと、上陸させないという。

実を言うと、ビザなし代表団員に外務省は、渡航先は、SHIKOTAN（色丹）、KUNASHIRI（国後）、ETOROFU（択捉）といった訪問する島の名前だけを書けばよいと指導する。そして、外務省担当官がこの税関申告書をもってロシア側とちょっとした交渉をする。これは、船内の他の団員に見られない密室で行なわれる。外務省担当官が「北方領土は日本領なので、携帯品申告書にロシア領との記載はできない」と言う。これに対して、ロシア側は「税関申告書に渡航先国としてロシアと書かないと入国を認めない」と言う。そして、2〜3回、押し問答をした後で、外務省担当官が税関申告書の渡航先国にRUSSIAと書いて相手に渡す。このとき、「今回の行為が日本政府の立場に何らかの影響を与えるものではない」という外交用語でディスクレーマー（免責）について表明した書類をつける。これで一件落着し、代表団は北方領土に無事、上陸する。桜の苗木などを植えるときは、ロシア側の検疫手続きを実質的に受ける。しかし、これもロシア側の規則に日本側が従うのではなく、日本側が自発的に検疫関係の書類をロシア人に見せるという体裁をとる。

また、北方領土と根室の間で、中間線（ロシア側が主張する国境）を越えると、日本の船はそれまで日の丸だけを掲げていたのに、ロシア国旗を重ねて掲げる。国際礼譲で、外国の領海を通過する際には当該国の国旗を掲げることになっている。筋論からすれば北方領土周辺海域は日本領海であるので、ロシア国旗を掲げる必要はない。以前、外務省担当官で勇ましい男がいて、船長にロシア国旗を降ろして航行するように命じた。その途端、ロシアの国境警備艇がやってきて船の航行の停止を命じた。一悶着した後、日本側が妥協してロシア国旗を掲揚して航行した。

「出入国カード」要求には政治的意図はない

われわれは北方領土を実効支配することができていない。従って、ロシアが力を行使してくれば、それに従わざるをえないのが実情なのである。情けないといえば確かに情けない。しかし、韓国によって不法占拠されている竹島と比較してほしい。竹島に日本人がパスポートをもたず、韓国の入国手続きを経ずに上陸することは不可能だ。日本船が竹島に接近するだけでも銃撃される危険性がある。北方領土に関しては、これまでの外交交渉の結果、日本の法的立場を毀損せずに、すなわちパスポートをもたず、ロシアのビザを取らずに北方領土に上陸することができるのである。これは、日本がロシアから獲得した大きな譲歩で、日本外交の成果なのである。ビザなし交流の枠組みができた1991年はソ連末期で、ソ連の国力は弱っていた。また、1992年は、急速な市場経済への移行の結果、ロシアのインフレ率が年2500%になった。そのような状況で、モスクワは北方領土住民の生活を保障することができなくなった。その状況に付け込んで、日本政府は北方四島への人道支援を積極的に行ない、北方領土返還に向けた現地の世論工作を行なったのである。

産経新聞モスクワ支局の遠藤良介記者は、

〈ソ連崩壊後の混乱から脱したロシアは、近年、北方四島への資金投下とインフラ整備を加速、極東部の掌握を再び強める動きを見せていた。／それとともに、北方四島を事実上管理するサハリン（樺太）州では行政幹部や議員が「ビザなし訪問は日本の特殊プロパガンダ」などと言いはやし、この制

度の見直しを迫る機会も増えている〉（２００９年１月30日付産経新聞）

と指摘する。遠藤記者はとてもよいところに目を付けている。ビザなし交流は、日本側が巧みに用いれば、北方領土返還に向けた大きな武器になる。従って、この制度の大枠が崩れないようにする必要がある。過去の北方領土交渉で、ロシア側が「ビザなし交流の際、税関申告書の渡航先国にロシアと書いたから、日本政府は北方四島に対するロシアの主権を認めた」などという馬鹿げた議論をしたことはない。外交交渉の場において、「日本政府は北方領土に対するロシアの主権行使を認めていない」ということだけが担保されればよいのだ。それ以外のロシアの国内的手続きについては、目くじらを立てても日本側が裨益《ひえき》することはない。

２００９年１月28日午後、日本外務省は外務報道官談話を発表し、

〈本件は、ロシア側が、北方四島への人道支援物資を搬入する直前になって、従来の手続に加えて、我が国の法的立場に鑑み受け入れることのできない「出入国カード」の提出を一方的に要求してきたため、支援物資の供与を中止せざるを得なかったものです〉（外務省ＨＰ）

と述べた。「出入国カード」を提出することが、ほんとうに〈我が国の法的立場に鑑み受け入れることのできない〉ことなのだろうか？　それならば税関申告書を提出していることはどうなるのであろうか？　真に原理原則をもつ者だけが、大胆な妥協をすることができる。外交の世界で、外務報道官談話を出すというのは、日本側が事態を政治的に重視しているというシグナルだ。本件について、ロシア政府が本気で北方領土に対する管轄権を認めさせようとするならば、「出入国カード」への記載を求めるなどという引っかけではなく〈そのようなことをせずに税関申告書を提出していることで

ロシアの主権が認められていると主張することが可能である）、ビザなし交流の枠組みを撤廃することを正面から求めてくる。ロシア側が政治的意図をもっていないにもかかわらず、日本側が拳をあまり高く振り上げると、ここから大喧嘩になり、ビザなし交流の枠組み自体が壊れることを筆者は懸念する。

（2009年3月11日号）

密室で「国策変更」が決められてはならない

ロシア連邦サハリン州の州都ユジノサハリンスクで、2009年2月18日、日露首脳会談が行なわれた。外務省は会談の内容を詳しく発表していないが、会談後、記者ブリーフを行なった松本純内閣官房副長官によれば、55分間の少人数会談（出席者は、麻生首相、斎藤泰雄駐露大使、佐々江賢一郎外務審議官、メドベージェフ大統領、ベールイ駐日大使、デニソフ外務次官）において、「主に北方領土問題について、突っ込んだやりとりがあった」ということだ。

会談後のぶらさがり記者会見で、麻生太郎首相は思わせぶりな発言をした。

〈「これは、この前の時にも、既に話をしたのだと思いますが、基本的に日本としては、4島の話というものが、向こうは2島、こっちは4島ではもう全く双方進展しない訳ですから、しかるべく、これまでの宣言とか協定、いや条約か、いろいろなものをふまえて、我々として、今までだって双方で解決しないでしょと。だから、そういった意味では、この問題が引っかかっている間、日ロのいろいろなものは、すべてここに引っかかる。この問題を解決し、そのためには役人に任せているだけではだめ。政治家で決断する以外に方法はないのではないかという話の、今の話で、今の言葉が出てきた

というように理解していただければと思います」〉（２００９年2月18日asahi.com）
この発言には、事実誤認がある。「基本的に日本としては、4島の話というものが、向こうは2島」という部分だ。現状において、ロシアは歯舞群島、色丹島の2島を日本に返還するという合意をしていない。従って、向こう（ロシア）が主張しているのは0島である。
北方領土問題が、官僚（役人）によって解決できる問題ではないというのは当たり前のことだ。この問題は政治決断を抜きにして解決することはできない。ただし、その場合、国を売るような政治決断をしてはならない。筆者が「国を売る」というような激しい言葉を使うには、それなりの理由がある。率直に言うが、麻生首相の発言には、歯舞群島、色丹島、国後島、択捉島からなる北方四島の日本への帰属を確認して平和条約を締結するという日本国家の原理原則を危うくする含みがあるからだ。

不必要な後退をした

この日露首脳会談におけるやりとりについて、外務省の説明では次の通りだ。

〈麻生総理からは、昨年11月の首脳会談後にメドヴェージェフ大統領が事務方に具体的な指示を出されたことは、この問題の解決に向けた大統領の強い意思の表れとして嬉しく思う旨述べた上で、これまでに達成された諸合意及び諸文書を基本としつつ、大統領が指示を出したような「新たな、独創的で、型にはまらないアプローチ」の下で、帰属の問題の最終的な解決を目指していきたい旨述べた。

これに対し、メドヴェージェフ大統領は、この問題について双方に受け入れ可能な解決を見つける作業を継続する用意がある、この問題は世界にある他の問題と同じように解決可能と思っていると述

べた〉（外務省HP）

「新たな、独創的で、型にはまらないアプローチ」とは要するに、これまでの日本側、ロシア側が行なった提案と異なるアプローチをするということだ。現在、北方領土交渉のテーブルに載っている案は3つある。日本側の「川奈提案」（1998年4月）、「イルクーツク提案」（2001年3月）、ロシア側の「モスクワ提案」（1998年11月）である。このうち「モスクワ提案」は、北方四島の最終的帰属を解決しないで平和条約を締結するという案だ。平和条約は、領土問題を最終的に解決する条約であるので、「モスクワ提案」には、そもそも平和条約の叩き台となる資格がない。従って、実質的な提案は日本側の2案だけとなる。今回、日本側が積極的に「新たな、独創的で、型にはまらないアプローチ」なるものを受け入れたことによって、「川奈提案」、「イルクーツク提案」は反故にされた。筆者の認識では、麻生首相は不必要な後退をした。ロシアのメドベージェフ大統領、プーチン首相は、「してやったり」と笑っている。

小泉元首相による「モスクワ発言」の真意

さて、日露首脳会談と同時期（2009年2月14～20日）に小泉純一郎元首相がモスクワを訪問した。そこで小泉氏は、非常に興味深いシグナルを出している。北海道新聞の記事が詳しいので、関連部分を引用する。

〈北方四島をそれぞれ日ロで折半　小泉元首相「注目すべき案」

【モスクワ20日加藤雅毅】ロシアのワレーリー・ズボフ下院議員は二十日、小泉純一郎元首相が先のモスクワ訪問の際、北方領土問題に関し、四島をそれぞれ日ロが折半するとの案に「注目すべきだ」と語ったことを明らかにした。首相在任中に四島返還を訴えた元首相の「柔軟姿勢」は、国内で論議を呼ぶ可能性もある。／ズボフ氏が北海道新聞の電話取材に答えた。小泉氏は十七日にモスクワでロシア有識者との非公開会議に出席。ズボフ氏が四島それぞれを折半する案を説明したところ、ズボフ氏に「私たちは今、立ち往生している。この提案は実らないかもしれないが、新しい提案なので注目すべきだ」と語ったという。／小泉氏は十八日の記者会見でも「領土問題の進展が見られないのは残念だ。両国がこれは妥当な線だろうという形でないと、なかなかまとまらない。何か知恵がないものか」と述べた。／ズボフ氏は一九九七年、当時の橋本龍太郎首相とエリツィン大統領との「クラスノヤルスク会談」の際のクラスノヤルスク州知事。それ以降、北方領土問題について関心を持ってきたという。現在は第二与党の「公正なロシア」に所属している。（以下略）〉（2009年2月21日北海道新聞［電子版］）

「日本は北方四島の返還という要求を取り下げる」という点で、麻生首相と小泉元首相が同時期に出したシナリオは一致している。

日本にもさまざまな策士がいる。麻生氏、小泉氏の双方に「北方領土問題を本気で解決しようと考えるならば、4島返還に固執してはなりません。政治決断で、4島が戻らなくても平和条約を締結すべきです」と提言した者がいるのだと思う。谷崎泰明欧州局長、武藤顕ロシア課長をはじめとする外務官僚たちは、このような政治主導でのなし崩し的な北方四島放棄のシナリオに対して、腹の中では苦々しく思っているのであろうが、政治の力には逆らえないと認識しているのであろう。それだから交渉にも力が入らないのだ。かといってサボタージュもしない。

北方領土問題について、政府、外務省が4島の日本帰属を解決して平和条約を締結するという、少なくとも1956年の日ソ国交回復交渉の時点から堅持している日本国家の原理原則を変更しようとするならば、そのことを国民に対して明らかにすべきだ。その上で、このような国策変更の是非を国会できちんと議論して、総選挙を行ない、民意を確認した上でロシアとの外交交渉を行なうべきだ。外交案件であっても密室で国策を変更することは、民主主義国においては許されない。

所与の条件で、日本ができる最大限の譲歩は、北方四島に対する日本の潜在主権があることを確認した上で、ロシアの北方四島に対する施政権の行使を合法と認め、日露平和条約を締結することだ。1951年のサンフランシスコ平和条約締結後の一時期、奄美、小笠原、沖縄は、米国の施政権下に置かれた。しかし、それはこれら日本固有の領土が米国に移転したことを意味するものではない。潜在主権は日本に帰属するという了解が日米両国政府に存在した。これと同じ状態を北方四島をめぐる日露間につくりだし、平和条約を締結するのだ。そして将来的に施政権の返還を求めていく。

北方四島に対する日本の主権を確認しない限り平和条約を締結してはならない。もちろん、それに至らなくても、例えば、歯舞群島、色丹島の2島返還を実現し、国後島、択捉島については日露が共同統治しながら帰属問題について協議する、あるいは3島（歯舞群島、色丹島、国後島）返還を実現し、択捉島の帰属については次世代で解決するとか、北方四島の総面積を折半（3島＋択捉島の25%）し、択捉島の残りの部分については協議を継続することで、暫定的合意を日露両国が政治決断で行なうことは可能だ。ただし、その場合、「友好協力条約」「21世紀日露共同宣言」のような平和条約には至らない中間条約を締結しなくてはならない。

（2009年3月25日号）

なぜロシア人たちは「騙された」と怒ったのか

北方領土交渉を仕切り直す必要がある。２００９年6月24日、ロシア国家院（下院）が前代未聞の反日決議を採択したからだ。事態の深刻さを産経新聞モスクワ支局の佐藤貴生支局長がこう報じる。〈北方領土を「わが国固有の領土」と明記した北方領土問題解決促進特別措置法改正案が衆院を通過したのを受け、ロシア下院は24日、この改正案が撤回されない限り、交渉を行わないよう政府に求める声明を採択した。インタファクス通信が伝えた。7月にイタリアで開かれる主要国首脳会議（G８サミット）の際に日露首脳会談が行われる予定だが、ロシア政界の反発は強く、北方領土問題が進展する見通しは遠のいた。

グリズロフ下院議長はこの日の採択前、こうした趣旨を法案化する意向も示唆した。BBCロシア語放送によると、下院で意見を述べた自由民主党のジリノフスキー党首は北朝鮮の核開発を引き合いに出し、日本の改正案を「立法府による侵略だ」と強く批判した。他の政党からも、「日露関係の潜在力を脇へ追いやる決定だ」「日本の政界や社会は、第二次大戦の結果を見直すことに関心がある」といった意見が相次いだ〉（２００９年6月25日付産経新聞）

ロシアの世論形成にもっとも影響を与える新聞は『イズベスチヤ』だ。同紙もこの問題を取り上げている。

〈日本の国会で全会一致で採択された「北方領土」に関する法案が、ロシア議会でアレルギーを引き起こした。この決議において、日本は「国家の不可分の一部を構成する諸島の返還のためにすべての可能性を追求する」と述べられている〉（２００９年６月25日付『イズベスチヤ』）

要は同年６月11日に衆議院本会議で、歯舞群島、色丹島、国後島、択捉島からなる北方領土について、「わが国固有の領土」と初めて明記した北方領土問題等解決促進特別措置法改正案が全会一致で可決されたことに対してロシアが過剰反応しているのだ。

グルィズロフ国家院議長は、この決議が採択される数日前に、〈「このような改正案が可決されたことを、看過することはできない」、そして「日本との今後の交渉は、日本の国会がこの法案を撤回した後に初めて可能になる」〉（同年６月25日付『イズベスチヤ』）と述べている。

グルィズロフ国家院議長は、メドベージェフ大統領、プーチン首相ときわめて親しい。現役外交官時代に筆者はグルィズロフと何回か会っている。民族排外主義的な人物でもない。同時に、政治的思惑から、自らの信念と反する発言を行なう人物ではない。グルィズロフをはじめとするロシアの政治エリートが、いずれも、日本の国会が、北方四島がわが国固有の領土であるということを明記した北方領土問題等解決促進特別措置法改正案を可決したことに激しく反発している。しかし、冷静に考えてみれば、１９５６年の日ソ国交回復交渉の時点から、「北方四島はわが国固有の領土である」というのは、日本政府の一貫した立場だった。そのことは、ロシア側も十分理解した上で、１９５６年の日ソ共同宣言、1993年の東京宣言、2001年のイルクーツク声明に署名したのではないだろうか？　最近では、2009年5月11～13日のプーチン首相の訪日は成功して、続く7月のサミットで予定されている麻生太郎首相とメドベージェフ大統領の首脳会談で、北方領土交渉は前進する見通しだったのではないだろうか？　いったいいつから日露関係はおかしくなってしまったのだろうか？

「2島でも、4島でもなく」はシグナルと受け止められた

筆者は、25年近くロシアがらみの仕事をしていて、そのうち、十数年間は北方領土問題をめぐってロシアの政府高官、国会議員、有識者を相手にロビー活動をしてきた経験があるので、ロシア人の内在的論理がよくわかる。ロシアの政治エリートは日本人に「騙された」と思っているのだ。もちろん日本側には「騙した」などという認識はない。ロシア側の難癖のように見えるのだが、ロシア人は心底怒っている。その内在的論理をおさえる必要がある。

ロシア側が「騙された」と思ったのは、2009年5月20日のことだ。この日、参議院予算委員会で、麻生首相が、北方四島がロシアによって不法占拠されていることに言及したことをロシアは騙し討ちと思ったのだ。本件に関する朝日新聞の記事がポイントを衝いているので、これをもとに検討してみよう。

〈北方領土問題で日本の対応批判　ロシアのメドベージェフ大統領

【モスクワ＝副島英樹】ロシアのメドベージェフ大統領は29日、クレムリンで行われた日本などの新任駐ロ大使の信任状奉呈式でのあいさつで、北方領土問題に言及し「（北方四島の）ロシアの主権を

疑問視する日本の試みは交渉継続を促すことにはならない」と述べて批判した。

メドベージェフ大統領は四島への主権の疑問視は「一方的で、法的な枠を超えた、受け入れられないものだ」と指摘。「東京（日本）で適切に状況を判断し、正しい決定をするよう望む」と語った。

麻生首相がプーチン首相と会談した後の今月20日、参院予算委員会で「北方四島ではロシアによる不法占拠が続いている」と発言したことを念頭に置いているとみられる。

信任状奉呈式には河野雅治大使ら12カ国の大使が出席。大統領は各国それぞれについてコメントしたが、日本への批判は際立っていた〉（２００９年5月30日付朝日新聞朝刊）

ロシア人の発想からすると、国家のトップの発言には特別の意味がある。麻生首相は、「２島でも、4島でもなく」との発言に象徴されるように、北方四島返還以外のシナリオで、平和条約交渉を行なう政治決断をしたとロシア側は受けとめていた。また、麻生氏側近も、日露間の戦略的提携を進めるならば、４島返還以外で領土問題を着地することができるというシグナルをロシア側に流した。ロシアは、北方領土に関する日本政府の法的立場が不法占拠論であることを熟知している。しかし、ここに風穴を開ける勇気が麻生首相にあると受けとめていた。それが、２００９年5月20日の答弁で、麻生首相が「北方四島ではロシアによる不法占拠が続いている」と述べたため、「騙された」と思ったのである。メドベージェフ大統領は、「日本側の柔軟な発言は見せかけで、交渉のテーブルについてから、ロシアをうまく言いくるめて、北方四島を日本に取り戻すのが本心ではないのか。それならば、交渉のテーブルにつくことは危険だ」と考えているのだ。

ロビイング不足とレトリック外交のツケ

外交の世界で、信任状奉呈式には特別の重みがある。河野雅治大使は、この状況において天皇陛下の名代としてメドベージェフ大統領に会っている。その場で、他国の大使もいる前で、河野大使を面罵するようなメドベージェフの態度はきわめて無礼だ。河野大使も胆力が足りない。「おことばをお返しするようだが、そのような政治問題を信任状奉呈の場で取り上げて、日本国家を批判するとは何事だ」と即座に反論しなくてはならない。それをしなかったことは、明らかに不作為である。

現状で、メドベージェフ大統領を含むロシア政治エリートの日本に対する目つきがきわめて悪くなっている。こういう状態で北方領土交渉を続けても日本側にとって有利な結果は出ない。ロシアの政治エリートに対するロビイングを欠いた状態で、レトリック（修辞）で、メドベージェフ大統領、プーチン首相を北方領土交渉のテーブルにつけようとしたツケが出てきた。

いまやらなくてはならないことは、「外交交渉では、交渉の席で行なった発言だけを基礎にする。お互いの首脳が、国内政治上の思惑から行なった発言を外交交渉で問題にしない」というゲームのルールを定着させることだ。それとともにマスメディアを通じて、感情的応酬が拡大することを防ぐために、正確な情報を迅速に共有することができる秘密チャンネルを日本国内閣総理大臣とロシア連邦大統領の間につくることだ。

（2009年7月22日号）

「騙された」と認識したロシア人が仕掛ける「謀略」

２００９年7月10日、筆者は、作家の宮崎学氏、魚住昭氏とともに北海道根室市で緊急集会を行なった。北方領土問題をめぐって危機的状況が生じているからだ。

ロシア人は、その本質において謀略好きだ。筆者のように、ロシア人を相手にする仕事を25年もしていると、どのような謀略を組み立てているかが手に取るようにわかる。ロシアのメドベージェフ大統領とプーチン首相は、対日関係で何かを仕掛けようとしている。そのシグナルが北方領土の択捉島とイタリアのラクイラで出された。

「日本を侮辱する無礼な対応」

まず、択捉島におけるシグナルについて説明する。日露間には、北方領土の元日本人島民を中心とする日本国民と北方四島に居住するロシア国民がパスポートとビザ（査証）を用いずに往来する「ビザなし交流」という特別の枠組みがある。２００９年7月6〜10日、この枠組みを用いて、日本代表団が国後島と択捉島を訪問した。この代表団に鈴木宗男衆議院議員（新党大地代表）が加わっていた。

鈴木氏はロシア情勢と北方領土交渉に通暁している。そのことを踏まえ、同8日、択捉島でロシア側が、乱暴なシグナルを出してきた。以下は、筆者が鈴木氏から得た択捉島での出来事についての生情報だ。

《代表団は2009年7月8日に択捉島に上陸したが、この際、現地当局が日本国家を侮辱するきわめて無礼な対応をした。まず、上陸を3時間も遅らせた。

出迎えたラズムィシキン・クリル行政長は、まず「ロシア固有の領土クリルにようこそ」と言った。そして「艀《はしけ》が遅れたのは漁の最盛期で船が一隻しかなかったからで、申し訳ない。政治的意図と思わないでください」と続けた。

さらに「最初に言っておきたいことがある。2009年7月3日に可決された法案に、『北方四島は日本固有の領土』と書かれている。隣人の土地を横取りすることはしないでください。行政府を代表して抗議する。このことはサミットにも届いている。今後のビザなし交流については、この正しくない法案を取り消さないと受け入れない。そして私たちの土地に入ったら、私たちのルールに従ってほしい」と、きわめて無礼な挨拶であった。

これを受けて、わが方の団長が型通りの挨拶をされたので、私は黙っているわけにもいかず、ラズムィシキン行政長に対し、「私からも伝えたいことがある」と言い、次の発言をした。

「北特法は地域振興法だ。法律の中身をよく理解して、神経質な、また、間違った受け止めをしないでいただきたい。北方四島は日露の最高首脳が未解決の係争地域として認めており、島の名前を挙げ、法と正義に基づき、過去のすべての宣言、声明、首脳会談等の決定に基づき、この問題を解決することになっている。共産主義ソ連時代は『領土問題なし』とソ連は言ってきたが、自由と民主のロシアになり、『これはスターリンの残滓《ざんし》だ』とまで当時のエリツィン大統領は述べられた。このことはプーチン前大統領、今のメドベージェフ大統領へと引き継がれ、２００９年7月9日のイタリアサミットでの首脳会談でも、当然話し合われるのだと言わせてもらう」

話の後、儀礼的に「ありがとうございます」と言うと、「何がありがたいのか」とラズムィシキン行政長が言うので、私は「話をする機会を与えてもらったことに謝意を表わしたものだ。あなたの言っていることが間違っているから、正しく理解してもらうため、私は話したのだ。このビザなし交流は日露の政府間で決めたことであり、友好、信頼関係の構築に大きな役割を果たしてきた。この北方四島は、アイヌ民族が先住民族であり、アイヌ民族は日本国民である。この厳粛な歴史の事実もしっかり理解しろ」と述べておいた》

ラズムィシキン行政長は日本でいえば村の助役に相当する地方吏員《りいん》で、外交に関する権限はもとより、知識ももっていない。ラズムィシキン行政長の挑発的発言は、「択捉島はロシア固有の領土なので、日本との平和条約交渉の対象にはならない」というロシア政府のメッセージなのだ。

日ソ共同宣言は2島返還論ではない

択捉島での事件があった翌日の9日にイタリアのラクイラで麻生太郎首相とドミトリー・メドベージェフ露大統領の会談が行なわれた。この関係で、さらに翌10日の記者会見で、メドベージェフ大統領がシグナルを出している。朝日新聞の以下の記事がポイントを衝いている。

〈北方領土「2島」基本に交渉 ロ大統領、姿勢後退

【ラクイラ＝南島信也】ロシアのメドベージェフ大統領は10日、ラクイラで記者会見し、北方領土問題について、日ロ間の平和条約締結後に日本に歯舞群島と色丹島の2島を引き渡すとした56年の日ソ共同宣言をもとに交渉を続けていく考えを明らかにした。

メドベージェフ氏は、今年2月の日ロ首脳会談で北方領土問題に関して「新たな、独創的で型にはまらないアプローチ」での解決を目指す方針を確認したが、この姿勢を事実上撤回するものだ。

インタファクス通信によると、メドベージェフ氏は会見で、日ソ共同宣言が北方領土問題に関して両国間にある「唯一の法的文書」であり、「対話はこれに基づいたものであるべきだ」と語った。

メドベージェフ氏は9日、ラクイラで麻生首相と会談。「引き続き独創的なアプローチの下で、あらゆるオプションを検討する用意がある」と述べたが、事態打開に向けた柔軟姿勢は見せなかった〉

（2009年7月11日付朝日新聞朝刊）

前項で詳述したが、ロシア側は2009年5月20日、参議院予算委員会で麻生首相が「北方四島ではロシアによる不法占拠が続いている」という答弁を行なって以降、日本に騙されたという認識をもっている。

不法占拠ならば4島返還以外で領土問題を解決するシナリオはない。これに対して2009年2月、麻生首相が「2島でも、4島でもなく」と発言したことに象徴されるように、4島返還以外で日本が平和条約を締結する可能性があるとのシグナルを出した。それと真っ向から矛盾する答弁を同じ年の5月20日の参議院予算委員会で麻生首相自らが行ない、同6月11日衆議院、同7月3日参議院におい

て、北方領土を「我が国固有の領土」と明記した北方領土問題等解決促進特別措置法（北特法）が全会一致で可決され成立したことを受けて、ロシア側は「日本側の柔軟性は見せかけである。麻生首相はわれわれを騙し討ちにかけようとした」という認識を固めた。

それ故に択捉島とラクイラの双方でシグナルを出して、日本を謀略にかけようとしている。

まず、択捉島はロシア固有の領土であり、日本に返還するつもりは小指の先程もないという姿勢を強調し、日本側に諦め観をもたせる。それと同時に、日本が択捉島をのぞく歯舞群島、色丹島、国後島の3島返還で妥協する可能性があるかどうかを探る。

また、１９５６年の日ソ共同宣言を強調することで、ロシアが日本への引き渡しを約束しているのは、歯舞群島、色丹島の2島だけであるという印象を強める。そこで、2島に国後島の共同統治のような、ちょっとしたオマケをつけることで、日露平和条約を締結する可能性を探るという謀略だ。

繰り返し強調しておかなくてはならないことは、日ソ共同宣言は決して2島返還について合意した文書ではないということだ。日ソ共同宣言では平和条約交渉を継続することが約束されている。これは国後島、択捉島に関する帰属の問題が解決していないからだ。従って、メドベージェフ大統領が「日ソ共同宣言をもとに交渉を続けていく考えを明らかにした」ことを奇貨として、ただちに本格的交渉を行なえばよい。日ソ共同宣言が2島返還論であるという自縄自縛《じじょうじばく》から抜け出して、ロシアと正面から交渉すれば、道は開ける。

（２００９年8月5日号）

プロパガンダ攻勢のチャンスはどこにあったか

2008年5月7日、モスクワのクレムリン宮殿で、大統領就任式が行なわれ、ドミトリー・メドベージェフ新大統領が誕生した。

ロシアでは、大統領に特別の意味がある。行政府の長、最高軍司令官であるのみならず、司法、立法を含むロシア国家全体を代表し、権力とともに権威が大統領の人格に体現される。ロシア人同士では、「メドベージェフはまだ42歳で洟垂《はなた》れ小僧だ」、「メドベージェフはプーチン（首相、前大統領）の後見なくしては独り立ちできない未成年大統領だ」などということを平気で言う。しかし、外国人がそのような批判に加わると、いままで悪口を言っていたロシア人に「お前は何を言うか。無礼だ」とつるし上げられる。それだから、野党のジュガーノフ共産党議長でも、国内ではエリツィンやプーチンを激しく批判したが、外国で自国の大統領を批判することは差し控えた。ロシアには、「敵の前で汚れた下着を洗ってはならない」という格言があるが、政争は所詮、家庭内の問題で、家の外に持ち出してはならないという感覚だ。

数年前、総理の靖国参拝問題が、日中、日韓の外交問題になったとき、野党の有力政治家が中国政府の幹部と会談するたびに靖国神社を参拝する小泉総理（当時。以下、本項における肩書は記述する出来事があった当時のものとする）を批判した。筆者は知り合いの何人ものロシア人から「民主的手続きで選ばれた総理大臣なんだろう。それをどうして中国人の前で貶《おとし》めるような発言をするんだ。日本はサムライの国なんだろう。理解できない」と言われた。筆者は、「最近の日本人は、平気で他人の前で糞のついたパンツを洗うようになったんだ」と自嘲《じちょう》半分の答えをしたが、深く考えるところがあった。

正直に言うと、野党までも大統領の権威を尊重する政治文化があるロシアが羨ましいと思った。そこで、筆者もロシア人に見習うことにした。筆者は、個人的感情としては福田康夫氏をあまり好きではない。２００２年の鈴木宗男疑惑で筆者が東京地方検察庁特別捜査部に逮捕される過程に外務省執行部（竹内行夫事務次官たち）の庇護《ひご》者であった福田内閣官房長官が深く関与していたからだ。鈴木氏はこう証言する。

〈福田官房長官は、担当番記者の夜の記者懇（筆者註＊オフレコベースで行なわれる懇談会）でも「鈴木が逮捕されても、政権にまったく影響がない」「そろそろ鈴木はガンガンやったほうがいい」などと盛んに言っていた。つまり、検察に対して動けというシグナルを送っていた〉（鈴木宗男／佐藤優『反省　私たちはなぜ失敗したのか？』アスコム、２００７年、58頁）

しかし、日本外交の現状を考えると筆者の私情は棄てなくてはならない。新聞記者や編集者から「佐藤さんは福田首相の外交活動に好意的なのはどうしてか」という質問を最近、よく受けるが、それは激しい言葉で福田政権の外交を非難しても、そこから日本の国家のために得られるものがないと筆者が考えるからだ。外交問題については、誰であれ、民主的手続きで選出された総理を支えるのが、国のカネで勉強した筆者の責務だと考えている。こういう感覚はロシア的なのだと思うが、日本の有識者も、政争を超えて、外交を国家本位で考えるべきと筆者は思う。

メドベージェフが考える「棲み分け」

就任演説で、メドベージェフ大統領はすべてを国家と国民のために捧げる以下の誓約をした。

〈本日、私は全ロシア国民に対して、大統領として、また一人の人間として、われわれの生家であり、故郷であるロシアのために全力を尽くすことを誓います〉

この誓約に立ち会うのはロシア正教会の最高責任者であるアレクシー2世だ。この瞬間からメドベージェフは、ロシア国家を体現した特別の人間になったのである。

わずか42歳のメドベージェフにロシア大統領としての威厳をつけるためにクレムリン（大統領府）は特別の演出を考えた。２００８年5月9日の対独戦勝記念日に17年ぶりに軍事パレードを行なったのである。メドベージェフが、最高軍司令官として、暴力装置をもっているということを誇示したのである。パレードの前に大統領は演説を行なったが、その内容もよく練られている。まず、呼びかけ部分で、〈同志である兵士、水兵諸君、軍曹、曹長諸君！　同志である将校、将軍、提督諸君！〉と述べている。まず、現在のロシアでは死語となったソ連時代の「同志（товарищ タワーリシ）」という呼びかけを甦らせた。「タワーリシ」という言葉から生と死を一緒にする仲間という雰囲気が出る。それから、通常は「親愛なる兵士、将校諸君」と呼びかけるところを、陸軍（空軍は陸軍の呼称を用いる）、海軍、兵卒、下士官、士官、将官に分けて呼びかけ、きめ細かく軍人に配慮している姿勢を示す。このパフォーマンスに現役の軍人のみならず退役軍人も好感をもったと思う。

さらにメドベージェフは、思想の重要性を説く。〈世界の戦争史は、武装紛争が自然発生することはないと警告している。諸国家とすべての大陸、数百万の人々の利害関心の上に君臨しようとする無責任な野望をもつ者が武装紛争を引き起こすのだ。それだから、われわれはあの戦争の教訓を理解し、あのような悲劇が繰り返されないように毎日全力を尽くさなくてはならない〉

メドベージェフのロシアは、「棲み分け」を考えているので、普遍的原理で世界を制覇しようとする勢力、具体的には、アメリカ発の新自由主義と、中東発のイスラーム原理主義が脅威であるとの認識を表明している。このような覇権を求める普遍主義がロシアにとって脅威なのである。さらにメドベージェフは、内政干渉に対する警戒を呼びかける。〈人種的、宗教的敵意をかきたてる試み、テロと過激主義のイデオロギーを煽動し、他の諸国の内政に干渉すること、とりわけ国境の見直しに対してきわめて深刻に対処しなくてはならない〉

日本のマスメディアは、この発言をメドベージェフ新大統領が北方領土返還を求める日本を牽制したと解釈している。しかし、そのような解釈はロシア側を利するだけだ。国境とは、隣接する両国が同意することによって画定される。北方四島の帰属について、日露両国で合意がなされていないということを、国境という側面から見るならば、日露間に国境は存在しないということになる。国境が存在しないところに「国境見直し」の問題は生じないのである。日露間に国境が存在しないことを、ロシア政府も公式に認めている。１９９８年11月13日に小渕恵三総理とエリツィン大統領が署名した、

「日本国とロシア連邦の間の創造的パートナーシップ構築に関するモスクワ宣言」の中に〈両首脳は、既存の平和条約締結問題日露合同委員会の枠内において、国境画定に関する委員会を設置するよう指示する〉という文言がある。

国境画定に関する委員会を設置するのは、両国間に国境が存在していないからである。今回のメドベージェフ発言に対して、総理官邸と外務省が瞬時に反応し、「日露間に双方が合意した国境が存在しないことをロシア政府も認めている。日露間の問題は、国境見直しではなく国境画定だ」という声明を出さなくてはならないのだが、それをしていない。このような不作為が集積すると、日露間に既に国境が存在しているという誤った認識を日本国民がもってしまう。

ロシアの対独戦勝記念日は日本が「恩」を売るチャンス

そもそも対独戦勝記念日は、日本がロシアに対して、プロパガンダ（宣伝）攻勢をかける絶好の機会だ。「ソ連がナチス・ドイツに対して勝利することができたのは日本のおかげだ」と主張するのだ。なぜか？　独ソ戦でソ連がもっとも窮地に追い込まれたのは１９４１年の夏から秋にかけてであった。このとき日本がソ連に対して満州国から攻撃を仕掛けていたならば、ソ連は二正面作戦を強いられ、モスクワは陥落していたであろう。日本はナチス・ドイツと軍事同盟を結んでいた。ヒトラーは再三日本の参戦を促した。しかし、日本は道義国家なので、日ソ中立条約を遵守し、ソ連を攻撃しなかったのである。この「恩」をロシア人に対して高く売ることが重要だ。そうすると、ソ連が日ソ中立条約を侵犯して対日戦争に踏み込んだことの悪辣さがより鮮明になる。このまま「沈黙外交」を続けるとメドベージェフ政権はロシアに有利な土俵を作って日本に勝負を迫ってくる。

（2008年6月11日号）

「アイヌ先住民族決議」は交渉の切り札になる

2008年7月のG8北海道洞爺湖サミット（主要国首脳会議）には、ロシアのメドベージェフ大統領がやってくる。当然、日露首脳会談も行なわれることになろう。北方領土交渉に関しては、手詰まり感が強いが、実は、これまで使っていない大きなカードを二つ日本はもっている。一つ目が、先住民族カードで、二つ目が環境カードである。

先住民族であるアイヌ人が返還を要求する

新聞では、その戦略的意義があまり報道されていないが、2008年6月6日、衆参両院で全会一致で採択された「これからアイヌ民族を先住民族とすることを求める決議」は、今後の北方領土交渉を日本にとって有利に進める上でも、サハリン大陸棚における天然ガス・石油開発に日本の影響力を拡大する上でも、重要な武器となりうる。

決議文自体は短いものなので全文を引用しておく。

〈昨年9月、国連において「先住民族の権利に関する国際連合宣言」が、我が国も賛成する中で採択された。これはアイヌ民族の長年の悲願を映したものであり、同時に、その趣旨を体して具体的な行動をとることが、国連人権条約監視機関から我が国に求められている。

我が国が近代化する過程において、多数のアイヌの人々が、法的には等しく国民でありながらも差別され、貧窮を余儀なくされたという歴史的事実を、私たちは厳粛に受け止めなければならない。

全ての先住民族が、名誉と尊厳を保持し、その文化と誇りを次世代に継承していくことは、国際社会の潮流であり、また、こうした国際的な価値観を共有することは、我が国が21世紀の国際社会をリードしていくためにも不可欠である。

特に、本年7月に、環境サミットとも言われるG8サミットが、自然との共生を根幹とするアイヌ民族先住の地、北海道で開催されることは、誠に意義深い。

政府は、これを機に次の施策を早急に講じるべきである。

1　政府は、「先住民族の権利に関する国際連合宣言」を踏まえ、アイヌの人々を日本列島北部周辺、とりわけ北海道に先住し、独自の言語、宗教や文化の独自性を有する先住民族として認めること。

2　政府は、「先住民族の権利に関する国際連合宣言」が採択されたことを機に、同宣言における関連条項を参照しつつ、高いレベルで有識者の意見を聞きながら、これまでのアイヌ政策をさらに推進し、総合的な施策の確立に取り組むこと。

右決議する〉

この決議を受けて、政府を代表し、町村信孝内閣官房長官は次の所信を述べた。

〈ただいまの決議に対して所信を申し述べます。

アイヌの人々に関しましては、政府はこれまでも、平成八年のウタリ対策のあり方に関する有識者懇談会報告書等を踏まえ、文化振興等に関する施策を推進してきたところであります。ただいま採択された決議でも述べられているように、我が国が近代化する過程において、法的にはひとしく国民でありながらも差別され、貧窮を余儀なくされたアイヌの人々が多数に上ったという歴史的事実について、政府として改めてこれを厳粛に受け止めたいと思います。

また、政府としては、アイヌの人々が日本列島北部周辺、とりわけ北海道に先住し、独自の言語、宗教や文化の独自性を有する先住民族であるとの認識のもとに、先住民族の権利に関する国際連合宣言における関連条項を参照しつつ、これまでのアイヌ政策をさらに推進し、総合的な施策の確立に取り組む所存でございます。

アイヌの人々が民族としての名誉と尊厳を保持し、これを次世代へ継承していくことは、多用な価値観が共生し、活力ある社会を形成する共生社会を実現することに資するとの確信のもと、政府はこれからもアイヌ政策の推進に取り組む所存でございます〉

これまで、日本政府は、「先住民族の定義が明確でない」という理由で、アイヌ民族が先住民族であることを認めてこなかった。今回の、町村長官による〈政府としては、アイヌの人々が日本列島北部周辺、とりわけ北海道に先住し、独自の言語、宗教や文化の独自性を有する先住民族であるとの認識のもとに〉という言明は、これまでの政府の立場を変更する重要なものである。

2007年9月13日の国連総会で採択された「先住民族の権利に関する国際連合宣言」の第26条は、先住民族の伝統的に居住していた土地、資源に対する権利が認められている。さらに第28条は、伝統的に居住していた土地に対する返還（restitution）を含む救済策について規定している。この国連決議には、法的拘束力はないが、国際関係を律する上で大きな意味をもつ。

北方四島の先住民族がアイヌ民族であることは明白だ。このことについて、ロシア政府にも異論がない。〈北海道が２００６年に実施した「ウタリ生活実態調査」によれば、北海道に住むアイヌ民族の人口は、72の市町村に2万３７８２人〉（社団法人北海道ウタリ協会［現北海道アイヌ協会］ホームページ）となっている。これに対して、ロシア国籍を保有するアイヌ人はほとんどいない。先住民族であるアイヌ人が、伝統的に居住していた土地として北方四島の返還を要求することで、結果として、北方領土交渉における日本の立場を強化するのである。日本政府は、現在行なわれている北方四島へのビザ（査証）なし交流に、アイヌ民族枠を設け、アイヌ民族の先住民族としての北方四島返還要求のための環境を整備すべきである。

さらにアイヌ民族は、サハリン（樺太）の先住民族の一つでもある。先住民族の権利として、サハリン大陸棚の資源をアイヌ民族が要求する。その結果として、日本がサハリン大陸棚の天然ガス・石油資源の開発に関与する度合いを拡大することができる。

環境保全という名目で北方四島に進出する

第二の環境カードとしては、知床の世界自然遺産を、北方四島、ウルップ島にまで拡大して、生態系、環境を保全するという構想が重要だ。すでにＮＰＯ法人「日露平和公園協会」という団体も立ち上がっている。この構想の中心人物である北海道大学名誉教授の大泰司《おおたいし》紀之氏と毎日新聞根室通信局の本間浩昭記者が、共著の中で、知床の世界自然遺産を拡張する戦略的意義についてこう述べている。

〈ロシア政府は、金鉱開発や地熱発電、空港や港湾、道路建設など新しい開発計画を進めようとしています。水産物の乱獲に加え、開発が急激に進めば、動物たちは効率優先の漁業の犠牲になったり、生息域の縮小、繁殖妨害などの形で生息を脅かされていくことでしょう。ソ連崩壊までせっかく豊かに保たれていた生態系は、見る間に壊れてしまいかねません。

私たちは、この生態系の保全のために、新しい提案をしたいと考えています。それは、知床の世界自然遺産の範囲をウルップ島まで拡張するという提案です。

拡張によって、日本とロシアが責任を分かち合い、生態系を保全するとともに、漁業を持続可能な形に変えていくことができるのではないか、と考えています〉（大泰司紀之／本間浩昭『知床・北方四島　流氷が育む自然遺産』岩波新書、２００８年）

現状を放置しておくと、ロシアの乱開発によって、われわれの領土である北方四島の環境が破壊されてしまう。幸い外務省の武藤顕ロシア課長をはじめとする心ある外交官たちも「日露平和公園協会」を支援しているという。喜ばしいことだ。

ロシアは、かつて環境破壊を口実に、サハリン2プロジェクトに対する許可を一旦取り消したことがある。ロシア側の真実の目的が、ロシア国営企業の「ガスプロム」をこのプロジェクトに参加させるためであったことは明白だが、サハリンで環境カードを切った以上、日本が「北方四島の環境を保全するために、北方四島で協力体制を構築したい」という提案をした場合、ロシアがそれを拒絶することは難しい。環境保全という名目で、日本人が北方四島に進出し、返還に向けた好ましい環境を現地で作るのだ。

これまで北方領土問題というと右翼・保守陣営の専管事項、アイヌ民族の先住民族としての確立問題や環境問題というと左翼・市民派陣営の専管事項という印象が強かった。

これからは、そのような左右の壁を越えて、オール・ジャパンで、巧みな連立方程式を立ててこれらの問題の前進に取り組むことが重要だ。

（２００８年７月９日号）

北海道新聞への露大統領寄稿をこう読め

北方領土交渉が面白くなってきた。

ソ連時代から、ロシアが本格的に対日攻勢を仕掛けるときには北海道工作を重視した。日本側もソ連の思惑を理解していたので、ロシア人の北海道立ち入りについては、慎重な対応をしていた。筆者自身の体験を話そう。

１９８５年に筆者が外務省に入省して初めて命じられた仕事は、駐日ソ連外交官などへの「旅行制限」だった。モスクワに駐在する日本の外交官が、モスクワの中心部から50㎞以上離れるときには48時間前までに「旅行登録」を行なう必要があった。ソ連当局にとって都合が悪い地域については、旅行を申請しても「あなたの旅行は登録されなかった」という通報で拒否された。

これに対抗して、日本外務省も、ソ連の外交官、領事官、通商代表部（国営商社のようなもの）、アエロフロート（ソ連国営民間航空会社）、インツーリスト（ソ連国営旅行社）の職員については、東京の日本橋を起点に半径50㎞以上離れる場合には48時間前までの「旅行申請」を求めていた。この旅行申請を処理するのが外務省ソ連課で勤務する新入省員の仕事だった。

旅行申請のマニュアルには地図が別添されている。その地図の上にロシア人の立ち入りを認めない地域が蛍光ペンでピンク色に塗られている。例えば、日本海側の海岸線のほとんどは、ソ連軍が日本に侵攻してくる場合、上陸してくる可能性がある「上陸用適地」なので、ピンク色に塗られていた。北海道に関しては、海岸線だけでなく、札幌市内を除くほぼ全域がソ連人立ち入り禁止区域であった。国防上の理由だけでなく、ソ連外交官や通商代表部のカバー（擬装）で活動するＫＧＢ（ソ連国家保安委員会）の工作員が、北方領土返還運動を切り崩す工作活動を行なうことを警戒したからである。

もっとも、このような厳しい旅行制限を設けても、実際はザルのように水が漏れていた。タス通信社、ノーボスチ通信社、ソ連共産党中央委員会機関紙『プラウダ』などのソ連人記者の移動には規制がまったくかけられていなかったからである。モスクワに駐在する日本人記者には外交官と同じ旅行登録が求められていたにもかかわらず、非対称な状態だった。

あるとき筆者は、ソ連課の先輩に「なんでソ連人記者を野放しにしているんですか」と尋ねると、先輩はこう答えた。

「（外務省条約局）法規課の見解によると日本の法体系では、記者の取材の自由については、外国人だからといって差別してはいけないということになっている。ソ連人記者が、旅行制限が日本国憲法に違反すると訴訟を起こせば、外務省が確実に負けるからだ」

「国際法上の相互主義を適用していると主張できないのですか」

「日本には相互主義を国内的に適用するという法律がない。ソ連人記者が裁判を起こして旅行制限が違法ということになると、ソ連外交官や通商代表部職員に対する旅行制限自体も撤回せざるを得なくなる」

「それじゃソ連人記者のスパイ活動が野放しになってしまうじゃないですか」

「そこは心配ないよ。警察がソ連人記者の動静を徹底的に監視している」

事実、日本で暗躍したソ連スパイのほとんどが記者を擬装していた。そして、日本の警察は記者を擬装したスパイを何人も摘発した。

北海道新聞を通じて重要情報を流すクレムリン

ソ連時代から、モスクワは対日関係で重要な動きがあるときに、北海道新聞を通じてシグナルを送る。北海道新聞のロシア報道は手厚く、ロシア語とロシア事情に通暁した優秀な記者が多い。北海道新聞は、地域振興のためにロシアとの関係を発展させよと主張するが、同時に北方領土を擁する北海道民の見解を反映して、北方四島返還を是非とも実現したいとの思いも強い。ソ連崩壊後もしばらくの間、北海道新聞の社論は、北方四島のみならず、ウルップ島からシュムシュ島までの千島列島18島と南サハリンの返還も要求していた。

ロシアは、日本人記者の心理を読んだ上で北海道新聞にシグナルを送るのである。新聞記者は、他の新聞に出た記事の「後追い」を嫌がる習性がある。北海道新聞だけに出た記事が重要な内容を含んでいたとしても、「後追い」をすると競争に負けたような感じがするので、できるだけその記事を無視しようとする。他方、日本外務省、ロシア問題に関心をもつ政治家や有識者は北海道新聞のロシア関連記事を注意深く読んでいる。従って、ロシア側のメッセージは日本の政策決定者と専門家には届く。朝日新聞や産経新聞が報じると大きな反響を呼び、ロシア側の思惑通りに事態が運ばなくなる危険性がある場合、クレムリン（大統領府）は北海道新聞を通じて重要情報を流す。

２００８年7月5日付北海道新聞朝刊にメドベージェフ露大統領の書面メッセージが掲載された。筆者が見るところ、その中に、ロシア側の重要なメッセージが2つある。

第一は、北方領土交渉に対するメドベージェフ政権の基本方針である。大統領は、〈もちろん露日の関係には、まだ問題が残っています。それには、国境画定や平和条約の締結といった複雑なものも含まれています。これにあたっては、私たちは、互いに尊敬をもって建設的な対話を行い、双方が受け入れられる解決の方途を模索しています〉と述べている。ここで、「国境画定や平和条約の締結」という表現をしていることが引っかかる。１９９３年10月の東京宣言では、北方四島の帰属の問題を解決し、平和条約を締結することに双方は合意している。領土の帰属が決まれば、自動的に国境は画定するはずであるので、国境画定や領土帰属と概念を2つに分けることはしない。

この先は、具体的証拠がない筆者の憶測である。しかし、ロシアを相手に23年間仕事をしてきた筆者の勘に基づく憶測だ。ロシアは国境を線として画定しなくても、平和条約が締結できると考えはじめているのかもしれない。１８５５年の日露通好条約は、日本とロシアの間で、国境が定められた初めての条約である。この場合、択捉島とウルップ島に国境線が引かれたことが強調される。2月7日を「北方領土の日」と定めたのも、日露通好条約が締結されたのが１８５５年のこの日だったからだ。ところで、この条約では、樺太（サハリン）の帰属について、〈「カラフト」島ニ至リテハ日本国ト魯西亜国トノ間ニ於テ界ヲ分タス是迄仕来ノ通タルヘシ〉と定めている。サハリンについては、境界線を定めずに「面」として、サハリン島を国境にするという発想だ。日露通好条約は、国境画定を先送りしたわけではない。北方四島と千島列島の関係では線で、サハリンにおいては面で国境を画定したのである。このことからロシアが何か新しい戦略を考えているのではないかという印象が筆者の頭から去らない。

ロシアは探りを入れてきている

第二のシグナルも、この面としての国境画定というシナリオと親和的だ。メドベージェフは、〈皆さんがいかに自然を大切にされているか、日本の北に位置する北海道の自然がいかに素晴らしいか、私たちはよく知っています。特に、ユネスコの世界遺産に登録された知床国立公園は、ロシアでもよく知られています。ちなみに、環境分野においても、専門家・学者の実りある交流の実績が積まれています。今、私たちは、露日隣接地域生態系の合理的利用・保護協力プログラムという重要な文書を新たに共同で作成しています〉と述べる。これは、知床世界自然遺産を北方四島とウルップ島に拡大しようとする「日露自然公園構想」を念頭に置いたものだ。2008年7月8日の日露首脳会談の結果、〈日露の隣接地域における生態系保全に関する政府間協力プログラムがまとまったことを歓迎し、今後この重要な分野での協力を具体的に進めていくことで一致した〉(日本外務省HP)。要は北方四島の帰属問題について双方の立場を毀損しない形で生態系を保全し、環境を保護するという考え方だ。この分野での協力ということで、国境を線から面に転換する可能性の有無についてロシアが探りを入れようとしているというのが筆者の観測だ。ロシアの思惑が奈辺にあるかを、インテリジェンスの手法で突きとめることが重要だ。

（2008年8月6日号）

鈴木宗男モスクワ講演と「現実的4島返還論」

日本のマスメディアは大きく報じていないが、水面下で北方領土交渉が動き始めている。2010年5月10〜13日、鈴木宗男衆議院外務委員長（新党大地代表）がモスクワを訪問したことで、段階が変わった。鈴木氏は北方領土問題の解決をライフワークにしている政治家だ。歯舞群島、色丹島、国後島、択捉島の北方四島をいかにして現実的に日本に返還させるかを鈴木氏は真剣に考えている。

北方領土問題で、いまも根強く残っている誤解がある。日本政府の公式方針が「4島一括返還」であるという誤解だ。東西冷戦下、ソ連は北方領土問題の存在を認めなかった。そこでこの問題を認めさせるために日本政府は「4島即時一括返還」というスローガンをかかげた。北方領土交渉に従事する外務官僚は、ソ連が領土返還に応じる可能性はまったくないと見ていた。それだから、日本の最大限要求を突きつけ、まず北方領土問題の存在をソ連に認めさせるというのが日本の外交戦略だった。

1991年8月、ソ連共産党守旧派によるクーデターが失敗した。ソ連は解体期に入り、権力の実体はエリツィン露大統領（本項の肩書は出来事が起きた時点のものとする）に移った。エリツィン大統領は、日本政府に秘密書簡を送り、第二次世界大戦の勝者、敗者にこだわらず、「法と正義」の原則に基づき、北方領土問題を解決するという方針を明らかにした。

ロシア側が北方領土問題の存在を認め、解決に意欲を示したことを受けて、日本政府も方針を転換した。具体的には、1991年10月に中山太郎外相がモスクワを訪れたときに「北方四島に対する日本の主権が確認されれば、返還の時期、態様、条件については柔軟に対処する」という日本政府の新方針をソ連政府とロシア政府に伝えたのである。ちなみにこのとき鈴木宗男氏は外務政務次官をつとめていたので、当時、日本外務省が極秘にしていた北方領土をめぐる日本政府の方針転換について知らされていた。1991年12月にソ連は崩壊した。ソ連の継承国になったロシアは、ソ連が締結した国際約束を守る義務を国際法的に負っている。日本の政府や外務省が「4島一括返還」という要求をロシアに対して行なったことは、文字通り一度もない。

アメリカ・スクールは解決を望んでいない

1997年から2001年にかけて、橋本龍太郎、小渕恵三、森喜朗の3総理の下で、北方領土交渉が本格的に動き出した。筆者自身もこの交渉に深く関与した。外交機密に触れるので、詳しいことを述べるのは差し控えなくてはならないが、1998年と2001年に北方領土問題が現実的に解決する可能性があった。1998年の可能性がついえたのは、橋本政権の予期せぬ崩壊、ロシアの経済危機、さらにエリツィン大統領の健康悪化という要因が重なったからだ。運が悪かったとしかいえない。

これに対して、2001年、森政権下で生まれた北方領土返還の可能性が頓挫《とんざ》したのは、一部の外務官僚の策動によるところが大きい。外務省に学閥はないが、研修語学ごとのスクール（語学閥）がある。外務省主流派は常に米国か英国で英語を研修したアメリカ・スクールによって占められている。先に述べた北方領土交渉が本格的に動いていたとき、筆者はアメリカ・スクールの有力者である河相周夫総合外交政策局総務課長に複数回呼び出され「警告」を受けたことがある。その内容は、「丹波（實《みのる》・外務審議官）さんや東郷（和彦・外務省総括審議官）さんは北方領土返還をほんとうに解決しようと考えているんじゃないのか。それはよくない。日米関係に悪影響を与えるからだ。北方領土問題はいつまでも解決せずに、日露が戦略的提携などできない障害が残っていた方がいい」というものだった。2001年4月に小泉純一郎政権が成立し、田中眞紀子氏が外相に就任した。率直に言って、小泉氏も田中氏も北方領土交渉や日露（ソ）関係の経緯に関する知識をもちあわせていなかった。アメリカ・スクールに属する外務官僚と、鈴木氏の影響力を削がないと出世の可能性が閉ざされると考えたロシア・スクールの一部外務官僚が結託して、不正確な情報を流し、世論を誘導し、北方領土交渉を頓挫させてしまった。マスメディアによる激しいバッシングを浴びて2002年6月に鈴木宗男氏は東京地方検察庁特別捜査部によって逮捕され、現在も刑事裁判が続いている。ただし、鈴木氏が起訴された事件で北方領土やロシアに関係するものは一つもない。

2005年9月の総選挙で衆議院議員に返り咲いた後、鈴木氏はロシアとの人脈を維持、強化していた。ロシア要人が訪日すると、意見交換を行ない、最新の情報を手に入れるべくつとめていた（筆者もその場に何回か同席したことがある）。また北方領土にはビザなし訪問の枠組みを用いて何度か訪れている。ただし、モスクワにはロシア要人から何度も招待されていたにもかかわらず「まだその時期ではない」と言って、鈴木氏は招待を受けなかった。

「鈴木さんの言う現実的解決論でいきたい」

筆者はそのやりとりを聞きながら、鈴木氏は北方領土交渉を再開する突破口をつくるタイミングを見極めているのだと思った。２０１０年の5月9日は対独戦勝記念日で、ロシアのナショナリズムが高まった。一部に9月3日を「軍国主義日本に対する勝利の日」を記念する祝日にしようとする動きもある。鈴木氏はこのタイミングでくさびを打ち込むことが重要と考えモスクワを訪れたのだと筆者は見ている。同5月11日、鈴木氏は外交アカデミーで講演した。外交アカデミーは、幹部外交官や国際問題に従事する国会議員を教育する政策に影響を与える重要な研修機関兼シンクタンクだ。

鈴木氏は講演で、「5月9日、対独戦勝65周年記念日を迎え、私からもこの歴史的な日を心からお祝いしたい。ソ連が対独戦争に勝利する上で日本は大きな役割を果たした。当時、日本はナチス率いるドイツと軍事同盟を締結していたが、同時にソ連とも中立条約を締結していた。中立条約とは、仮に、ソ連がどこかの国と戦争を始めても、日本は中立を保つ、また、逆に日本が戦争を始めても、ソ連は中立を保つということをお互いに約束したものである。当時、ヒトラーは日本に対し、ドイツとの軍事同盟を優先し、ソ連を攻撃するように何度も要請した。しかし、日本はそれをはねのけた。仮に日本が別の選択をしていたのなら、歴史は変わっていたであろう。日本の選択は正しかった。なぜなら、ファシズムはまったく間違っていたからである。ヒトラー率いるナチスの悪行は言語に絶する。まずはこの点を皆様にお伝えしたい」と強調した。この議論が、１９４５年9月2日、東京湾上の米戦艦ミズーリ号の艦上で日本がソ連を含む連合国に対する降伏文書に署名した翌日を「軍国主義日本に対する勝利の日」を記念する祝日にしようとする動きをとめる最大の「武器」になることをロシア通の鈴木氏はわかっている。

モスクワに出発する前々日の2010年5月8日、鈴木氏は鳩山由紀夫総理と30分間会談した。鈴木氏はこの会談の内容について筆者に「普天間問題と北方領土問題について半分くらいずつ話した。北方領土について、鳩山総理は『鈴木さんの言う現実的解決論でいきたい』と言っていた」と述べていた。北方四島に対する日本の主権確認を求めるという基本方針は揺るがさないが、1956年宣言で日本への引き渡しが約束されている歯舞群島、色丹島についての解決と、引き渡しについてロシアが一切コミットしていない国後島、択捉島の扱いに差異が生じるかもしれない。この現実的4島返還論に基づくならば、北方領土交渉が再び動き始める。もっとも鈴木氏の影響力が強まることを恐れる外務官僚は、さまざまな情報操作やサボタージュによって、交渉を妨害するであろう。

特にアメリカ・スクールの河相周夫氏が内閣官房副長官補として、総理官邸に勤務している。河相氏がどのような動きをするかが、今後の北方領土交渉を占う鍵になる。

（2010年6月9日号）

「竹島での二重基準」が対露交渉に与える影響

２００８年８月のロシア・グルジア戦争の結果、ロシアの軍事力を背景にグルジア領の南オセチアとアブハジアが一方的に独立した。グルジアから見れば、自国領土が削り取られたわけである。もっともロシアの帝国主義的本質に対するサーカシビリ・グルジア大統領の認識が甘いからこのようなことになった。２００８年８月８日、サーカシビリがグルジア軍を南オセチアに進攻させたことは重大な判断ミスだ。その結果、ロシアが帝国主義的傾向を強化させる結果を招いた。これはロシアの隣国である日本にとっても実に迷惑な話だ。

こういう状況で、日本政府は、領土保全に対する意思表示を明確に行なう必要があるのだが、外務官僚も政治家もロシア・グルジア戦争後の国際情勢の変化を正確に認識していないようだ。

日本の領土であるにもかかわらず、北方領土と竹島が、それぞれロシア、韓国によって不法占拠された状態にある。このような状況を放置していてはならない。北方領土については、外交交渉が行なわれているが、竹島については、韓国側は領土問題の存在すら認めていない状況だ。この状況に風穴を開けなくてはならない。そのための方策を考えることが政治家と外務官僚の仕事だ。

ゴルバチョフの揺さぶり

しかし、日本外務省の竹島問題に対する姿勢は二重基準（ダブルスタンダード）そのものだ。一方において、「韓国による竹島の占拠は、国際法上何ら根拠のないまま行なわれている不法占拠」であるという立場を表明していながら、他方において「拉致問題で韓国政府の協力を得なくてはならないので、竹島問題について日本政府が強い姿勢をとることはできない」という無責任な言説を垂れ流している。国家の原理原則について裏表があるような態度をとる国家は国際社会で尊敬されない。筋の通ったわかりやすい外交が求められる。また、学校教育の現場では、日本政府の公式の立場を正確に教える必要がある。

この点について、政府が2008年10月3日に重要な決定を行なった。

〈中学校の新学習指導要領の解説書に出てくる竹島（韓国名・独島）問題の記載について「日本と韓国のどちらに属すると指しているのか」と問う質問主意書が鈴木宗男衆院議員から出され、政府が3日、「（解説書の）記述によって竹島が北方領土と同様に我が国固有の領土であることは明確にされている」とする答弁書を閣議決定することがわかった。

政府はかねて「竹島は日本の領土」としてきたが、文部科学省は学校現場の教育の指針になる解説書では、韓国への配慮から直接的な表現を避けた経緯がある。改めて「固有の領土」とする答弁が閣議決定されることで、韓国側の反発が強まる可能性がある。

文科省幹部は今回の答弁書について「決して状況や認識が変化したわけではないが、改めて政府と

しての見解を問われれば他に答えようがない」という〉（２００８年10月3日付朝日新聞朝刊）

鈴木宗男氏が、竹島問題に精力的に取り組んでいるのは、同氏のライフワークである北方領土返還とからんでいる。ロシア人の内在的論理に通暁している鈴木氏は、北方領土と竹島について日本政府が二重基準をとっていると帝国主義化したロシアがこれまでの立場から後退する可能性があることを危惧している。

一般にはよく知られていないが、ゴルバチョフ時代にソ連が北方領土と竹島問題をからめてきたことがある。１９８９年5月5日、モスクワで宇野宗佑外相（当時＝以下、本稿の肩書は出来事時点のものとする）がゴルバチョフ・ソ連共産党書記長と会談した。以下は、この会談にソ連課長として同席した東郷和彦氏から筆者が直接聞いた話だ。

「ゴルバチョフは、『日本は中国、韓国と領土問題をかかえながらも2国間関係を順調に発展させているではないか。ソ連に対して別のアプローチをとっているのではないか』と言った。それを聞いて僕はものすごく腹が立ったよ。ソ連から日本がかかえる他の領土問題について云々されるいわれはない」

東郷氏の言うとおりだ。しかも尖閣は日本が実効支配している領土である。日本政府の立場からすれば領土問題は存在しない。もちろんゴルバチョフはそのような日本政府の基本的立場を理解した上で、あえて揺さぶりをかけてきたのだ。北方領土交渉において、日本が領土保全という国家の原理原則について、二重基準をとっていないことを示すためにも、日本政府が竹島問題に関してブレのない立場を示すことが重要だ。その意味で２００８年10月3日に政府が、「（解説書の）記述によって竹島が北方領土と同様に我が国固有の領土であることは明確にされている」という立場を再確認したことは、日本の国益に適うと筆者は認識している。

領土は神話によって裏付けられる

竹島問題に関する日本政府の基本的立場は外務省が２００８年2月に発行した小冊子『竹島――竹島問題を理解するための10のポイント』において端的に示されている。最近、内藤正中島根大学名誉教授が外務省の小冊子を徹底的に批判する小冊子を刊行した。『竹島＝独島問題入門　日本外務省「竹島」批判』（新幹社、２００８年10月1日発行）というタイトルだ。内藤氏は、〈外務省の『竹島』パンフレットを読んでの率直な感想は、「これはひどい、ひどすぎる」の一言に尽きる。／過去の歴史と真正面から向かい合おうとせず、歴史の一部をご都合主義でつまみ食いをして、その一方で、自分の主張と相容れない事実は無視して顧みないという内容である。それにもかかわらず、これが日本政府の基本的立場であるといって主張されるのでは、日本国民を惑わすことにもなるのであるから、黙って見過ごすわけにはゆかないのである。加えて韓国語版、英語版も同時に刊行され、全世界に発信されるということは、この問題に対する日本政府の不勉強ぶりを世界にさらけだすことでもある〉（64頁）と厳しく批判する。外務省小冊子の10のポイントに即して逐条的に日本政府の見解を批判している。

筆者は内藤氏の見解には与しない。なぜなら筆者は、領土は最終的に神話によって裏付けられるもので、〈歴史の一部をご都合主義でつまみ食いして、その一方で、自分の主張と相容れない事実は無視して顧みない〉というのが、外交官の常識と考えるからだ。ただし、実証性をまったく欠く主張をすると外交交渉で負ける可能性が高まるので、外交官も歴史的、法的理論武装をする必要があるという乾いた考え方を筆者はもっている。

恐らく外務省は内藤氏の批判を無視するであろうが、それは間違った対応だ。内藤氏は竹島問題について国際的に著名な学者であり、また同氏の手法はアカデミズムの手続きをきちんととった真面目なものだからだ。内藤氏の批判を表面から受け止め、それに反論し、無理な論点については軌道修正すればよい。それが日本の国益に適うと思う。内藤氏が提起する主要な争点は4つだ。

〈第一は、幕府が松島（現竹島）の存在を知ったのは、1696年1月の鳥取藩とのやり取りの中である。そうである以上、それ以前の時期になる17世紀半ばに現竹島の領有権を確立したなどといえるはずはない。

第二に、幕府は1695年12月から1696年1月にかけての鳥取藩とのやり取りのなかで、竹島（鬱陵島）と松島（現竹島）が、鳥取藩に属する島ではないことを確認した上で、幕府としても日本領ではないとする結論を出して、1696年1月に日本人の竹島渡海を禁止したのである。

第三に、1877年に明治政府の太政官は、島根県が竹島外一島（現竹島）の取り扱いについて質問を受け、政府としての調査を行った上で「竹島外一島本邦無関係」と決定した。

第四に、1905年の領土編入を領有権の再確認という主張は誤りである。幕府も明治政府も現竹島についての領有を主張したことはなく、逆に1696年と1877年の2度にわたって日本領ではないことを明らかにした。領土編入の閣議決定にあるのは、無主地であることを確認して領土編入したということである。無主地であるという以上、固有の領土とはいえなくなる。問題は、その当時、現竹島は無主地であったかどうかである〉（65頁）

外務省が内藤氏の批判を無視しても、このような問題意識に沿った国会質疑と質問主意書が提出されれば、逃げることはできない。山田重夫北東アジア課長をはじめとする関係者におかれては、よく覚悟しておくことだ。

（2008年11月12日号）

韓国議員の北方領土訪問への「適切な対処法」

２０１１年5月24日、韓国国会「独島（竹島）領土守護対策特別委員会」の姜昌一《カンチャンイル》委員長ら民主党（野党）議員３人が北方領土の国後島を、ロシアのビザ（査証）を取得して訪問した。北方領土はわが国固有の領土である。従って、ロシアの法的管轄に服して、韓国人を含む外国人が北方領土を訪問することは、日本政府の立場に合致しない。日本政府は韓国政府に強く抗議した。

本件は、ロシア政府と韓国の有力政治家が連携して日本に対する圧力を強めるという深刻な事案だ。領土は国家の礎である。わが国に関して言えば、歯舞群島、色丹島、国後島、択捉島の4島からなる北方領土がロシアによって、竹島が韓国によって不法占拠された状態にある。これら不正常な状態にある領土に対する日本の主権が回復されない限り、日本は一人前の国家とは言えないのである。日本政府が事態を深刻視していることは、２０１１年5月24日の記者会見における松本剛明外相の以下の発言からもうかがわれる。

〈【共同通信　斎藤記者】今、大臣のお話をお伺いしたところでは、現在、ロシアが実効支配している北方領土に、ロシアの管轄権だということを知りながら、第三国の方が入っていくという指摘だったと認識したのですが、一方でこの野党議員は、ご案内のとおりでいわゆる竹島、彼らが「独島」と呼んでおりますが、これを韓国政府による実効支配強化を強く求めている議員であるということは、これまでも何度も韓国メディアを通じては報道されています。彼らが竹島について、あのような強硬な姿勢をとっているという点は、今回、日本側の措置の中に加味されているのかどうか、政府対応の中に加味すべきなのかどうか、この点についてお願いします。

【松本外務大臣】私どもとしては、事実として今回、我が国の固有の領土である北方領土に対して、ロシア側の管轄権に服する形で第三国の国民、それも韓国の国会議員という然るべき立場にある方が行かれるということで容認をできないと考えております。竹島の問題については竹島の問題として、私どもとして申し上げるべきことは申し上げてきていると考えているところです〉（外務省HP）

過去にも韓国人がロシアのビザを取得して北方領土を訪問したことはあった。しかし、今回は竹島の不法占拠を正当化する活動に腐心している韓国の国会議員による北方領土訪問なので、日本政府は「容認できない」という立場を強く打ち出している。ここで興味深いのは、松本外相の抗議先が韓国だけで、ロシアに向けられていないことだ。記者もその点について質問していない。松本外相はなぜこのようなロシアに対して及び腰の態度を取るのか？　それは外交の世界における抗議がもつ効果を考えてのことだ。相手国が日本政府の抗議を拒否する場合、結果として相手国の立場を強めてしまうことがある。交渉術として、こちら側が不利になるときは、あえて抗議しないという場合もある。

哲学的に理解すべき〈境界の問題〉

まず認識しておかなくてはならないのは、東日本大震災後、日本の国力が弱体化しているという客観的現実だ。ロシアと韓国の国力は、過去数年間に日本と比較して相対的に強くなった。そのような状況で、国家間の勢力均衡点が変化している。このような現実を理解するためには哲学的基礎体力をつける必要がある。例えば、京都学派の哲学者・田邊元（1885～1962年）の『哲学入門』を読むと、外交の背後にある国家の論理がわかる。田邊元はこう記す。

〈自分は自分、相手は相手、境界は初めから決まつてゐる。一方が他方へ越境してゆくといふことは死んだものの場合には起こらないはずである。しかるに既に境界といふことが問題になるといふことは実は両方の間に対抗運動があることを示してゐる。もちろん両方の間に一時的に平衡が成立つて、境界を両方から認めて、相互に越境しないやうな両立する状態が成立つといふことはある。しかし常に動いてゆかうといふのがそれぞれの本性なのであつて、動かないとか、平衡とか静止とかいふことは、対抗とか或は運動とかいふものの地盤の上で、或はそれを背景とする前面において成立つ一時的表面的な現象にすぎないといはなければならない。さういふことがあるから境界の問題がやかましい問題になるのです。物の場合には境界の問題は起らない。しかるに国の場合、人間の場合、社会の場合には境界が常にやかましい問題になる。明確に線が引けるならば、それを越境するなどといふことはあるまじきことなのです。それが常に越境しあひ射ちあひをやる。そこに平衡とか静止とかがあつても、それは運動といふものの地盤の上で一時的に成立つ表面の現象、或はさういふものの背景の全面に成立つ現象であるといふにすぎない〉（田邊元『哲学入門』筑摩書房、1968年、301～302頁。引用に際して旧漢字は新漢字に改め、旧かな遣いはそのままにした）

国家は生き物であるので、力関係の変化に応じて「縄張り」の見直しが行なわれるのである。「日本が東日本大震災で苦しんでいるときに、なんてひどいことをするのだ」と抗議しても意味がない。ロシアや韓国に鼻先でせせら笑われるだけだ。ロシアは韓国を用いて、北方領土における協同経済活動に日本を誘っている。例えば、この訪問が実施された翌5月25日、ロシア国営ラジオ「ロシアの声」（旧モスクワ放送）が日本向けに以下の報道を行なった。

〈ロシアは、クリル諸島（引用者註・北方領土）のインフラ発展において、日本を含めた外国企業の投資を受け入れる用意がある。イタル・タス通信からのインタビューの中で、ロシアのボロダフキン外務次官が声明を表した。／外務次官は、韓国、中国、その他の国々の企業が、ロシア極東とクリル諸島に関心を示していると述べた。／同地域では現在、ロシアのメドヴェージェフ大統領の指示によって、連邦プログラムの枠内で投資が増加されている。／ボロダフキン外務次官は、クリル諸島開発に関する日本企業の参加については、今まで通り拒否しないと強調した〉（「ロシアの声」日本語版HP）

外相に求められるロシアへの「具体的提案」

日本のマスメディアはあまり注目していないが、前原誠司氏は外相時代に北方領土問題に関して、政治主導を発揮した。

2011年年2月25日の衆議院予算委員会第三分科会において当時の前原外相はこう答弁した。

〈当然北方四島は日本の固有の領土でありますので、日本の法的立場を害しないという大前提で、何かできる、そして、地域の方々の経済活性化、あるいは領土問題、今まで取り組んでこられて、何か前進だという思いを持っていただけるのであればそれにこしたことはないし、またそれが領土問題解決の一つのステップになればいい、こういう思いで私は発言をしたわけでございます。／一九九八年の漁業に関する合意もございました。漁業に関する合意、あるいは北方領土内におけるさまざまな協力活動でそういうものができないかどうかということを、ハイレベルでぜひ話し合いをしてほしい、話をしたいという申し出を（引用者註＊会談した際、ラブロフ外相に対して）いたしました。／今、外務省の中で、言いっ放しではだめだ、外務大臣が相手の外務大臣に対して提案をしたんだから、どういうものが我が国の法的立場を害さない前提で活動できるという具体的な提案になるかということを検討してもらっています。そして、それをしっかりと相手側に投げて、ハイレベルで交渉をしていきたい、こう考えているところでございます〉（衆議院ＨＰ）

ロシア高官や韓国国会議員は今後も北方領土を訪問する。日本にそれを阻止できる力がないことを冷静に認識し、このような訪問によって日本の法的立場が毀損されないようにする法的枠組みを作ることが国益に適う。安易な抗議というパフォーマンスに走らない今回の松本外相の姿勢は、１００点満点で60点の及第点に達している。前原提案を実現することでこれを80点に高めて欲しい。

（２０１１年6月29日号）

中国に伝えるべき「軍事的衝突」の可能性

尖閣諸島沖での中国漁船と日本の海上保安庁巡視船の衝突事件で、日本政府の対応が下手くそであったのは間違いない。しかし、現時点で日本の国益が損なわれたかと言えば、決してそのようなことはない。このことを、冷静に理解する必要がある。

日本で外交を直接担当するのは外務省だ。外務省には過去に積み重ねられてきた外交方針がある。その方針が、国益に合致しないという判断をしたときのみに、官邸主導の外交がなされる。そのために、まず、尖閣問題に関する外務省の本音がどこにあるかを見ておかなくてはならない。

2010年8月まで外務官僚のトップである事務次官をつとめていた藪中三十二氏が同10月に上梓した『国家の命運』（新潮新書）を読むと尖閣諸島問題に関する外務官僚の本音がよくわかる。

「ゲームのルール」を超えた政治的判断

小泉政権下の2004年3月、中国人活動家が尖閣諸島・魚釣島に上陸した。このとき藪中氏は、外務省アジア大洋州局長をつとめていた。官邸に対策チームがつくられたが、藪中氏は外務省の責任者として、対策チームで事態を処理した経験についてこう記している。

〈那覇から魚釣島まで、沖縄県警の係官が現地に到着するまでには半日以上かかってしまったが、県警本部は七名全員を出入国管理法違反（不法入国）の疑いで現行犯逮捕した。

これは、総理官邸をはじめとする日本政府の判断によるものだった。その後、検察当局の判断により国外退去の処分となったが、これに対して、日本国内から、「なぜ簡単に国外退去処分にしたのか？」といういささか非難めいた疑問が出されたものである。しかし、これは的外れだと感じた。

なぜ的外れなのか。この事件で大事なのは、尖閣諸島において日本の法律が執行されることである。それこそが、日本が尖閣諸島を実効支配していることを世界に示すことになる。その意味で、不法入国した中国人を日本の警察が逮捕し、日本の検察の判断によって国外退去させたというのはきわめて重要なことで、かつ必要十分な対応でもあったのだ〉（藪中三十二『国家の命運』新潮新書、２０１０年、１５０頁）

今回の尖閣諸島沖中国漁船衝突事件の処理について、菅直人総理、仙谷由人官房長官は、逮捕、勾留されていた中国人船長の釈放を事実上政治主導で行ないながら、その判断主体があたかも検察庁であるかの如く装った。確かにこの対応はおかしい。本件について筆者は、同10月22日、元東京地方検察庁特捜部長の宗像紀夫氏（弁護士）と対談した。宗像氏は、「那覇地方検察庁が、10日間の勾留を認め、その後、さらに10日間、勾留延長したということは、検察庁が本件を悪質と見なし、起訴の方向で準備していたからだ」と述べていた。それが、突然、釈放されたのだから、捜査機関の技術的判断以外の政治的判断が働いたことは間違いない。

日本は民主主義国だ。法は適正に執行されなくてはならない。2002年、筆者は鈴木宗男疑惑に連座し、東京地方検察庁特別捜査部に逮捕、起訴された。容疑を否認したので、512日間、東京拘置所の独房に勾留された。その理由は、罪証隠滅と逃亡の恐れがあるからということだった。筆者は、そもそも罪を犯した覚えがない。罪証を隠滅するつもりもなければ、逃亡する意思もまったくなかった。しかし、検察庁がそう認識し、裁判所が検察庁の主張を認め512日間勾留されたのは、そういう「ゲームのルール」なのだから、仕方がないと思っている。

今回逮捕された中国人船長が罪証隠滅をする可能性をもっていたかどうかはわからない。しかし、中国政府がチャーター機を石垣島に送り、逃亡を幇助《ほうじょ》する態勢を整えていた。日本政府がこのチャーター機の離着陸を認めた。こういう実情を見ると、筆者でも「中国人だったらよかった」と愚痴をこぼしたくなる。検察庁は、自らの職業的良心に従って、法を適正に執行すればよい。仮に政治判断でそれを覆す必要があれば、指揮権発動であれ、超法規的措置であれ、総理もしくは官房長官が責任をもって行なうのが、国家としての筋と思う。

「神々の争い」を調停できる者はいない

しかし、状況を突き放して客観的に見ると、これは国内的手続きの問題に過ぎない。中国との関係において、日本国の領海で違法行為を行なった中国人を日本の海上保安庁が逮捕し、日本の検察の判断によって国外退去させたという事実がきわめて重要だ。藪中氏は、尖閣問題の基本についてこう述べる。

〈尖閣諸島については日本の中でもときに誤った理解がされているが、あらためて法的に整理すると、「尖閣諸島は日本固有の領土であり、日本が実効支配をしており、領土問題は存在していない」ということにつきる。また、日米安全保障条約が尖閣諸島にも適用されている。

日本にとって重要なのは、自国の領土と領海をしっかり保全することである〉（前掲書151頁）

いま、日本政府が行なわなくてはならないのは、外交、政治、民間などのあらゆるルートを通じて、「中国漁船が、尖閣諸島周辺の日本領海で、2010年9月のように海上保安庁巡視船と衝突するような事態を繰り返すと、日中間の軍事衝突に発展する」と中国側に伝えることだ。確かに日本国憲法9条では、交戦権を否定している。しかし、成文憲法の背後に「目に見えない憲法」が存在する。それは、国家の生き残り本能だ。尖閣諸島は、日本が実効支配するわが国固有の領土である。これは日本国家の原理原則であり、絶対に譲ることはできない。

国家は最終的に神話によって基礎づけられる。尖閣諸島は、日本の国家神話の不可欠の一部分を構成している。神話は外交交渉における取引の対象にならない。中国も「釣魚島」（尖閣諸島に対する中国側の呼称）をめぐる神話をもっているのかもしれない。ただし既に確立している「尖閣諸島を実効支配しているのは日本である」という現状を、中国が一方的に変更しようと試みる場合、「神々の争い」が始まる。

「神々の争い」を調停できる者はいない。それだから、これは軍事衝突という結果をもたらす。軍事衝突が発生すれば、「憲法9条で否定された交戦権は、自衛権までも否定するものではない」という解釈を日本政府は行なう。憲法9条で、尖閣諸島の主権をめぐり日本が軍事力を行使しないという見方は間違っている。

中国は、メディアを利用し既成事実を積み重ねる「世論戦」、相手の士気を低下させる「心理戦」、法律を駆使して国際的支持を得る「法律戦」の「3戦」というインテリジェンス戦略で、尖閣諸島問題について有利な状況を醸成しようとしているようだ。しかし、その前提となる日本国家の生存本能（あるいは日本人の集合的無意識）に関するインテリジェンス分析を中国はきちんと行なっていないようだ。

日本のナショナリズムは、成熟しているので一見おとなしく見える。しかし、国家神話の基盤が毀損されるような事態になれば、毅然たる反応をとる。今回の、中国漁船船長の釈放も国内法の手続きから見れば、多くの問題をはらんでいるが、中国に対して日本は原理原則を貫いた。この日本政府の国際法的に見れば強硬な姿勢を日本のメディアも国民も正当に評価すべきだ。


（2010年11月24日号）

「ナショナリズム」という中国の新しい宗教

中国が日本にとって潜在的脅威であるという見方は間違っている。中国の脅威は、2010年9月の尖閣沖中国漁船衝突事件で明らかなように顕在化している。中国は日本にとって潜在的ではなく、現実的脅威だ。中国が尖閣沖で挑発行為を続ければ必ず軍事衝突に発展する。日本外務省にはチャイナ・スクールと呼ばれる中国語を研修し、対中国外交に従事することの多い外交官がいる。マスメディアでチャイナ・スクールが中国の代弁者だという批判がよくなされる。政策判断をとりあえず脇に置くと、中国に対する認識という点でチャイナ・スクールの外交官には専門家として優れた見識をもっている人がいる。その1人が宮本雄二前駐中国大使だ。『週刊東洋経済』の2011年2月12日号で宮本氏は尖閣問題について〈互いに国内法だけで考えると、衝突するしかなくなる。外交的に衝突するかどうか。いざとなったら軍事的な衝突にもなりかねない〉と述べている。前駐中国大使が日中の軍事衝突の可能性について述べるということは異常事態だ。

日本外務省は急速に中国との関係を見直し始めている。その端的な例が2011年1月20日に民間外交推進協会で行なった菅直人首相の外交演説だ。菅首相に外交哲学がないのは公然の秘密である。

この外交演説も外務官僚が書いたものだ。佐々江賢一郎外務事務次官（自民党政権時代に森喜朗首相の秘書官をつとめた）を筆頭に外務省幹部は政局動向に敏感である。菅首相の外交演説のために特に知恵を出してリスクを負うようなことはしない。従って外務省各課の課長補佐（30代前半）クラスの担当官が草案を分担し、それを総合外交政策局の首席事務官（30代後半）あたりがまとめたものが菅首相の外交演説の原稿になったのであろう。中堅外務官僚の思想が、そのまま日本国内閣総理大臣によって発表される国家意思になったのである。一種の「政策ロンダリング」が行なわれたと筆者は見ている。

特に重要なのは、東アジア共同体というキーワードが消えたことだ。東アジア共同体という言葉は２００４年の国連総会における小泉純一郎首相の演説で初めて用いられた。そして、２００５年の小泉首相の施政方針演説でも東アジア共同体に関する言及がなされ、今回の菅首相外交演説、それに続く２０１１年１月24日の菅首相の施政方針演説でこの言葉が消えるまで、日本の外交基本方針とされていたのである。東アジア共同体という外交方針が転換されるきっかけとなったのが、尖閣沖漁船衝突事件だ。中国のナショナリズムの台頭に日本の外交エリートが本格的な危機意識をもち、対中国外交戦略の転換を図ったのである。外交演説で菅首相はＴＰＰ（環太平洋戦略的経済連携協定）に日本が積極的に加わる意向を表明したが、これは日本が米国と手を握り、中国を封じ込めていくという意思を示したことに他ならない。

近代化が完成するまで事態は沈静化しない

ナショナリズムは、政治思想にとどまらず、近現代人にとって宗教の機能を果たしている。宗教は超越的な理念のために命を捧げることを要求する。ナショナリズムは国家と民族のために命を捧げることを求める。ここには宗教的な要素がある。

われわれは誰もがいずれかの民族に古来属していると考えるが、これは近現代人が民族のイメージを過去に投影しているからである。学問的に民族の歴史は250年程度しか遡ることができない。それ以前の人間の世界に民族という観念は存在しなかったというのが学問の世界での常識だ。ここで言う「民族」とは国家をまとめ上げるために生み出された〝道具〟としての位置付けである。民族ができるときには、必ず敵のイメージが生まれる。チェコ人にとってドイツ、ポーランド人、フィンランド人にとってロシア、ドイツ人にとってフランス、フランス人にとってドイツとイギリスが敵のイメージである。敵のイメージは、自分たちの同胞が戦争に負けたり、植民地にされたりして悲惨な思いをしたという記憶を再編してできるのだ。ドイツ人はフランスに敗れたときの記憶、フランス人はドイツに敗れたときの記憶を再構成して負の連帯意識を作り出した。これが民族に発展していったのである。

現在、中国では、中華帝国の漢人という自己意識とは異なる中国人という民族意識が生まれている。その過程で日本が敵のイメージに定められてしまった。近代社会が形成される過程で資本主義、工業化、民族の形成は不可避だ。靖国神社、歴史認識、尖閣と中国が日本に次々と文句を言ってくるのは、中国で本格的な近代化が始まっているからだ。従って、今回、日中両国政府が尖閣問題で何らかの妥協を取り付け、事態を沈静化しても、中国は新たな問題を日本に提起してくる。そして、中国の近代化が完成するまで、中国人から日本は敵のイメージにされ続ける。その現実を冷徹に認識する必要がある。

「エリートは儒教」「民衆は道教」という伝統の変容

中国ではナショナリズムという新しい宗教が形成されている。その過程で中国の伝統的宗教も変容している。中国では、エリート（文字を日常的に読む仕事をする人々）の宗教は儒教だった。これに対して、圧倒的大多数を占める民衆の宗教は道教だった。近代化の過程では識字率が急速に向上する。それと並行して、広範囲の人々の間で情報の共有が進んで民族という自己意識が進んでいくのである。

この状態が中国の国家体制に与える影響は両義的だ。中国共産党指導部は自らを民族の代表と装うことによって民衆のエネルギーを国家体制強化のために利用しようとしている。しかし、この試みは失敗する。なぜなら、ナショナリズムにおいては民衆の代表が統治するという体制が理想とされているからだ。胡錦濤国家主席をはじめ、中国指導部は国民の自由選挙によって選ばれた人々ではない。従って、ナショナリズムの昂揚は中国指導部の権力基盤を弱体化することにつながる。

中国ナショナリズムの昂揚は、中国国内の少数民族の民族意識を刺激する。特にウイグル人、チベット人は、中国ナショナリズムの主体となる中国人を敵とみなすようになる。その結果、ウイグル人とチベット人は、中国が宗主国であり、ウイグルやチベットは植民地であるという自己意識を強める。中国政府は民族問題の危険性を過小評価している。現在のような中国人中心主義を取り続けるとウイグルとチベットが中国からの分離を本気で追求する可能性が生じる。これは中国の国家統合を内側から弱める。

尖閣問題を巡る中国ナショナリズムの台頭が日本に対して及ぼす悪影響を極小化するインテリジェンス工作が必要だ。ここで中国のアキレス腱を衝く宣伝活動が必要になる。民主主義国においては、国家指導部が国民の自由で平等な秘密選挙によって選ばれるのが筋だという話を日本の政治家が中国要人と会うたびに強調することだ。第2に、ウイグル人、チベット人の民族としての権利を強調することである。それとともにロシア、モンゴル、インド、ベトナム、カザフスタン、キルギス、タジキスタンと中国のナショナリズムが地域情勢と国際関係に対して与える影響に関する政策協議を行なうことが必要だろう。中国を脅威と感じている諸国をとりまとめる役割を日本がスマートに果たすことだ。特にロシアは中国に対する警戒感が強いので、日米同盟の上に、地政学的観点からロシアを加える北方準同盟をつくり中国ナショナリズムを封じ込めることが得策と考えられる。

（2011年3月9日号）

小渕――エリツィン会談の「言葉の芸術」を学べ

筆者は外交官として、さまざまな外交交渉の現場に立ち会った。筆者自身は情報の収集や分析、さらにロビー活動などの裏仕事に従事することが多かったので、表の外交交渉に従事したことはそれほどない。ただし、いくつか面倒な実務交渉をしたことがある。例えば、ソ連崩壊期のバルト諸国との国交樹立交渉だ。

エストニア、ラトビア、リトアニアの3国は、第一次世界大戦後、独立国家をもち、1939年にソ連に軍事占領されるまで日本と外交関係をもっていた。特にラトビアの首都リガを日本は対ソ情報収集、工作の拠点として、公使館や武官府を設置し、数十人の外交官と武官が勤務していた。

1991年8月のクーデター未遂事件後、ソ連政府はバルト3国の独立を承認した。そして、その年の10月、国交樹立の政府特使に鈴木宗男外務政務次官が閣議で任命され、当時、モスクワの大使館に3等書記官として勤務していた筆者も代表団員に加えられた。

筆者は民族問題を担当し、バルト3国の独立派ときわめて親しくしていた。資金提供や、ソ連国外への郵便物の発送など、ソ連当局からにらまれることを覚悟の上で、独立派の活動家を支援した。この独立派の活動家たちが新政権の要人になったので、首脳とのアポイントの取り付けや、外交文書作成の準備交渉には筆者があたった方がいいとモスクワの日本大使館と外務本省が判断したのだ。

「ミスター・サトウは苦しいときに助けてくれた」

事実、大統領、首相、外務大臣や国会議長とのアポイントは順調に取り付けることができたが、国交樹立に関する文書の作成で、面倒な問題が生じた。バルト3国側は、日本とは第二次大戦前に外交関係をもっていたので、「外交関係を再開する」という立場に固執した。これに対して、日本政府は、バルト3国はソ連による併合により国家が消滅してしまったので、「新しい国家と外交関係を樹立する」という立場だった。

このとき、筆者の親しくしていたリトアニア外務省の幹部が日本のために汗をかいてくれた。この幹部が筆者に「われわれの筋論からすると外交関係の再開だけれども、君が困った立場になるだろうから譲るよ。実はドイツが日本と同じ立場なのだけれど、リトアニア政府としては国際法的な議論よりも国家として承認され国際社会に早く復帰することが国益と考えるので、ドイツに対しては譲歩することになる。ラトビアやエストニアに対してもドイツの例を出せば日本のペースで交渉を進めることができるよ」と助言してくれた。

事実、この議論を展開すると、ラトビアはすぐに呑んでくれた。ただし、エストニアについては難航した。ソ連外務省の国際法専門家がエストニア外務次官に就任して、建前論を譲らなかったからだ。このときも最終段階で、リトアニア外務省の幹部が、説得してくれた。エストニアの人民戦線（独立運動の中核になった組織）の幹部に「ミスター・サトウは、われわれが苦しいときにリスクを負って支援してくれたじゃないか。今回はあいつを助けてやったらどうだ。元ソ連の外交官だった奴が、どれだけ俺たちがソ連から独立するためにリスクを冒してくれたのか」と言って説得したということだった。

当時はソ連が解体し、大きな変動が起きていたので、交渉において個人的人間関係の与える影響力が一時的にとても大きくなっていたのだ。

外交交渉のレトリック

さて、交渉で、賄賂、酒や女性（ハニートラップ）などの罠が仕掛けられるのではないかという質問をときどき受ける。しかし、これはまったくピントがずれた質問だ。このような小道具で交渉に影響を与えることは、よほど国家体制が整っていない弱小国を相手にする場合を除き、考えられない。外交交渉にあたる政治家や職業外交官は、その国家の意思を体現している。交渉者が脅されたり、買収されて締結した合意は、国家意思を体現したものではない。仮にこのような汚い手法で合意文書に署名したとしても、後でその国がこの合意文書を破棄することになるだけだ。しかも、「あの国は、交渉相手の外交官に汚い工作をかける」という悪評が立つと、国家としての信用が毀損される。まともな国家は自らのマイナスになるような行動をとらない。

筆者がこれまで見てきたところ、交渉に重要な道具が2つある。「語学力」と「サブスタンス」に関する知識だ。

サブスタンスとは交渉の実質的内容にかかわる事項を意味する業界用語だ。外務省ではサブと略語で呼ばれることが多い。サブスタンスと対になる言葉がロジスティックスでロジと略される。宿舎や交通手段の手配など交渉のために必要な周辺作業のことだ。ロジの中にはサブロジと呼ばれる特別の作業がある。要人とのアポイントの取り付けだ。

交渉で必要とされる外国語は、ただ意味が通じればよいという水準では役に立たない。日本政府の立場を正確に、当該国の知識人が用いる外国語で表現する能力が必要だ。同時に、相手が言うことを瞬時に正確に理解する反射神経が求められる。

例えば、ロシア人が「率直かつ実務的に話をしたい」と言えば、それはけんか腰になるという意味だ。また、日本の国会議員で「私は日本のナショナリストです。あなたもロシアのナショナリストです。お互いに自国を愛するという気持ちを大切にしたい」と発言した場合、ロシア語に慣れていない通訳が、「ヤー・ナツィオナリスト（私はナツィオナリストです）」と訳すと意味が曲がって伝わってしまう。ロシア語のナツィオナリストは、英語のナショナリストではなく他民族を侮蔑し排除する排外主義者という意味だからだ。この場合、国会議員の発言は「ヤー・パトリオート（私は愛国主義者です）」と訳すべきだ。ロシア語でパトリオートという言葉には否定的意味がないからだ。また、発音上、公式の席では避けなくてはならない言葉もある。例えば、「海老」だ。ロシア語の「エビ」は「オマ×コする」という意味だからだ。従って、「海老名」とか「海老原」という名字の外交官がロシアに赴任すると損をする。

交渉で重要なのは、語学力とともにレトリック（修辞）力だ。例えば、「お前、嘘をつくな」と言えば、交渉の雰囲気はきわめて険悪になる。しかし、「お互いに正直になろう」と言えば険悪な雰囲気は漂わない。交渉は言葉の芸術である。同じ内容を別の言葉で表現する能力が、交渉の道具としてきわめて重要だ。

次にサブに関する知識だ。過去の交渉に関する文書の内容がどこまで正確に頭に入っていて、それを瞬時に引き出すことができるか。筆者が見た中でこの能力に卓越していたのが東郷和彦氏（外務省欧亜局長、オランダ大使などを歴任し、現在、京都産業大学客員教授）だ。

１９９８年11月、モスクワで日露首脳会談が行なわれたときのことだ。小渕恵三総理とエリツィン大統領が国境線画定委員会をつくることに合意した。日露間に合意された国境が存在しないので、このことを首脳会談で認めたことは、日本にとって有利な話だ。会談終了後、ロシアのカラーシン外務次官が国境画定という言葉は使えないと巻き返してきた。これに対し東郷氏が「１９９１年11月のエリツィン大統領のロシア国民宛の手紙で国境画定と言っている」と押し返した。大統領の言葉ならば反対できないのでカラーシン次官も引き下がった。こういうサブに関する知識が交渉を有利に進めるための道具として不可欠なのだ。

（２０１１年１月６日号）

前原戦略を邪魔する「内なる敵」を見逃すな

２０１１年8月6~7日、前原誠司前外相が、北方領土へのビザなし交流の枠組みで北方領土・択捉島を訪問した。前原氏が北方領土に渡るのは２００６年に続き2度目である。前回訪問時、民主党は野党だった。今回は与党の外相経験者で、しかも将来の首相候補に前原氏の名前があがっている。ロシアは前原氏の動静を注意深くウォッチしている。

前原氏は、国際政治が力の均衡によって動くことを冷徹に認識している。表現に細心の注意を払っているが、中国を日本にとっての現実的な脅威とみなして外交戦略を組み立てている。日米安保体制を盤石にするとともに、ロシアと戦略的に提携することによって中国を牽制することを考えている。ロシア側も前原氏の外交戦略をよく理解している。それは、前原氏の択捉島訪問に関し、２０１１年8月9日に国営ラジオ「ロシアの声」（旧モスクワ放送）が、日本向け放送で紹介したタチヤナ・フロニ氏の論評に端的に表われている。フロニ氏はこの論評で、ロシア科学アカデミー極東研究所のワレリイ・キスタノフ氏のコメントを紹介している。極東研究所は、中国、モンゴル、日本、北朝鮮、韓国の政治、軍事、経済がロシアの国益にどのような影響を与えるかについて調査するシンクタンクだ。クレムリン（大統領府）やホワイトハウス（首相府）の諮問に応じて報告や提言を行なっている。キスタノフ氏は、大阪の総領事館や東京の通商代表部に勤務した経験をもつ日本専門家である。ロシア政府の意向を代弁したり、観測気球としての発言をよく行なう人だ。

「日本の法的立場を害さない前提」で何ができるか

フロニ氏の論評から興味深い部分を引用しておく。

〈前原氏は、有力な次期首相候補の一人だ。菅直人現首相は、近々退陣するだろう。少なくとも、彼に反対する人々はそう主張している。「係争中の領土問題」をめぐる行動の活性化の中に、現れているのは何といっても選挙を前にした戦いだ。それゆえ前原氏のエトロフ訪問は、そのコンテキスト（文脈）で捉える必要がある。氏には、政治の表舞台に戻る方法が求められており、もし氏が「北方領土」問題で何らかの新しい展開を見出す事ができるのであれば、政治家前原氏の支持率はさらにアップするだろう。

ロシア日本調査センターのワレリイ・キスタノフ・センター長も、そう考えている

「前原氏の訪問は、二心ある感じを呼び起こす。一方で、彼のエトロフ訪問は、ある程度センセーショナルなものだった。なぜなら、前外務大臣という立場の政治家が南クリル（引用者註＊北方領土）を訪れた前例はないからだ。他方この訪問は、前原氏が、領土問題をどうにか動かすことが可能な何らかの相互に受け入れ可能な解決法模索という方針に向かって一歩前進した事を示すもの、とも言える。

そうした方向への最初の一歩を、前原氏は、外務大臣としてモスクワを訪れた今年2月にすでにしるしている。自身の立場は強硬なものではあったが、前原外相はあの時、日本はやはり、島々での共同産業活動が可能となるような状況を検討できるだろうとの予想を口にした。もしそうなれば、実際、ロ日関係に突破口が開かれる。

メドヴェージェフ大統領のクナシリ訪問以後、ロ日関係は、ソ連邦崩壊後最低レベルまで落ち込んだ。ロシアは、これらの島々を我が物とするためエネルギッシュな行動に着手し、多額の資金を拠出した。今日クリル開発に、大変大きな注意が割かれている。ロシアは、開発に諸外国を巻き込んでゆく意向だ。中国はそれに関心を示している。先頃、韓国の議員団も島を視察した。日本には単に、自分達は『電車に乗り遅れつつある』といった感じが広まったように思う。おそらく生じた現実が、日本の政治家達を、何らかの相互に受け入れ可能な問題の解決法に促しているのだ。」〉

こうキスタノフ氏のコメントを紹介した上で、フロニ氏は次のように論評を結んでいる。

〈前原氏はエトロフへのビザなし渡航の後、クリルとの協力拡大を口にした。この発言は、帰国後すぐ、根室でなされたものだ。前原氏の新しいアプローチは、彼の人気を、とりわけ新しい世代、過剰な期待をクリルに持っていない世代の中で高める可能性がある。その一方で古い世代の人々は、前原氏が「北方領土」を訪れ、何らかの妥協策を模索していることに対し、強い批判を浴びせるに違いない。氏の行動は、日本の保守的な政治家達の側からすれば、旧来の立場からの逸脱を意味するからだ。

そうしたことから、今回の前原前外相のエトロフ訪問は、重要で意義深いものと言えるだろう〉

外相時代、前原氏は2011年2月にモスクワを訪問し、ラブロフ露外相に対して、「日本の法的立場を害さない前提で何ができるかということを日露双方のハイレベルで議論していく」という提案を行なった。歯舞群島、色丹島、国後島、択捉島からなる北方四島はわが国固有の領土である。この北方領土に対する日本の主権を確認して平和条約を締結するという日本国家の原理原則を前原氏は崩さない。しかし、北方領土の共同経済活動に対しては前向きだ。実は北方領土とのビザなし交流が実現されて2011年で20年になるが、この交流の枠組みが「日本の法的立場を害さない前提で」日本人が北方領土を訪問するというものだ。ビザなし交流の考え方を発展させるならば、北方領土で日本人が経済活動を行なうことも十分可能であるというシグナルを前原氏は今回の択捉島訪問でロシアに送っているのである。

ロシア・スクールのドンの回顧録に隠された〝狙い〟

2011年2月に行なった北方領土の共同経済活動に関する前原提案は現時点でまったく進捗していない。外務官僚が妨害しているからだ。外務省で北方領土交渉の最前線に立つのはロシア語を研修したロシア・スクールの外交官だ。外務審議官、駐露大使を歴任した元ロシア・スクールのドン（首領）である丹波實氏が最近、回顧録を上梓した。その中でこんなことを述べている。

〈ロシア側は最近一つの変化球を投げてきた。二〇一一年二月の前原誠司外相の訪ロの際、ラブロフ外相が「北方四島における日ロ共同経済活動を日本の法的立場を害しない前提で何ができるか」という議論を提起してきたのである。（中略）賛成する日本人もいるようだが、そのような人たちは己の軽率さを知るがいい。（中略）当時の前原外相がこの提案に消極的だったことは正しいという以前に当然の判断なのである〉（丹波實『わが外交人生』中央公論新社、２０１１年、１６４頁）

丹波氏のこの記述は虚偽だ。共同経済活動を提案したのは前原氏である。２０１１年2月25日の衆議院予算委員会第三分科会において現職の外相として前原氏は、〈このこと（引用者註＊共同経済活動）は、ラブロフ外相との会談の中で私から提起をいたしました。（中略）今、外務省の中で、言いっ放しではだめだ、外務大臣が相手の外務大臣に対して提案をしたんだから、どういうものが我が国の法的立場を害さない前提で活動できるという具体的な提案になるかということを検討してもらっています。そして、それをしっかりと相手側に投げて、ハイレベルで交渉をしていきたい、こう考えているところでございます〉と答弁している。前原氏は共同経済活動に積極的だ。外務官僚ナンバーツーまでつとめた超エリートの丹波氏が、このような基本的事実を誤認することは考えがたい。北方領土における共同経済活動に関する提案を前原氏が行なったことを知りながら、あえてロシア側提案とする情報操作を行ない、かつての部下の外務官僚に対して圧力をかけているのだと筆者は見ている。「ロシアの声」でフロニ氏は、〈古い世代の人々は、前原氏が「北方領土」を訪れ、何らかの妥協策を模索していることに対し、強い批判を浴びせるに違いない〉という懸念を表明しているが、まさに丹波氏の影響下にある外務官僚が前原氏の行動を妨害しているのである。

（２０１１年9月14日号）

もし私が官邸にいれば、野田首相にこの「メモ」を渡す

野田佳彦首相は、外交交渉に従事した経験がない。通常、こういう場合には、外交に通暁した人を外相に据える。しかし、野田首相は玄葉光一郎衆議院議員という外交の経験をもたない政治家を外相に任命した。諸外国の外交官やインテリジェンス専門家は、官邸主導外交を行なう強い意思を野田首相がもっているのでこのような人事を行なったと読んだはずだ。２０１１年9月2日の就任記者会見で野田首相が外交に関してどのようなメッセージを発するか、専門家たちは強い関心をもっていた。就任記者会見における野田氏の外交関連発言部分を引用しておく。

〈新興国が台頭し、世界は多極化しています。アジア太平洋を取り巻く安全保障環境は大きく変動しつつあります。こうした中で、時代の求めに応える確かな外交、安全保障政策を進めなければなりません。その際に軸となるのは、私はやはり日米関係であると思いますし、その深化・発展を遂げていかなければならないと考えています。昨晩もオバマ大統領と電話会談をさせていただきました。私の方からは、今申し上げたように日米関係をより深化・発展をさせていくことが、アジア太平洋地域における平和と安定と繁栄につながるという、基本方針をお話をさせていただきました。国連総会に出

席をさせていただく予定でありますけれども、直接お目にかかった上でこうした私どもの基本的な考え方を明確にしっかりとお伝えをするところから、日米関係の信頼、そのスタートを切っていきたいと思います。

中国とは戦略的な互恵関係を、これも発展をさせていくということが基本的な姿勢でございます。日中のみならず、日韓、日露など、近隣諸国とも良好な関係を築くべく全力を尽くしていきたいと思います。なお、経済外交については今まで通貨や国際金融という面で私なりに取り組んでまいりましたけれども、これからはより高いレベルの経済連携あるいは資源外交等々の多角的な経済外交にも積極的に取り組んでいきたいというふうに思います。特に、元気なアジア太平洋地域のその元気を取り込んでいくことが我が日本にとっては必要だと考えています。こうした観点からの経済外交の推進にも積極的に取り組んでいきたいというふうに思います〉（首相官邸ＨＰ）

この内容は、外務官僚が作成した発言要領を読み上げただけである。野田首相が外交分野において何をやりたいかということがまったく見えてこない。その理由について2つの可能性が考えられる。第1は、野田氏が是非やりたいと考えている外交テーマについて、現時点で披露するのは得策でないと考え、あえて無難な発言をしたという可能性だ。第2は、実は外交について過去に真剣に考えたことがないので、政治主導で発言する内容がまったくなかったという可能性だ。外交では過去の経緯が重要だ。それを踏まえずに政治家が思いつきで領土問題に関する発言をすると（小泉政権下での田中眞紀子外相のように）、国益を大きく毀損する。その意味で、野田首相が余計な発言をしなかったことは評価できる。

日本政府の立場は「ロー・キー」で伝えればいい

重要なのは、領土は国家の礎であるという基本原則から野田首相がぶれないことだ。まず日本が抱えている領土問題は、(歯舞群島、色丹島、国後島、択捉島の4島からなる)北方領土問題と竹島問題の2つであるという基本を揺るがさないことである。領土問題とは、日本領である領域に日本の実効支配が及んでいない不正常な事態を指す。北方領土はロシアによって、竹島は韓国によって不法占拠された状態にあるというのが日本政府の法的立場だ。もっとも不法占拠という言葉を野田首相があえて用いる必要はない。なぜなら、日本政府の法的立場について、ロシア政府も韓国政府も熟知しているからだ。

外交の世界に「ロー・キー(low key)」という業界用語がある。政治家や幹部外交官が乗り出さずに、あえて担当官レベルで外交案件を処理することをいう。野田新政権の誕生に合わせ、東京の外務本省から諸外国に駐在する日本大使館に「任国政府に野田政権が誕生したが、日本の外交政策は従来通り継承されることを説明せよ」という訓令が秘密公電で発出される。モスクワとソウルに駐在する日本の外交官が、この訓令を執行する際に「北方領土(もしくは竹島)が不法占拠されているというわが国政府の立場に変更はない」ということをロー・キーで伝えればよい。

尖閣諸島は、日本が実効支配する日本領である。中国や台湾との間に尖閣諸島をめぐる領土問題は存在しないというのが日本政府の基本的立場だ。尖閣諸島周辺における中国の漁船や漁業監視船の挑発行為に対しては、日本の法令に則して粛々とした対応をすればよい。それと同時に、日本側からあらゆるルートを通じて、「中国側が尖閣諸島周辺で、挑発活動を続けると、必ず武力紛争に発展する。日中間で確立された慣行を中国側が一方的に破っていることが、尖閣諸島問題が先鋭化している原因である」という見解をきちんと伝える。

「4つのポイント」とは

野田首相が、北方領土問題、竹島問題を解決し、尖閣諸島を奪取しようとする中国の野望を打ち砕くことを本気で考えるならば、周到な外交戦略が必要とされる。これらの問題は、事務レベル（外務官僚）によっても、外相によっても解決することはできない。最終的に首脳の政治決断によってしか解決できない。そのために良好な環境を準備することが課題になる。野田首相が「私は外交交渉をマスメディアや記者会見を通じて行なうつもりはない」という立場を鮮明にする必要がある。

さらに交渉に優先順位をつけることが必要になる。仮に筆者が首相官邸か外務省にいて、野田首相に領土問題に関するメモを提出することを命じられたならば以下の内容にする。

①中国による尖閣諸島奪取計画を阻止することを最優先の課題とする。中国は日本にとって顕在化した現実的脅威である。特に訓練用空母「ワリャーグ」を就航させ、海洋覇権を獲得しようとする中国の政治的意図を挫くことが日本の国益だ。尖閣問題で日本が譲歩するならば、中国は力の政策を推し進め、日本を影響下に置こうとする。中国を牽制することを軸に、外交戦略を練る。

②日米同盟を盤石にする。中国を利する東アジア共同体路線との訣別を明確にする。その観点からTPP交渉への参加を急ぐ。TPPの本質は、自由貿易ではない。アジア太平洋地域におけるゲームの

ルールを日米が構築し、中国に受動的立場を強いるという帝国主義的な発想がTPPの根底になる。この発想に乗ることが日本の国益を増進する。

③領土問題をめぐる露韓の連携にくさびを打ち込む。その観点から、北方領土における共同経済活動を早期に実施する。（外務省発行のパスポートでなく）内閣府発行の身分証明書で北方領土に渡航できる枠組みをつくり、北方領土が日本領であるという立場を担保した上で、経済活動においてはロシアの管轄に服する。現行のビザなし交流においても、日本の訪問団は事実上、ロシアの管轄に服している。その事実を過去の領土交渉でロシアが悪用したことはない。日本政府が本格的に梃子入れして北方領土の日本化を進め、日本なしに現地の経済が成り立たない仕組みを作ることが領土返還の環境整備につながる。ロシアにとって北方領土における現実的パートナーが日本になれば、ロシアにとって領土問題をめぐり韓国と提携する利益が失われる。

④「独島」（竹島の韓国名）をめぐる領土ナショナリズムは事実上、韓国の国家神話になっている。竹島をめぐる本格交渉を韓国と行なうことは不可能という現状認識の下で外交戦略を構築する。政府は一歩引いて、民間の学識経験者による竹島／独島問題をめぐる日韓専門家会議を実施し、韓国の有識者に「客観的に見て、独島をめぐる領土問題が日本との間に存在する」という認識をもたせることを当面の獲得目標とする。

以上４点を踏まえれば、日本に有利な状況をつくりだすことができる。

（２０１１年10月5日号）

あとがき 「分析メモ」の効用

本書は、2007年10月から2011年10月に『SAPIO』(小学館)に連載した「インテリジェンス・データベース」を再構成したものだ。この連載は、現在進行中の出来事を扱う考現学である。従って、加筆は最低限にとどめ、後知恵で内容を変更することは一切しなかった。単行本化にあたって、連載原稿を通読してみた。メドベージェフとプーチンの関係、小沢一郎氏に対する評価をめぐって若干の「揺れ」はあるが、外交問題、国内政局のいずれにおいても、論旨は首尾一貫している。また、予測についても大きく外したことはないと自負している。

この連載にあたって、外交官時代の訓練が役に立った。外務省で主任分析官をつとめていたころ、私はさまざまな文書を書いた。その中で、分析メモという範疇《はんちゅう》の文書がある。現在もこのスタイルで、ノートをつけている。具体例をあげておく。

〈分析メモ:「北方領土の難攻不落の要塞化をめぐるラブロフ露外相の発言について」(2011年10月22日作成)〉

【事実関係】

10月21日、ロシアのラブロフ外相が、「モスクワのこだま」、「ラジオロシア」、「ロシアの声」(旧モスクワ放送）に生出演した際に、北方領土問題についても言及した。同日の「ロシアの声」ロシア語版ＨＰに掲載された関連部分を翻訳すると以下の通りになる。

1．外相は、クリル諸島（註＊北方領土と千島列島に対するロシア側の呼称）への現代的兵器システムの展開は、軍の近代化に関連していると説明した。「そこでの対空ミサイル、戦車、ヘリコプターからなる大隊の出現は、軍の駐屯地があるロシア連邦の全領域でも起きている。老朽化した兵器は新しいものに変えなくてはならない。この推移はクリル諸島だけで起きているのではない。もちろんわれわれは旧式（兵器）を放棄しなくてはならない」とラブロフは述べた。

2．外相は、ロシアがクリル諸島を難攻不落の要塞に転換しようと試みている（Россия пытается превратить Курилы в неприступную крепость）という話にはいかなる根拠も認めていない。「全国土が難攻不落の要塞になるべきである。わが国境は、しっかりと（надежно）守られなくてはならない」と大臣は述べた。

3．「第二次世界大戦の結果、採択された決定に基づいて、クリル諸島は、過去も、現在も、未来もわれわれの領土である（Курилы были, есть и будут нашей территорией）」と彼は言った。「何か別の文書についてのすべての会話は、いかなる意味ももたない。白黒についてすべて書かれた国連憲章が存在する」と大臣は言った。

4．同時にラブロフは、モスクワは東京との関係発展を期待していると述べた。「われわれは、大きくて、とても重要な隣国である日本とわれわれの潜在力を完全に現実化することを望んでいる」と彼は述べた。

【コメント】

1．ラブロフ外相の北方領土問題に関する発言としては、最近では珍しい強硬なトーンである。特に「難攻不落の要塞」という発言、国連憲章以外の「何か別の文書についてのすべての会話は、いかなる意味ももたない」という発言は、日露平和条約交渉を停滞させかねない内容である。それにもかかわらず、日本外務省、日本のマスメディアの反応は鈍い。ロシアが送ったシグナルが日本外務省のアンテナに引っかからないために、情報のキャッチボールができていない。

2．（1）「ロシアの声」のHPは、ロシア語版と日本語版で、あえて異なるニュアンスを醸し出している。日本語版では、〈ラヴロフ外相は、クリル諸島について、他者を寄せ付けないような要塞にするつもりはない、との声明を発表した〉との表現なので、この報道だけを読むとロシアがクリル諸島を「難攻不落の要塞にするつもりはない」という、日本に歩み寄るシグナルを送ったように映る。しかし、ロシア語版では、ロシア全土が難攻不落の要塞となるべきなので、クリル諸島のみを特別視するのは間違いだという論理が展開されている。すなわち、クリル諸島を「難攻不落の要塞」とすることは規定方針という認識が示されている。

（2）このような発言がなされる背景には、軍（特にGRU［参謀本部諜報総局］）、軍産複合体によるラブロフ外相に対する圧力があると見られる。プーチン首相が2012年3月に実施される次期大統領選挙に立候補することが決定した。次期大統領にプーチンが就任し、2024年まで最高権力者の座にすわる可能性が高まっている。プーチンはロシアの国益を増進するために日本との戦略的提携が必要と考えている。そのためには北方領土問題でロシアが一定の譲歩をする必要があるというのがプーチンの考えだ。この流れは軍と軍産複合体、漁業ロビーなど、北方領土の現状を維持しようとする勢力には好ましくない。対日強硬姿勢をとるメドベージェフ大統領が現役の間に、北方領土への正規軍の再駐屯（エリツィン大統領によって北方領土の非軍事化措置がとられ、正規軍は撤退し、国境警備隊のみが駐屯するようになっていた状況をメドベージェフ大統領が変更する決定を行なった）を実現しておこうとする勢力の動きにロシア外務省が押されているのが、今回のラブロフ外相の発言につながったと見られる。

3．（1）ラブロフ外相がここで言及する国連憲章とは、具体的に第107条〔敵国に関する行動〕のことである。この条文では、〈この憲章のいかなる規定も、第二次世界大戦中にこの憲章の署名国の敵であった国に関する行動でその行動について責任を有する政府がこの戦争の結果としてとり又は許可したものを無効にし、又は排除するものではない〉と規定されている。ラブロフ発言の趣旨は、旧敵国である日本に対してとった行動には、北方領土の占領とソ連への併合が含まれているので、北方領土を日本に返還する必要はまったくないということである。もっとも、ロシアが政治判断で、合法的に自国領となった北方領土の全部、もしくは一部を、日本に対して、贈与として引き渡す可能性が排除されているわけではない。

（2）ラブロフ外相が、国連憲章以外の「何か別の文書についてのすべての会話は、いかなる意味ももたない」という発言が示唆する「何か別の文書」には、1956年の日ソ共同宣言、1993年の東京宣言、さらに2001年に森喜朗首相とプーチン大統領が署名したイルクーツク声明などが含まれる。特にイルクーツク声明においては、日ソ共同宣言と東京宣言の双方が明示的に確認されている。

日ソ共同宣言は、両国の議会で批准された法的拘束力をもつ国際約束なので、平和条約締結後にロシアが歯舞群島と色丹島を日本に引き渡すことは義務的である。この義務をプーチン大統領は明示的に認めた。プーチンが大統領に返り咲いた後、歯舞群島、色丹島の引き渡しに動くことを牽制しようとする動きがラブロフ発言の背後に透けて見える。

4.（1）ラブロフ外相は、メドベージェフ大統領とプーチン首相の権力闘争においては、プーチン寄りである。しかし、外交は大統領の専管事項なので、大統領から明示的指示があれば、それに従わざるをえない。

（2）正規軍、軍産複合体は、国防予算を手厚くしたメドベージェフ大統領に好意的である。これに対して、SVR（対外諜報庁）は、プーチン首相に好意的だ。メドベージェフ大統領の対日強硬姿勢に対して、ロシア外務省、SVRは距離を置いている。

5. いずれにせよ、今回のラブロフ外相の発言は、ロシアの内政要因と深く絡んでいる。この点について、日本外務省が適切な情報収集と分析を行なうと同時に、ロシア側に「マスメディアや記者会見により外交交渉を行なうべきでない。国内的要因で、対日強硬発言をせざるをえない状況があるときには、事前にロシア側の事情について、非公式な連絡がほしい」と伝え、「大人の外交」ができる環境を整備すべきだ〉

こういう分析メモを作成する習慣をつけていると、情勢分析を大きく間違えることはない。ただし、このような無味乾燥な分析メモを、読者に届く文書に書き直すのは、情勢を読み解くこととは別の努力が必要とされる。そのとき頼りになるのが編集者だ。連載と単行本化を担当してくださった濱田顕司氏、前任の澤田佳氏、編集長の三浦和也氏の適切な指導がなければ、このような形で私の分析を読書界に提示することはできなかった。この機会に3氏に深甚なる感謝を表明します。

2012年1月9日、曙橋の自宅にて

佐藤優

本書は『SAPIO』（小学館刊）に連載された「インテリジェンス・データベース」第65回（2007年11月14日号）〜第143回（2011年10月26日号）を抜粋、加筆、再構成したものです。肩書き等は基本的に連載当時のものです。

【著者略歴】

佐藤 優（さとう・まさる）
1960年、東京都生まれ。85年、同志社大学大学院神学研究科修了後、外務省入省。95年まで英国日本国大使館、ソビエト連邦（現ロシア連邦）日本国大使館に勤務。95年より国際情報局分析第一課に勤務。外交官として勤務するかたわら、東京大学教養学部非常勤講師（ユーラシア地域変動論）を務めた。2002年5月に逮捕、09年6月に有罪が確定し、同年7月に失職。著書に『国家の罠』（新潮社）、『自壊する帝国』（新潮社、大宅壮一ノンフィクション賞受賞）、『日米開戦の真実』『国家の謀略』『沖縄・久米島から日本国家を読み解く』（いずれも小学館）などがある。

国家の「罪と罰」
2012年2月6日　初版第1刷発行

著　者　佐藤 優
発行者　森 万紀子
発行所　株式会社 小学館
〒101-8001
東京都千代田区一ツ橋2-3-1
電話　編集 03-3230-5800
販売 03-5281-3555
印刷所　大日本印刷 株式会社
製本所　牧製本印刷 株式会社
装　丁　日下 充典
DTP　ためのり企画

 ISBN978-4-09-389739-6